VOYAGES ET DÉCOUVERTES

OUTRE-MER

AU XIXᵉ SIÈCLE

PROPRIÉTÉ DES ÉDITEURS

VOYAGES
ET
DÉCOUVERTES

OUTRE-MER

AU XIXe SIÈCLE

PAR

ARTHUR MANGIN

ILLUSTRATIONS PAR DURAND-BRAGER

TOURS

A^d MAME ET Cie, IMPRIMEURS-LIBRAIRES

M DCCC LXIII

AVANT-PROPOS

Il est peu de sujets sur lesquels on ait autant écrit que sur les voyages. Quiconque a parcouru quelques lieues de pays aime à raconter ce qu'il a vu; parmi ceux qui ont entendu ses récits, beaucoup se plaisent à les répéter; et ils trouvent toujours aisément des auditeurs. A plus forte raison les vrais voyageurs, ceux qui ont visité en observateurs, dans un but ou du moins avec une pensée scientifique, des contrées peu ou point connues, ont le droit de se faire écouter ou lire. Leurs relations sont recherchées avec curiosité, reproduites, analysées, traduites, commentées en cent façons et dans toutes les langues; et un livre qui porte sur sa couverture ce mot magique : *Voyages*, ne manque guère d'acheteurs.

Les relations de voyages constituent donc un genre de publication qui répond, — selon la formule tant de fois redite, — à un besoin général, permanent, et, on le dirait, inné chez l'homme. Ce besoin s'explique aisément : c'est une forme, un mode particulier de cette vive et légitime curiosité qui nous fait désirer de connaître la terre que nous habitons, la nature dont nous avons à conquérir l'empire, et les hommes, nos semblables, nos frères, malgré les différences plus ou moins sensibles que le climat, les habitudes, et bien d'autres causes dont nous n'avons pu pénétrer encore le mystère, ont mises entre les branches disséminées de la grande famille humaine : désir qu'on doit se féliciter de trouver et qu'on ne saurait trop encourager, selon nous, parmi le public et surtout parmi la jeunesse. En effet, la lecture des relations de voyages, — nous parlons, bien entendu, des relations consciencieuses, — est une source inépuisable d'instruction et de moralisation, en même temps que de plaisirs calmes et purs. Elle fait une heureuse et salutaire concurrence à tant de livres futiles ou malsains qui s'adressent, non aux nobles aspirations, mais aux penchants fâcheux, condamnables quelquefois, d'une partie des lecteurs, à des goûts, à des tendances qu'il faudrait combattre, et qu'une déplorable spéculation flatte et encourage, au contraire, en lui offrant un aliment.

« Dis-moi qui tu hantes, dit un proverbe, et je te dirai qui tu es. » On pourrait énoncer avec autant de justesse, en l'appliquant spécialement à la jeunesse, cette autre maxime : *Dis-moi ce que tu lis, et je te dirai ce que tu seras.* Il est permis de concevoir de l'inquiétude sur les dispositions d'un enfant ou d'un jeune homme qui se complaît dans certaines lectures propres seulement à exciter son imagination, à l'éloigner de l'étude et à lui inspirer du dédain, — sinon de l'aversion, — pour les exemples et les leçons qu'il reçoit de ses parents et de ses maîtres, et pour les saints préceptes qui peuvent seuls le guider dans la voie de la vertu. Mais il n'y a en général que des espérances à concevoir sur l'avenir de celui qui recherche avec prédilection les livres d'histoire, les recueils où sont cités les exemples de piété, de charité, de courage, de dévouement, de patriotisme, ou bien les récits de voyages. Grâce à Dieu, nous le répétons, ce dernier genre d'ouvrages est de ceux qui sont toujours assurés de recevoir, dans toutes les classes de la société, parmi les lecteurs de tout âge, et surtout de la part des jeunes gens, un accueil favorable, et desquels on peut se dire en les livrant à la publicité : « Peut-être ne fera-t-il pas grand bien; mais à coup sûr, du moins, il ne fera point de mal. »

C'est dans cette pensée qu'ont été conçus le plan et l'exécution du modeste travail qui va suivre. Malgré la difficulté qu'on ne s'est point dissimulée de faire sur les voyages quelque chose de nouveau, d'attrayant et d'instructif à la fois, en se renfermant dans de modestes limites, il a semblé que la tâche n'était pas de celles qu'il est permis d'abandonner avant même de les avoir tentées.

L'histoire des voyages anciens, des premières

et des plus importantes découvertes des navigateurs européens sur les deux hémisphères, — cette histoire si vaste, tant de fois éditée et rééditée soit *in extenso*, soit en abrégé, — n'était plus à faire. On s'est donc contenté d'y jeter, dans l'introduction, un rapide coup d'œil, afin d'en rappeler seulement les dates, les noms et les faits les plus saillants, les résultats les plus importants. Les voyages exécutés dans notre siècle sont, pour la plupart, moins généralement connus, et d'ailleurs, comme tous les grands événements contemporains, ils nous touchent plus directement et excitent davantage notre intérêt. Mais encore un tableau complet de ces voyages, de plus en plus fréquents en raison des facilités que le perfectionnement des moyens de communication offre aux explorateurs, serait-il une tâche bien longue, hérissée de difficultés pour l'auteur, et dont la vaste étendue dépasserait le but qu'on doit se proposer lorsqu'on écrit pour la jeunesse studieuse. Ce que réclame, en effet, à bon droit cette classe de lecteurs, c'est un délassement profitable, mais non un surcroît de travail. Nous avons cru devoir, en conséquence, nous borner à faire, dans les relations des voyageurs contemporains, un choix d'épisodes intéressants et instructifs, et nous avons préféré en restreindre le nombre en donnant à chacun tout le développement qu'il comporte, plutôt que de chercher à les multiplier en les mutilant et en les plaçant, bon gré mal gré, sur un lit de Procuste.

Ce livre n'est donc nullement une histoire abrégée des voyages et des découvertes des navigateurs au XIX° siècle : c'est, si l'on veut, et pour nous servir d'une comparaison classique, un *selecta*, un recueil de ce qui, dans cette vaste série d'explorations patientes, d'entreprises héroïques, de recherches aventureuses, nous a paru le plus propre à atteindre le but indiqué par le poëte Horace :

Omne tulit punctum qui miscuit utile dulci.

INTRODUCTION

L'histoire des voyages ne serait rien de moins qu'une forme de l'histoire universelle, si l'on voulait, à l'exemple de quelques auteurs, considérer comme voyages les migrations des tribus et des peuples, les expéditions militaires et les irruptions des hordes conquérantes, les déplacements des groupes d'hommes qui, en se séparant de la nation dont ils faisaient partie, ont colonisé et peuplé successivement les diverses régions du globe.

Mais évidemment on ne saurait, sans dénaturer le sens des mots, assimiler aux voyages ces grands mouvements des races humaines, dont l'étude constitue à elle seule une vaste science, l'ethnographie. Il y a entre les uns et les autres toute la différence qui sépare les faits particuliers des faits généraux. Sans doute, dans le plus grand nombre des cas, les premiers ont servi à préparer et à faciliter les seconds, en montrant aux émigrants et aux conqué-

rants la route à suivre, les obstacles à vaincre, le but
à atteindre. Mais ce n'est point là certes un motif
de confondre deux ordres de phénomènes sociaux
essentiellement distincts. On comprend bien que c'est
seulement des plus simples, c'est-à-dire des voyages
proprement dits, qu'il sera parlé dans cette introduction. Encore n'avons-nous point dessein de remonter
à une haute antiquité.

Les anciens voyageaient peu, dans le sens que
nous attribuons à ce mot, et qui s'applique exclusivement aux explorations lointaines entreprises dans
le but d'étudier les mœurs des peuples, le climat et
les productions des différents pays, et de déterminer
scientifiquement les distances, l'étendue, la position
respective des mers, des îles et des continents. Cela
s'explique aisément : ils étaient retenus dans une sorte
de cercle vicieux qui ne devait être franchi que peu à
peu, au fur et à mesure de l'accroissement des populations, et sous l'aiguillon des nécessités qu'en-
gendre cet accroissement.

D'une part, en effet, l'ignorance où ils étaient de
la constitution géographique du globe, de la nature
des êtres répandus sur la terre ferme ou dans les
profondeurs de l'Océan, de la distribution des climats
et de bien d'autres choses dont il était impossible
qu'ils se formassent *a priori* aucune idée, les empê-

chait de s'aventurer loin des contrées où ils avaient une fois fixé leurs demeures. D'autre part, ce n'était qu'en explorant le monde qu'ils pouvaient en pénétrer les mystères. Aussi, Dieu sait avec quelle lenteur, au prix de quels efforts et de quels sacrifices une faible portion de l'humanité est enfin parvenue, après tant de siècles, à construire cette magnifique science de la géographie, encore incomplète pourtant, même chez les peuples les plus éclairés et les plus entreprenants !

Sur terre, l'homme d'autrefois avait à craindre la faim et la soif, les maladies, le froid et la chaleur, les intempéries de l'air, les animaux malfaisants, et, trop souvent aussi, d'autres hommes, stupides, ombrageux et cruels. Sur mer, il redoutait la fureur des flots et des vents, l'isolement entre le ciel et l'eau, et, plus que tout le reste peut-être, l'*inconnu* qui l'attendait au terme du voyage, — si toutefois il lui était donné d'y atteindre à travers tant de périls, — et auquel son imagination troublée prêtait les couleurs et les formes les plus fantastiques, les plus étranges et quelquefois les plus monstrueuses.

Si même aujourd'hui, après les immenses progrès accomplis dans l'art nautique, il y a du courage à affronter, sur les magnifiques et solides vaisseaux que construisent nos ingénieurs, les hasards des vents et

10   INTRODUCTION.

de la mer, quelle fut l'audace des hommes qui, sur
de frêles et grossiers esquifs, osèrent les premiers
braver les puissances de ces éléments capricieux et
perfides, l'air et l'eau !

> Illi robur et æs triplex
> Circa pectus erat, qui fragilem truci
> Commisit pelago ratem
> Primus. . . . .

Quels furent les premiers navigateurs dignes de ce
nom? Les Phéniciens, selon toute probabilité. On sait
que la célèbre Tyr, leur capitale, fut, tant qu'elle sub-
sista, le principal port de commerce de l'ancien monde;
et incontestablement la science de la navigation est
née de ce génie commercial dont il faut sans doute
déplorer les écarts, mais qui fut de tout temps, on
ne saurait non plus le méconnaître sans injustice, un
énergique agent de civilisation, qui établit et entre-
tient les relations pacifiques entre les États, qui a
relié entre eux les pays les plus éloignés, les plus différents de caractère, de mœurs et de langage, et
inspiré tant d'entreprises hardies et fécondes.

Aux Phéniciens succédèrent, dans la suprématie
maritime, les Carthaginois, qui n'étaient, dans l'origine, on le sait, que des émigrés phéniciens. Les
navigateurs de Tyr avaient exploré une grande partie
du littoral de la Méditerranée; ils dépassèrent même

plus d'une fois les colonnes d'Hercule, et naviguèrent le long de la côte occidentale d'Afrique, on ne saurait dire jusqu'à quelle latitude. Hérodote savait que l'Afrique est une immense presqu'île que l'isthme de Suez rattache seul à l'Asie, et il parle d'un voyage exécuté deux siècles avant lui *autour* de cette presqu'île par des navigateurs phéniciens, d'après les ordres du roi d'Égypte Néchos. La plupart des géographes ne croient pas à la possibilité d'un pareil voyage à une époque aussi reculée, et il faut admettre alors qu'Hérodote avançait au hasard, relativement à l'Afrique, un fait dont il n'avait point la preuve, et que les découvertes modernes ont confirmé. Quoi qu'il en soit, le célèbre historien ajoute qu'au retour de leur voyage les Phéniciens racontèrent « que, lorsqu'ils eurent tourné la Libye, ils avaient le soleil à leur droite. » D'où il faut conclure qu'ils avaient dépassé la ligne.

Hérodote ne parle point des Carthaginois Hannon et Himilcon, qui vivaient bien avant son siècle et qui explorèrent les côtes d'Afrique jusqu'à une très-grande distance. La relation authentique du fameux périple d'Hannon nous est heureusement parvenue, et il prouve que ce fameux marin s'avança au moins jusqu'au Gabon, où il rencontra les grands singes, actuellement connus sous le nom de *gorilles*, que lui-même leur avait donné. Hannon avait pris ces singes pour des hommes sauvages, ce qui ne l'empêcha pas de tuer et d'écorcher trois de leurs femelles, dont il rapporta les peaux à Carthage.

L'Égypte, grâce à sa situation privilégiée, avait servi, pour ainsi dire, de trait d'union entre les deux mers qui baignent ses rivages : la Méditerranée et la mer Érythrée. Par le nord elle communiquait avec l'Asie Mineure, l'Archipel, la Grèce, l'Italie et l'Espagne; par l'est, avec l'Arabie; et ses navires, dépassant la mer Rouge, purent s'avancer dans le golfe Persique, dans l'océan Indien, et côtoyer l'Arabie, la Perse et l'Hindoustan. Sous les Ptolémées, les communications régulières établies par Alexandre entre l'Égypte et l'Inde prirent un développement considérable. Des vaisseaux chargés des produits de ce lointain pays venaient débarquer à Bérénice, sur la mer Rouge, leurs cargaisons, que des caravanes transportaient de là à Coptos, sur le Nil, et qui descendaient ensuite ce fleuve jusqu'à Alexandrie. Cette ville, devenue l'entrepôt du commerce de l'Orient, fut bientôt aussi le foyer le plus brillant des lettres, des sciences et des arts.

Parmi les savants, les érudits, les philosophes, les écrivains dont elle pouvait à bon droit s'enorgueillir, les géographes occupent un rang distingué. Nommons entre autres Timosthène, Philostéphane et surtout Ératosthène, que ses contemporains surnommèrent *l'Inspecteur de la terre*, et qui est l'auteur du premier système de géographie fondé sur des bases mathématiques.

Cependant Thalès de Milet, Pythagore, Aristote, avaient démontré, longtemps avant Ératosthène, la forme sphérique de la terre, et Aristote, partant de cette donnée, avait conclu, dix-huit siècles avant Colomb, à la possibilité de voyages à travers l'océan Atlantique. Alexandre le Grand, son élève, voulut ajouter à la gloire conquise sur les champs de bataille de l'Asie celle de découvertes utiles et de fondations durables. On sait qu'il entreprit la conquête de l'Inde, mais que, parvenu aux bords de l'Hyphasis, il dut revenir en arrière, ses soldats refusant de le suivre plus loin. Ce fut alors qu'il résolut d'explorer le cours de l'Indus et les côtes de la Perse. Une flotte commandée par Néarque appareilla à Nicæa, ville située sur l'Hydaspe, dont elle descendit le cours, protégée par l'armée, divisée en deux corps marchant sur chaque rive du fleuve. Après quatre mois de navigation, la flotte atteignit l'embouchure de l'Indus. Alexandre prit alors la route de terre, pour revenir à travers la Gédrasie et la Carmanie, provinces méridionales de la Perse, tandis que Néarque gagnait par mer l'embouchure de l'Euphrate, au fond du golfe Persique. Le roi menait avec lui des géographes, qui décrivirent, dit-on, avec soin les contrées traversées par les Macédoniens; mais leurs écrits ne nous sont point parvenus, et il ne reste d'autre monument de cette expédition que quelques fragments du Journal de Néarque, cités par des écrivains postérieurs.

Cependant, tandis que les Carthaginois, les Égyptiens et les Macédoniens visitaient les mers, les continents et les îles du côté du sud et de l'est, les Phocéens de Marseille poussaient des reconnaissances hardies vers l'orient et le nord. La première expédition mémorable qu'ils accomplirent fut celle de Pythéas, dont l'époque précise est inconnue, et dont le récit ne parvint en Grèce qu'au temps d'Alexandre. Sorti des colonnes d'Hercule, le navigateur marseillais longea les côtes d'Espagne et de la Gaule, atteignit la Grande-Bretagne, puis le Jutland, auquel il donna le nom de Thulé. Il pénétra ensuite dans la Baltique, et toucha la côte septentrionale d'un pays «où la mer jetait une grande quantité d'ambre jaune». Il est évident que ce pays n'était autre que la Prusse actuelle, d'où le commerce tire encore aujourd'hui la presque totalité de l'ambre jaune ou succin employé dans les arts.

Nous n'avons rien à dire des voyages exécutés par les Romains. On sait qu'ils portèrent leurs armes presque partout, jusqu'aux dernières limites du monde connu des anciens, et que, si leurs conquêtes ne reculèrent pas sensiblement ces limites, elles eurent du moins pour résultat de renverser les barrières et d'aplanir les obstacles qui s'opposaient aux communications des peuples entre eux. A l'époque où commençait la décadence du vaste empire conquis par leurs légions, parut le célèbre astronome et géographe Ptolémée, qui donna le premier à la science géographique une unité à laquelle elle n'avait point encore pu parvenir. L'ouvrage qu'il écrivit sous le titre de Σύνταξις, et la carte dressée par lui d'après les documents qu'il put rassembler résument ce que l'on croyait ou savait de son temps (II⁰ siècle de l'ère chrétienne) touchant le système de l'univers, l'étendue et la configuration des terres et des mers sur notre hémisphère. Inutile de dire que de nombreuses et graves erreurs se mêlaient, dans sa géographie, à des notions exactes et à de grandes idées. Contrairement à l'opinion de Pythagore, qui avait enseigné et expliqué les deux mouvements de la terre, l'un de rotation sur elle-même, l'autre de translation autour du soleil, Ptolémée supposait la terre immobile dans l'espace et le soleil, la lune et les planètes tournant autour d'elle. En fait de géographie, il n'était guère plus instruit que ses devanciers, notamment en ce qui concernait l'Europe, puisqu'il plaçait au nord de la *Chersonèse cimbrique*

Jutland ; quatre îles dont la plus éloignée, nommée par lui Scanie, était probablement une portion de la Suède, et qu'il faisait de l'Europe la plus étendue des trois parties du monde, en lui donnant pour bornes, au couchant, l'Océan ; au levant, le fleuve Tanaïs, et au sud, la Méditerranée. La limite septentrionale n'était pas exactement tracée, les connaissances certaines s'arrêtant aux bords de l'océan Germanique (mer du Nord) et de l'océan Sarmatique (mer Baltique).

Le nord de l'Asie était aussi peu connu de Ptolémée et de ses contemporains que le nord de l'Europe. On confondait sous les noms de Scythes et d'Hyperboréens les nombreuses peuplades sans cesse en mouvement qui occupaient les contrées au delà du Pont-Euxin, de la Colchide, de la mer Hyrcanienne ou Caspienne, et des grands fleuves qui se jettent dans le lac Aral. Relativement à l'extrême Orient, les notions positives ne dépassaient pas les monts Imaüs et les bouches du Gange. On n'avait qu'une vague idée du vaste empire chinois, dont les mystérieux habitants étaient appelés *Seres* ou *Sines*. L'Arabie avait été, ainsi que l'Inde, très-imparfaitement explorée. L'île de Ceylan, qu'on désignait sous le nom de Taprobane, était encore moins connue, et les autres îles de l'océan Indien ne l'étaient nullement.

En Afrique, il n'y avait de bien connues que l'Égypte,

la côte septentrionale, et la lisière comprise entre la Méditerranée et la chaîne de l'Atlas. Les Grecs et les Latins désignaient vaguement le reste de l'Afrique par les noms d'Éthiopie et de Libye intérieures, et leurs navires n'avaient jamais dépassé à l'ouest le *Sinus Hespericus* (golfe de Guinée), à l'est le *Sinus Barbaricus* (canal de Mozambique).

Au temps de Ptolémée, on semblait avoir renoncé depuis bien des années à tenter aucune excursion, soit par terre, soit par mer, au delà des limites que nous venons d'indiquer, et qu'on croyait généralement être celles du monde accessible à l'homme. Il faut franchir un intervalle de plusieurs siècles pour arriver à une époque où, les peuples commençant enfin à se remettre des longues et violentes secousses causées par l'immense écroulement de l'empire romain, purent reprendre leur marche, si longtemps interrompue, dans la voie du progrès intellectuel et matériel, et rendre aux sciences, aux arts, à l'industrie et au commerce la part qu'ils doivent occuper dans le mouvement des sociétés. Chaque nation alors manifestant le génie et les tendances qui lui étaient propres, on en vit quelques-unes s'adonner avec ardeur au commerce, à la grande pêche, à la navigation, aux voyages lointains. L'exemple de ce genre d'entreprises paraît être venu, vers le VIIIe siècle, des Arabes, qui, après avoir conquis, sous Mahomet et

ses successeurs, une partie de l'Asie, de l'Europe et de
l'Afrique, et jeté l'épouvante dans la chrétienté par
leurs invasions rapides et par leurs sanglants exploits,
cultivèrent, non sans succès, durant une courte période,
les sciences naturelles, la médecine, les mathématiques, l'astronomie et la géographie. Leurs caravanes
parcoururent et firent connaître le centre de l'Asie et
une grande partie de l'Afrique intérieure. En même
temps leurs navires, croisant dans toutes les directions, sur la Méditerranée, sur la mer Rouge, sur le
golfe Persique et sur l'océan Indien, allaient échanger des marchandises dans les ports de la Grèce, de
l'Espagne, de l'Égypte, de la Barbarie, de l'Abyssinie,
et jusque dans les îles de Madagascar, Sumatra, Bornéo,
Andaman et Laquedives.

Dès le x⁰ siècle, l'Afrique orientale était fréquentée
par les Arabes, depuis l'Égypte jusqu'au cap Corrientes.
Mais l'océan Atlantique, qu'ils nommaient la *Mer des
Ténèbres*, leur était peu connue et leur inspirait une
terreur superstitieuse. Cependant on lit dans un de leurs
géographes, Al-Drisi, qu'au temps de la domination
maure au Portugal (vers le milieu du xii⁰ siècle)
huit habitants de Lisbonne entreprirent un voyage
pour connaître ce qui se trouvait à l'extrémité de
l'Océan. Après avoir navigué onze jours à l'ouest, puis
douze jours au sud, ils virent plusieurs îles et abor-

dèrent à l'une d'elles, où ils trouvèrent une multitude de moutons; mais la chair de ces animaux était si amère, qu'ils ne purent en manger. Ayant renouvelé leur provision d'eau, ils se remirent en route, et, après douze jours encore, ils rencontrèrent une autre île où on leur dit que l'Océan était encore navigable trente journées plus loin, mais qu'au delà d'épaisses ténèbres empêchaient d'avancer; sur quoi les navigateurs revinrent à Lisbonne, où, pour conserver le souvenir de leur audacieuse entreprise, on donna à l'une des rues de la ville le nom de *Rue des Aventuriers*, qui se conserva jusqu'au milieu du xive siècle. Si ce récit est exact, il y a tout lieu de croire que les îles reconnues par ces aventuriers n'étaient autres que les Canaries.

On peut considérer comme plus authentique le voyage du cheik Ibn-Batuta, qui, parti de Tanger, sa ville natale, vers 1325, pour faire le pèlerinage de la Mecque, visita la Perse, l'Inde et la Chine, puis revint à Alexandrie, se rendit de là dans le Soudan, et rentra enfin dans ses foyers après vingt ans d'absence. Ibn-Batuta n'était pas, du reste, le premier de sa race qui eût pénétré dans ces lointaines contrées. Au viiie siècle déjà des marchands et des ambassadeurs arabes avaient été reçus en Chine. Sous le règne du calife Valid (704-713), des envoyés de ce prince s'y étaient rendus par le Kachgar et les plaines de la Tartarie. Dans le siècle suivant, deux autres voyageurs, Wahab et Abu-Zeïd, parcoururent et décrivirent des régions de l'Asie réputées jusqu'alors inaccessibles. Ce fut sans doute dans leurs relations, plus suivies qu'on ne le croit généralement, avec les Chinois, que les Arabes eurent connaissance des découvertes dont les habitants du Céleste Empire étaient en possession depuis plusieurs siècles, et qui, à la suite des croisades, se répandirent lentement en Europe. Nous voulons parler des feux de guerre, de la poudre à tirer, et surtout de la boussole, ce merveilleux instrument qui seul permet au navigateur de se guider à travers l'immensité des océans.

Tandis que les Arabes pénétraient jusqu'aux extrémités de l'Orient, les navigateurs scandinaves et normands accomplissaient dans le Nord des découvertes non moins importantes.

Vers la fin du IX° siècle, les Normands occupèrent les Hébrides; un peu plus tard, ils s'emparèrent des îles Shetland et soumirent une grande partie du nord de l'Écosse, où l'on retrouve encore de leurs monuments. Vers la fin du X° siècle, un certain Éric le Rouge découvrit le Groënland, et le premier s'y établit. Une fois que les peuples du Nord eurent franchi les mers orageuses qui les séparaient de l'Islande et du Groënland, ils ne tardèrent pas à étendre leurs explorations du côté de l'Occident. Vers l'an 1001, un Islandais nommé Biorn, étant parti pour aller rejoindre son père établi au Groënland, fut jeté par une tempête loin de sa route et aperçut vers le sud-ouest une contrée couverte de bois. Lorsqu'il fut de retour au Groënland, son récit excita au plus haut point la curiosité d'un certain Leif, fils de ce même Éric le Rouge qui avait fondé au Groënland la première colonie. Biorn consentit à s'embarquer de nouveau avec Leif, et tous deux, reprenant la direction où le premier avait été naguère emporté malgré lui, abordèrent à plusieurs îles, et entrèrent enfin dans l'embouchure d'un grand fleuve très-poissonneux, dont les rivages étaient bordés d'arbres fruitiers, et entre autres de vignes, dont un de leurs compagnons, Allemand de naissance, leur indiqua l'usage. Ils nommèrent en conséquence *Vinland* ce pays, dont les habitants étaient des hommes très-petits avec lesquels les Groënlandais établirent des relations commerciales très-suivies. Ils leur achetaient principalement des fourrures.

Quel était ce pays? Sans doute une partie du continent américain septentrional : le pays des Esquimaux, le Labrador ou quelque autre des terres qui bordent la baie d'Hudson.

Environ trois cents ans plus tard, deux Vénitiens, les frères Zeni, entrés au service du souverain des îles Faroë et Shetland, entreprirent une expédition qui les conduisit bien au delà des points précédemment abordés par les

Groënlandais. C'est au moins ce qu'il est permis de croire d'après la relation obscure et entremêlée de fables qui fut publiée à Venise beaucoup plus tard par un descendant de Nicolo Zeno, l'un des deux frères. Quelques auteurs ont même admis, en s'appuyant sur cette relation, que les Zeni et leurs compagnons avaient abordé, non-seulement à Terre-Neuve et aux côtes de la Nouvelle-Écosse et de la Nouvelle-Angleterre, mais qu'ils avaient bien pu pénétrer jusqu'à la Louisiane, à la Floride et au Mexique.

Sans partager cette opinion exagérée, on ne peut nier que les peuples du nord de l'Europe, excellents et hardis marins, n'aient dû, en effet, bien avant ce qu'on peut appeler la découverte officielle du nouveau monde, aborder plus d'une fois, volontairement ou d'autre façon, à l'île de Terre-Neuve et aux côtes de l'Amérique septentrionale, dont ils n'étaient séparés en réalité que par une assez faible distance. Bien plus, il paraît démontré aujourd'hui que ces Européens du Nord ne furent point les seuls qui, bien avant Christophe Colomb, eurent connaissance du vaste continent situé au delà de l'océan Atlantique. Au xive et au xve siècle, les Basques, qui se livraient avec ardeur à la pêche de la baleine, et qui pendant longtemps avaient trouvé cet animal en assez grande abondance dans le golfe de Gascogne, lui firent une guerre tellement acharnée, que peu à peu il leur fallut le suivre vers le nord et le nord-ouest, et qu'ils finirent par le pourchasser jusque dans les parages du Canada et du Groënland.

Quoi qu'il en soit, on peut dire que l'ère des véritables découvertes outre-mer (et nous entendons par véritables découvertes celles qui furent dues, non plus au hasard, mais à des recherches inspirées par le génie et guidées par le raisonnement scientifique), date seulement des premières années du xv° siècle.

Ce fut, en effet, en 1415 que le roi de Portugal Juan Ier, au retour d'une expédition victorieuse contre les Maures d'Afrique, voulant récompenser son fils Don Henri du courage et de l'habileté qu'il avait déployés dans cette guerre, lui conféra le duché de Viseu, et le gouvernement des nouvelles conquêtes.

Or Don Henri n'était pas seulement un brave guerrier, c'était aussi, assure-t-on, l'un des hommes les plus instruits de son temps. Il était surtout passionné pour les entreprises maritimes, et il s'empressa de consacrer à la satisfaction de ce goût dominant la faveur de son père, l'autorité et les richesses dont cette faveur le mettait en possession. Sous ses auspices, les navigateurs portugais accomplirent des prodiges, et dès lors fut ouverte la voie glorieuse où tant d'hommes illustres, héros de la science, apôtres du christianisme et de la civilisation, devaient, par la suite, se signaler.

24   INTRODUCTION.

Trouver une route vers l'Inde par mer, en passant au sud du continent africain, telle était la tâche grandiose proposée par Don Henri aux marins portugais.

Sous ses auspices, et, pour ainsi dire, sous sa direction, s'ouvrit une série de découvertes auxquelles le Portugal dut une gloire et une puissance qu'il n'avait point encore atteintes jusque-là, et qui furent, hélas! de courte durée. En 1418, ce fut la découverte des îles de Porto-Santo et de Madère; puis le cap Non, si longtemps réputé infranchissable, fut doublé; puis le cap Bojador, plus redoutable encore. A la même époque (1433) furent reconnues les îles Açores. Huit ans après, Nuno Tristan s'avançait jusqu'au cap Blanc, à cent cinquante lieues du cap Bojador, et ramenait à Lisbonne les premiers individus de la race nègre que l'on eût vus en Europe. En 1445, les Portugais atteignirent le Sénégal, et en 1450 ils signalèrent les îles du Cap-Vert.

En 1456, le Vénitien Aloysio de Cada-Morto, enrôlé au service du Portugal, poussa jusqu'à la Gambie, et bientôt après Pedro de Cintra atteignait la côte de Guinée. Déjà l'inclinaison marquée de la côte d'Afrique vers l'est permettait d'espérer qu'on touchait à la réalisation des espérances conçues par Don Henri, lorsque ce prince illustre mourut, en 1463.

Sa mort suspendit pour un temps l'activité des expéditions maritimes, qui ne furent reprises qu'en 1481, à l'avénement de Jean II. Ce monarque ordonna en 1486, d'une part, à Pedro de Covilham et à Alphonse de Peyra de se rendre aux Indes en traversant l'Afrique et l'Asie; d'autre part, à Barthélemy Diaz de reprendre sur mer les recherches que, deux ans auparavant, Diégo Camon-Cano avait poussées jusqu'à l'embouchure du fleuve Zaïre, sur la côte du Congo.

Tandis que les deux premiers accomplissaient par terre leur difficile mission, recueillaient sur l'intérieur de l'Afrique et sur l'île de Madagascar de précieux renseignements, et annonçaient comme déjà frayée par les navigateurs arabes et indiens la route maritime que ceux d'Occident n'avaient pas encore trouvée, Barthélemy Diaz était poussé, à son insu, par des tempêtes, bien au delà de ce même promontoire, but de tant d'héroïques efforts. A son retour seulement il reconnut qu'il avait doublé la pointe méridionale de l'Afrique, et en souvenir des violents orages qu'il avait essuyés à ses abords, il l'appela le *Cap des Tempêtes*. Ce nom de sinistre augure fut changé, par le roi Jean II, en celui de *Cap de Bonne-Espérance*.

Barthélemy Diaz rentra dans le port de Lisbonne à la fin de 1487. Onze années encore devaient s'écouler avant que, sous le règne d'Emmanuel, le célèbre Vasco de Gama accomplît enfin le grand périple, et allât débarquer (le 20 mai 1498) à Calicut, sur la côte du Malabar, après une navigation de dix mois.

Mais, dans cet intervalle, un autre événement à jamais mémorable s'était accompli. Dans la nuit du 11 octobre 1492, Christophe Colomb avait abordé à l'île de Guanahani (archipel Bahama), qu'il nomma San-Salvador. Le nouveau monde était découvert, et, grâce au génie audacieux de Colomb, l'Espagne n'avait rien à envier au Portugal. A celui-ci Gama, et après lui Alvarez Cabral, Almeyda, Albuquerque, donnèrent pour un temps l'Inde, que perdirent leurs successeurs. A l'Espagne, à l'Europe entière, Christophe Colomb ouvrait les portes d'un monde dont l'immense étendue et l'incomparable richesse dépassaient de beaucoup tout ce que l'imagination la plus féconde aurait pu rêver. Et ce monde est devenu, en moins de quatre siècles, une nouvelle Europe, peuplée d'Espagnols, de Portugais, d'Anglais, de Hollandais, d'Allemands, de Français, qui font fleurir dans ces contrées jadis sauvages et presque désertes le christianisme, les sciences, les lettres, les arts et le commerce.

Nous n'avons point à raconter la conquête de l'Inde par les Portugais, ni celle de l'Amérique par les Espagnols. On ne sait que trop quels actes de cruauté, quelles scènes affreuses d'extermination déshonorèrent la gloire des héros de cette sanglante épopée. Aux Diaz, aux Vasco de Gama, aux Christophe Colomb, aux Vespucci, à ces hommes pieux et dévoués qui n'avaient en vue que la propagation de la foi chrétienne et la gloire de leur pays, succédèrent des aventuriers impitoyables en qui la soif de l'or éteignait tout autre sentiment. Mais, grâce à Dieu, l'Europe devait produire encore plus d'un héroïque marin, fidèle à la glorieuse tradition, et désireux de concourir à la grande œuvre commencée par don Henri, la conquête pacifique des mers, la recherche et la colonisation des terres inconnues.

A partir du commencement du XVIᵉ siècle, les entreprises tentées dans ce but se succèdent et se multiplient de toutes parts. Tous les peuples rivalisent d'ardeur dans cette immense arène ouverte aux nobles ambitions.

Vasco de Gama avait frayé une route vers l'Inde par le sud de l'Afrique. La découverte du nouveau monde offrait aux navigateurs un autre problème à résoudre : il s'agissait d'arriver aux Indes en doublant un autre cap des Tempêtes, qui sans doute terminait aussi vers le sud la nouvelle Afrique, c'est-à-dire l'Amérique méridionale.

Solis, qui le tenta le premier, périt après avoir reconnu le Rio de la Plata. Après lui Magelhaëns, que nous appelons Magellan, arriva, après avoir longé la côte de Patagonie, au redoutable détroit qui porte son nom, et pénétra, le 28 mai 1520, dans ce vaste

28 INTRODUCTION.

océan, auquel on a donné, sans doute par antiphrase, le nom d'océan Pacifique. Poursuivant ensuite sa route, il parvint au bout de trois mois aux îles Philippines, où il mourut. Son lieutenant, Sébastien del Cano, reprit le commandement de l'expédition, arriva aux Moluques, et de là put retourner en Espagne par le cap de Bonne-Espérance. Ainsi s'accomplit le premier voyage autour du monde.

Cependant, dès les dernières années du siècle précédent, l'attention des navigateurs s'était portée vers l'extrême nord. Par là aussi on espérait trouver un passage vers les Indes, et c'est aux Anglais que revient l'honneur d'avoir les premiers dirigé leurs recherches dans ces régions glacées où l'horreur du climat ajoutait encore aux dangers inséparables d'une pareille entreprise. Le roi Henri VII, qui avait été assez aveugle pour rejeter les offres de Christophe Colomb, n'avait pas tardé à s'en repentir; aussi accueillit-il avec empressement un marin vénitien, Giovanni Gavotta, connu sous le nom de Jean Cabot, qui lui offrit, en 1496, de diriger une expédition vers le nord-ouest. Gavotta croyait arriver par là en Chine et aux Indes. Mais il rencontra le continent américain, dont il longea les côtes jusqu'à la Floride; après quoi, les provisions lui manquant, il regagna l'Angleterre. Les découvertes de Gavotta donnèrent l'éveil aux Portugais, qui se rappelèrent alors que, longtemps avant lui, un des leurs, Jean Cortereal, avait reconnu l'île de *Bacalhaos* ou *de la Morue* (Terre-Neuve). Un des fils de ce Cortereal, nommé Gamar, partit de Lisbonne en 1500, atteignit sans peine l'île de Terre-Neuve; puis, ayant pénétré dans la baie d'Hudson, il se hâta de revenir annoncer à ses compatriotes qu'il avait découvert un passage vers l'Inde au-dessus du continent américain. Sur la foi de cette affirmation, il obtint aisément l'ordre de faire un second voyage; il partit, et ne revint plus. Son frère Miquel Cortereal, étant allé à sa recherche, ne reparut pas non plus. Enfin un troisième et dernier Cortereal, Vasco Eanez, voulut se sacrifier à son tour pour la gloire de son pays et le salut de ses frères; mais le roi, sagement, ne le lui permit point.

Les efforts tentés pour trouver un passage par le nord-ouest n'ayant abouti, comme on vient de le voir, qu'à des catastrophes, on songea naturellement à diriger les recherches vers le côté opposé. Le roi d'Angleterre prit encore l'initiative de cette nouvelle série de tentatives, qui devaient aussi, hélas! amener tant de mystérieux désastres! Le premier héros et la première victime, sir Hugh Willoughby, envoyé par Henri VIII à la recherche du passage nord-est, périt sur la côte de Laponie. Un second, d'abord plus heureux, Richard Chancelor, navigua si loin vers le nord, qu'il parvint, dit-il, dans une zone où il n'y avait plus de nuit; il aborda au fond d'une baie où les habitants lui apprirent qu'ils étaient Moscovites, et que leur prince, Jean Wasiliewitz, résidait à quinze cents milles de là. Chancelor débarqua et se rendit à Moscou; il fut bien accueilli par le grand prince Ivan, et revint en Angleterre par Arkhangel. Au retour d'un second voyage dans la mer Glaciale, Chancelor périt sur les côtes d'Écosse. Après lui, les Hollandais Barentz et Hemskerk essayèrent de franchir le terrible passage : le premier périt; le second ne revit sa patrie qu'après avoir enduré à la Nouvelle-Zemble des souffrances inouïes.

Les Anglais, découragés par l'insuccès de Willoughby et de Chancelor, s'étaient de nouveau tournés vers le nord-ouest, mais avec plus de circonspection. Forbisher découvrit la partie méridionale du Groënland, et sir Humphrey Gilbert prit, au nom de la reine Élisabeth, possession de l'île de Terre-Neuve.

Sous le même règne, Francis Drake, après avoir, à l'autre bout du monde, découvert l'archipel de la Terre de Feu, conçut le projet téméraire de revenir en Europe par le nord-est, et remonta, en effet, jusqu'au 48° degré; mais là l'intensité du froid le contraignit de rebrousser chemin. Après avoir donné au pays qui s'étend du 38° au 40° degré de latitude le nom de Nouvelle-Albion, il prit la route des Moluques, traversa la mer des Indes, doubla le cap de Bonne-Espérance, et revint en Angleterre, après une absence de deux ans, ayant fait, lui aussi, le tour du monde.

Au commencement du siècle suivant, l'Espagnol Alvaro Mendana, traversant le grand Océan, découvre les îles Salomon; un autre, Fernand de Quiros, qui avait rêvé un continent austral, partit de Lima, à la recherche de ce continent, pour gagner, dit un historien, « des âmes au Ciel et des royaumes à l'Espagne. » Il découvrit seulement un assez grand nombre d'îles, et s'en alla jeter l'ancre dans un bassin spacieux, en vue d'une côte qu'il crut être celle du continent austral, et qu'il nomma pour cette raison *Australia del Espiritu-Santo*. Ce n'était pourtant, selon toute probabilité, qu'une des grandes Cyclades de Bougainville, ou des Nouvelles-Hébrides de Cook. Quiros, séparé de sa flotte par une tempête, retourna en Amérique. Son lieutenant, Vaz de Torres, continuant sa route au sud-ouest, reconnut d'abord que la prétendue Australie n'était point un continent, et toucha la côte nord de la Nouvelle-Guinée, dont il suivit la côte méridionale jusqu'aux Moluques; il franchit ainsi le détroit auquel il a donné son nom, et put apercevoir la côte nord de la véritable Australie, c'est-à-dire de la Nouvelle-Hollande.

Des Hollandais accomplirent vers le même temps une découverte non moins importante. Isaac Lemaire, riche négociant d'Amsterdam, et un marin expérimenté, Cornelis Schouten de Horn, s'avisèrent qu'il devait être possible de tourner la pointe méridionale de l'Amérique par une autre voie que le détroit de Magellan. Dans cette pensée, Schouten partit avec Jacob Lemaire, fils d'Isaac, et il eut la gloire de déterminer la position de la Terre des États et celle du détroit de Lemaire, et de doubler le cap Horn, dernière limite de la terre dans ces parages. Il fut ainsi démontré que, comme le génie des deux célèbres Hollandais le leur avait fait conjecturer, le détroit de Magellan n'était pas la seule entrée de l'océan Pacifique, et que la Terre de Feu était une île et non une portion de continent.

En 1642, deux navires hollandais partirent de Batavia, par ordre de Van-Diemen, gouverneur de cette colonie, et sous les ordres de l'amiral Tasman. Après deux mois et demi de navigation, ils arrivèrent, par 42° 25' latitude S. et 136° 50' longitude O., à une grande terre où Tasman planta le pavillon hollandais et qu'il appela *la Terre de Van-Diémen*, mais qui a reçu depuis le nom de *Tasmanie*. Il reconnut ensuite la Nouvelle-Zélande, la Nouvelle-Guinée, et rentra à Batavia au mois de juin 1643. L'année suivante, l'amiral hollandais fit un second voyage dans lequel il reconnut avec soin une grande partie des côtes de l'île immense qu'on désignait avant lui sous le nom assez vague de *Terres Australes*, et qui depuis fut appelée *Nouvelle-Hollande*. A ce dernier nom les Anglais ont substitué celui d'Australie, qui a prévalu. De nouveaux détails sur cette cinquième partie du monde furent recueillis, de 1683 à 1701, par le célèbre William Dampier, ancien chef de flibustiers, à qui le gouvernement britannique avait confié le commandement d'une expédition que son expérience et son audace le rendaient plus que personne capable de bien diriger.

Aux voyages de Dampier se rattachent les aventures du malheureux Alexandre Selkirk, lieutenant à bord de l'un des navires que commandait Dampier. A la suite d'une altercation avec le capitaine Straddling, son chef immédiat, Selkirk fut abandonné dans une île déserte, celle de Juan-Fernandez, où il vécut seul quatre ans et quatre mois, et dont il fut tiré par un autre vaisseau anglais, en 1708. Ce vaisseau faisait partie de l'expédition de Woodes Rogers, et Dampier y remplissait les fonctions de pilote. C'est l'histoire de ce Selkirk qui, selon quelques auteurs, a fourni à Daniel de Foe le thème de son livre de *Robinson Crusoé*. Mais d'autres commentateurs croient, au contraire, que *Robinson Kreutznaër* est un personnage réel dont les aventures, analogues à celles de Selkirk, ont été seulement dramatisées et développées par le célèbre écrivain anglais.

Pendant le cours du xviii siècle, les grandes expéditions maritimes deviennent tellement nombreuses, que nous devons renoncer à les passer en revue. Cette période de l'histoire des voyages est, du reste, bien connue, et nous ne pourrions donner qu'une sèche analyse des relations originales ou des nombreux résumés qui sont entre les mains de tout le monde. Nous nous bornerons donc à faire remarquer qu'à l'époque où nous sommes arrivés, l'Espagne et le Portugal ont vu décroître singulièrement leur activité. L'esprit aventureux qui animait leurs premiers navigateurs semble presque entièrement éteint, et c'est à peine si, dans les lointains parages dont ils ont les premiers frayé la route, on rencontre encore çà et là quelques-uns de leurs vaisseaux à la recherche des terres inconnues. Les Hollandais aussi, après avoir rendu à la science géographique des services signalés, demeurent à peu près étrangers au grand mouvement que l'Angleterre continue avec une énergie extraordinaire et une rare intelligence à partir des dernières années du xvii siècle, et auquel la France vient tardivement prendre une part glorieuse dans la seconde moitié du xviii et la première du xix siècle. En effet, l'histoire contemporaine des voyages de circumnavigation n'offre guère que des noms anglais et français, dont quelques-uns brillent d'un éclat presque égal à celui des Diaz, des Colomb, des Gama, des Magelhaëns. Qui ne connaît ces héros de la civilisation, ces conquérants de la mer : George Anson, Byron, Carteret, Bougainville, Cook, Surville, Marion-Dufresne, la Pérouse, Vancouver, d'Entrecasteaux?... Pour la France surtout, notre siècle n'a rien à envier à son aîné, et l'on peut dire sans vaine gloriole que, si nos marins n'ont point égalé les œuvres de leurs prédécesseurs, c'est que ceux-ci, ayant eu le bonheur de les devancer dans le champ des grandes découvertes, ne leur ont, pour ainsi dire, laissé qu'à glaner.

Les pages qui vont suivre ne suffiront qu'à donner une faible idée des travaux accomplis par les voyageurs qui depuis un demi-siècle ont franchi les mers et parcouru le monde. Nous espérons néanmoins que nos lecteurs y pourront trouver quelque intérêt et puiser quelque instruction. Dans une mine aussi riche, il suffit de frapper au hasard pour dévoiler aux regards des filons précieux.

VOYAGES ET DÉCOUVERTES

OUTRE-MER

AU XIXᵉ SIÈCLE

VOYAGE DU CAPITAINE BAUDIN DANS L'AUSTRALIE

(1800-1804)

Mission confiée au capitaine Baudin par le premier consul. — Itinéraire du Havre à la Nouvelle-Hollande et à l'île de France. — Mort de Baudin. — Retour de l'expédition. — La Nouvelle-Hollande. — Régions visitées par les navires *le Géographe* et *le Naturaliste*. — Terre de Nuyts et Port-du-Roi-Georges. — Climat et saisons. — Aspect des habitants. — Leur costume ; leur tatouage ; leurs armes. — Leur manière de vivre ; leurs mœurs. — Les *Mulgaradocks*. — Terre de Leuwin. — Terre d'Edel et Rivière des Cygnes. — Baie des Chiens-Marins. — Terres de Witt et d'Arnheim.

C'est un navigateur français qui ouvre la série des grands voyages de découvertes accomplis au XIXᵉ siècle. Le capitaine Baudin fut chargé par le premier consul d'explorer les côtes de la Nouvelle-Hollande et les grandes îles groupées au nord, à l'est et au sud-est de cette Terre Australe que son immense étendue peut faire, à bon droit, regarder comme un continent.

Les deux corvettes *le Géographe* et *le Naturaliste* partirent du Havre, le 17 octobre 1800, sous le commandement de cet officier, qu'une mort prématurée devait, hélas! arrêter au début de sa brillante carrière. Baudin avait pour compagnons l'enseigne de Freycinet qui, un peu plus tard, dirigea à son tour une autre expédition dans l'Océanie, et le naturaliste Péron, chargé de recueillir toutes les observations relatives aux populations, à la flore et à la faune des contrées qu'on allait visiter. C'est principalement grâce à ces observations, faites avec un soin minutieux et une rare sagacité, que le voyage de Baudin offre de l'intérêt, car il ne fut signalé par aucun incident digne de remarque.

Du Havre, les deux corvettes firent voile vers l'île de France, et de là vers les Moluques. Le 21 septembre, elles mouillèrent en vue de l'île de Timor, après avoir exploré une partie de la côte sud-ouest de la Nouvelle-Hollande. Elles se dirigèrent ensuite sur la côte sud-est, et firent une seconde halte au Port-Jackson, qui était alors le principal établissement des Anglais dans la Nouvelle-Galles du Sud. S'étant ravitaillées en cet endroit, elles se dirigèrent vers la Terre de Van-Diémen, qu'elles atteignirent le 13 janvier 1802. Puis elles doublèrent le cap Sud, pour aller jeter l'ancre dans l'est de l'île aux Perdrix, à l'entrée du détroit d'Entrecasteaux.

On quitta ce mouillage le 17 février, pour aller jeter l'ancre devant l'île Maria, à l'entrée de la baie des Huîtres. Après avoir reconnu le Port-Frédérik-Hendrik de Tasman et les îles Schouten, on découvrit plusieurs îles auxquelles Baudin donna des noms français, dès longtemps supprimés par les Anglais, qui y ont substitué des noms britanniques. La même chose a eu lieu pour les diverses régions explorées sur les côtes sud et sud-ouest de la Nouvelle-Hollande par notre compatriote, qu'un misérable sentiment de jalousie nationale a privé ainsi d'une gloire bien légitimement acquise par ses travaux, et payée de sa vie.

En quittant la baie des Huîtres, Baudin traversa de l'est à l'ouest le détroit de Bass, large de deux cents kilomètres, qui sépare l'île Van-Diémen de la Nouvelle-Hollande, et explora la côte méridionale, jusque-là inconnue, de ce continent. Cette exploration dura jusqu'à la fin du mois d'avril 1802, et s'accomplit laborieusement au milieu de dangers sans cesse renaissants. A l'entrée du mois de mai, les équipages étaient tellement épuisés de fatigue, qu'il fallut renoncer à pousser plus loin les reconnaissances. Baudin se décida à retourner vers l'est pour relâcher à Botany-Bay. Mais il voulut encore utiliser sa retraite, et, au lieu de reprendre la route qu'il avait déjà suivie et qui était la plus courte, il redescendit vers le sud, afin de trouver l'extrémité méridionale de la Terre de Van-Diémen. Le 20 mai, on reconnut l'entrée de la baie de l'Aventure et les colonnes du cap Cannelé, en avant duquel se projette l'île aux Pingouins. Les Français admirèrent l'aspect riche et grandiose de cette pittoresque et fertile contrée, arrosée de nombreuses rivières et couverte d'une éternelle verdure. Le 22, on doubla par le sud l'île Maria, et l'on s'engagea dans l'archipel Schouten. Mais ici les marins eurent de nouveau tant à souffrir du mauvais temps et des maladies, qu'il fallut se hâter de remonter vers le nord. On arriva heureusement, le 20 juin, au Port-Jackson, où l'on séjourna cinq mois. Ce temps fut employé à radouber les navires, à renouveler les provisions et surtout à soigner les malades, qui étaient très-nombreux.

On remit à la voile, le 2 janvier 1803, pour aller explorer derechef la région à laquelle on avait donné le nom de *Terre Napoléon*, et poursuivre la série des découvertes commencées l'année précédente. On longea ainsi toute la côte sud-sud-ouest, ouest et nord-

Cap Catusolo (Van-Diémen).

ouest de la Nouvelle-Hollande; on reconnut l'île des Kangourous, le golfe de Spencer, la Terre de Nuyts, l'archipel de la Recherche. On doubla les caps d'Entrecasteaux et Leuwin; on longea la Terre d'Edel et la Terre d'Endracht; puis on remonta jusqu'à l'archipel de Dampier, qu'on avait appelé l'archipel Bonaparte, et l'on mouilla, le 24 mars, en vue de l'île Cassini. Ici l'on fut encore obligé de suspendre les opérations, et de cingler vers l'île Timor, où l'on parvint le 6 mai 1803, après une relâche d'un mois à Coupang, port principal de l'île, situé au fond de la baie de ce nom; on repartit, et l'on fit route vers le sud-ouest pour reprendre les explorations au point où on les avait laissées. On était, le 12 juin, par 13° 26' de latitude S. et 124° de longitude E. On cingla alors directement vers le sud, et l'on aperçut bientôt le continent; mais on ne trouva point d'endroit favorable pour le débarquement. La mousson, qui régnait alors, s'opposait d'ailleurs à ce qu'on pût longer la côte vers le nord-est. On ne mit pas moins de six jours à avancer de vingt-cinq lieues dans ce sens.

Le capitaine Baudin, voyant bien qu'il fallait renoncer à reconnaître la Terre d'Arnheim, contiguë à celle de Witt, se décida enfin à gagner le large pour tâcher d'atteindre l'extrémité sud-ouest de la

Nouvelle-Guinée. Cependant il lui restait encore près de deux cents myriamètres de côtes à explorer, tant de la Terre d'Arnheim que de celle de Carpentarie, qui borde le golfe de ce nom. Mais on n'avait plus de vivres que pour vingt jours, et il en eût fallu au moins trois fois autant pour entreprendre une aussi longue navigation. La santé du chef de l'expédition était en outre gravement altérée. Abandonnant donc les côtes de la Nouvelle-Hollande, les deux corvettes voguèrent pour la troisième fois vers l'île de Timor, qu'elles revirent le 13 juillet 1803. Le 14, elles doublèrent l'extrémité sud de l'île Savon, et le 7 août elles rentraient dans le port de l'île de France.

Ce fut là que le capitaine Baudin mourut, le 2 septembre suivant. Après ce triste événement, le capitaine Milvius, qui remplaça Baudin, ne crut pas devoir reprendre, sans instructions nouvelles du gouvernement, la suite des travaux qui avaient été spécialement confiés à son prédécesseur. Il se contenta de ramener en France les deux corvettes, et rentra dans le port de Lorient, le 25 mars 1804, après une absence de trois ans et cinq mois, pendant laquelle on avait parcouru plus de dix-sept mille lieues marines, soit environ quatre-vingt-quatre mille kilomètres.

Les observations nautiques et géographiques recueillies pendant cette expédition furent mises en ordre par M. de Freycinet. Quant aux observations relatives à l'ethnographie et aux sciences naturelles, nous avons dit qu'elles avaient été faites par le savant Péron, qui consacra le reste de sa vie à les classer et à les rédiger, et mourut, le 14 décembre 1810, sans avoir pu achever entièrement ce long travail. Nous allons en extraire quelques détails sur les habitants et sur les productions des contrées visitées par l'expédition, et particulièrement des côtes de la Nouvelle-Hollande et des petites îles qui l'avoisinent.

La Nouvelle-Hollande, on le sait, est appelée souvent, surtout depuis quelques années, Australie; et ce nom s'applique également à celle des trois grandes divisions de l'Océanie dont elle constitue la partie continentale. Elle est, à la vérité, entourée d'eau de toutes parts; mais il en est de même de ces vastes terres qui forment l'ancien et le nouveau Monde. Bien plus, l'Afrique et l'Amérique septentrionale, lorsqu'on aura percé les isthmes de Suez et de Panama, seront aussi baignées de tous côtés par les eaux de l'Océan, et n'en demeureront pas moins, en raison de leur étendue, des continents. C'est aussi par ses dimensions presque égales à celles de l'Europe, que la Nouvelle-Hollande a mérité et conservé la qualification de Continent-Austral. Que recèle en son centre ce continent, dont le littoral est seul connu des Européens ? L'avenir, sans doute, l'apprendra à nos descendants ; mais pour nous, l'intérieur de l'Australie est bien plus mystérieux et plus impénétrable que l'intérieur de l'Afrique, où tant de courageux investigateurs ont déjà péri, victimes de leur zèle pour la science. Tandis que l'Angleterre, sur la côte sud-est, a fondé des colonies pénitentiaires et bâti de grandes et florissantes cités, et que, poussés par l'appât de l'or, des milliers d'émigrants accourent de tous les pays du monde, et vont porter dans cette lointaine province de l'empire britannique leur intelligence, leurs bras, leur industrie, le reste du continent australien demeure défendu contre les envahissements de la race anglo-saxonne par son insalubrité, par ses forêts, ses marécages et son immensité même.

Les régions du littoral de la Nouvelle-Hollande visitées par les corvettes *le Géographe* et *le Naturaliste* sont :

1° Au sud, la terre que Baudin appela *Terre Napoléon* : elle commence au promontoire du Capitaine-Wilson, sur le détroit de Bass, vers le 144°

Botany-Bay.

degré de longitude orientale, et se prolonge jusqu'au cap des Adieux, vers le 130ᵉ degré de la même longitude : on l'a partagée depuis en *Terre de Grant*, *Terre Baudin* et *Terre Flinders*;

2° La *Terre de Nuyts*, qui commence au cap des Adieux, s'élève jusqu'à la Terre de Leuwin, et comprend le Port-du-Roi-Georges, découvert en 1791 par Vancouver;

3° La Terre de Leuwin, qui comprend l'extrémité sud-ouest de la Nouvelle-Hollande, terminée par le cap d'Entrecasteaux;

4° A l'ouest du continent et au nord de la Terre de Nuyts, la Terre d'Edel, qui se termine, au nord, à la baie des Chiens-Marins;

5° La Terre d'Endracht, dont la limite septentrionale est à la hauteur des îles Dampier;

6° Au nord, la Terre d'Arnheim, qui comprend celle de Diémen, située au fond de la baie du même nom; cette terre borne à l'ouest celle de Carpentarie, que Baudin ne put reconnaître, et après laquelle on arrive à la Nouvelle-Galles du Sud. Celle-ci occupe tout l'est du continent, dont elle est la partie la mieux connue et la plus peuplée.

La Terre Napoléon, ou, pour nous servir des dénominations qui ont prévalu, les Terres de Grant, de Baudin et de Flinders, n'offrant rien de remarquable, soit dans leur aspect, soit dans leurs productions, nous arrivons à la Terre de Nuyts, dont la partie occidentale a pris le nom de Terre du Roi-Georges.

L'aspect général de cette contrée est triste, mais ne manque pas de pittoresque. La végétation, sur la côte même, est pauvre et chétive; mais derrière cet aride rivage s'élèvent des montagnes bien boisées, séparées par des gorges abruptes et sauvages. Les vents et les saisons, dans ces parages, n'ont point de cours périodique et régulier. Cependant le vent d'est commence à souffler, le plus ordinairement, au mois de décembre, et règne jusqu'à la fin de février. La période comprise entre le mois de janvier et celui de mai peut être considérée comme formant l'été de cette région. Au début, le vent d'est est violent et accompagné de pluie; mais peu à peu le vent du nord se montre et amène la chaleur, qui dure avec assez d'intensité jusqu'au milieu de mai. Pendant les mois de mars et d'avril, le thermomètre Fahrenheit marque souvent 98°, ce qui équivaut à peu près à 37° centigrades. Les vents d'ouest prennent au mois de juin et durent jusqu'à la fin de juillet, où commencent les vents de sud et de sud-est, qui amènent une température plus basse et des pluies abondantes : somme toute, le climat est assez beau. Toutefois les orages avec éclairs et tonnerre sont fréquents, et le vent chaud du nord, dont on se plaint tant à Sidney, ne laisse pas de se faire sentir aussi de temps en temps au Port-du-Roi-Georges.

La Terre de Nuyts, lors de l'expédition de Baudin, n'était pas déserte comme la Terre Napoléon, qui n'offrit aux yeux des navigateurs français aucune trace d'habitation humaine, et où ils ne rencontrèrent que des kangourous géants[1]. Les naturels des environs du Port-du-Roi-Georges sont de taille moyenne; ils ont les membres grêles, et, en général, l'abdomen proéminent. Ils portent pour tout vêtement une peau de kangourou jetée sur les épaules comme un manteau, et descendant jusqu'aux ge-

---

[1] Plusieurs de ces quadrupèdes, au rapport de Péron, étaient de la hauteur de l'homme, lorsque, assis sur leurs longues jambes de derrière et sur leur robuste queue, ils se tenaient verticalement. Favorisés par l'absence de tout ennemi, ils ont pu se multiplier dans cette contrée, où ils forment de nombreux troupeaux. Les endroits qu'ils fréquentent sont tellement foulés, qu'on n'y peut découvrir un brin d'herbe. De larges sentiers ouverts au milieu des bois arrivent de l'intérieur au bord de la mer; ils se croisent en tous sens et sont fortement battus : on dirait, en les voyant, qu'une peuplade nombreuse et active habite ce pays. Cette abondance de kangourous est une précieuse ressource pour les navires qui relâchent sur ces côtes, car la chair de ces animaux est très-bonne à manger.

noux. Cette peau est attachée sur l'épaule droite, de manière à laisser le bras de ce côté libre de ses mouvements. Lorsqu'il fait beau, ils mettent le poil en dedans; ils le tournent en dehors par le mauvais temps pour se mieux garantir de la pluie. Souvent ces manteaux sont si étroits, qu'ils forment à peine un simulacre de vêtement. Les plus larges sont réservés pour les femmes. Celles-ci portent les cheveux courts et n'ont aucun ornement. Les jeunes filles, cependant, ont parfois autour du cou un petit cordon de laine filée. Les hommes portent en manière de ceinture une longue bande faite avec du poil d'opossum, et roulée plusieurs fois autour des reins par-dessus la peau de kangourou. Une bande analogue est souvent roulée autour de leur bras gauche et de leur tête. Certains chefs portent en outre, comme coiffure, des queues de chiens ou des plumes, ou bien ils roulent autour de leur tête leur chevelure, qu'ils laissent pousser de toute sa longueur, et qu'ils imprègnent de graisse mêlée avec de l'ocre rouge. Les individus des deux sexes s'enduisent le corps de cette sorte de pommade pour se préserver de la piqûre des insectes et de l'action du soleil et de la pluie. Les sauvages, en outre, se peignent le corps comme ceux de la Nouvelle-Galles du Sud. Mais c'est chez eux une affaire de goût et de fantaisie, et non point une tenue de guerre. C'est surtout pour paraître dans les fêtes et à la danse que les jeunes gens se peignent le corps de diverses couleurs. Le blanc est un signe de deuil. Les hommes, lorsqu'ils ont perdu un parent ou un ami, se tracent sur le front une bande blanche transversale qui descend de chaque côté sur les tempes et jusque sur les joues. Les femmes, en pareil cas, se parsèment le visage de larges taches également blanches.

Les tribus se distinguent les unes des autres par les couleurs dont elles font usage, par les accessoires du costume et par le nombre et la disposition des entailles que les guerriers se pratiquent sur les membres, sur la poitrine et sur les épaules. Ces balafres forment des cicatrices saillantes dont les hommes paraissent très-fiers, et qui indiquent leur rang, leur vaillance dans les combats ou leur sagesse dans le conseil. Ce sont leurs chevrons, leurs galons, ou même, si l'on aime mieux, leurs décorations. Il est vrai qu'ils se les décernent eux-mêmes; mais un homme qui se tatouerait de la sorte sans pouvoir justifier de son rang ou des services rendus à la tribu, s'exposerait au ridicule et au mépris. Les guerriers ont pour armes des lances de deux ou trois espèces, des bâtons armés de cailloux aigus fixés dans une rainure sur un lit de gomme-résine, une sorte de massue formée d'une grosse pierre fixée au bout d'une branche forte et droite, enfin un *curl*, espèce de sabre recourbé, analogue au *boumerang* de la Nouvelle-Galles du Sud. Les lances consistent en une hampe grosse comme le doigt, faite d'un bois très-serré, durci au feu, poli avec soin, et sont armées à leur extrémité de pierres aiguës disposées comme des dents de scie. Il y a des lances dont on se sert pour la pêche en y adaptant un nerf de kangourou; elles ont environ deux mètres soixante-cinq centimètres de long. Les lances de combat sont plus longues et plus lourdes. A la guerre, chaque homme porte de deux à cinq lances.

Les huttes des Australiens diffèrent considérablement selon les tribus; mais en général elles sont toujours d'une construction très-simple et même grossière. Celles des naturels de la Terre de Nuyts sont faites avec de longues perches plantées dans la terre, réunies à leur extrémité supérieure en une pyramide de deux mètres de haut, et recouvertes de branchages et de feuilles vertes. Quand vient la saison des pluies, on y ajoute des morceaux d'écorce sur lesquels on place de grosses pierres pour les maintenir en place et empêcher que le vent ne les emporte. Ces huttes sont presque toujours bâties au bord des rivières, dans les endroits abrités, et le derrière opposé au vent régnant. Les habitants font devant la porte un feu qui brûle presque constamment, soit pour les réchauffer, soit pour cuire leurs aliments. Chaque hutte sert de logement à plusieurs personnes qui y couchent entassées pêle-mêle avec leurs chiens.

Un village ou campement se compose rarement de plus de sept ou huit huttes, et sa population ne dépasse guère cinquante personnes, si ce n'est durant les chaleurs et à l'époque de la pêche, qui rassemble sur les côtes de la mer et à l'embouchure des rivières un grand nombre d'individus. Le personnel d'un campement constitue une petite tribu, ou plutôt une famille nomade qui vient en été pêcher sur les côtes, et, en hiver, se retire dans l'intérieur des terres, où la chasse fournit à sa subsistance. Les chasseurs, pour se procurer à la fois une certaine quantité de gibier, mettent le feu aux broussailles et aux herbes tout autour de l'endroit qu'ils veulent exploiter. Les incendies se propagent quelquefois sur une étendue de plusieurs milles. Les animaux se pressent alors pour fuir vers les sentiers qu'ils ont l'habitude de suivre, et qui sont bien connus des naturels. Ceux-ci se portent alors sur le chemin des fuyards et en détruisent un grand nombre. Ils sont aidés à la chasse par leurs chiens, qu'ils savent fort bien dresser sans se donner beaucoup de peine, et en tirant parti de leur instinct naturel; de sorte que ces animaux chassent un peu chacun à leur guise; mais, comme ils ont le flair très-subtil et qu'ils peuvent s'attribuer une bonne part dans le butin, ils excellent à faire lever le gibier et à le rabattre vers les chasseurs. Souvent aussi ils le saisissent eux-mêmes; mais il est certains animaux qu'ils ne peuvent atteindre à la course. Le kangourou est le gibier le plus profitable pour les naturels, puisque ceux-ci se nourrissent de sa chair et se confectionnent des vêtements avec sa fourrure. Cependant ils font aussi beaucoup de cas des opossums, de divers rongeurs et de divers oiseaux, parmi lesquels nous citerons : l'émou, grand oiseau analogue à l'autruche, les cygnes noirs, les perroquets, les pigeons, etc. Ils mangent aussi des reptiles, lézards et serpents, et même des fourmis. En hiver, ils épargnent volontiers les émus, afin de les laisser pondre et de s'emparer de leurs œufs, qui sont très-volumineux. Les œufs des autres oiseaux sont également de leur goût; ils se régalent fort avec ceux des fourmis dont nous venons de parler.

On a vu qu'en été les Australiens vivent principalement du produit de leur pêche. Ceux de la terre du Sud n'ont point de canots et ne savent point nager, différents en cela des habitants des autres parties de l'Australie. Aussi ne peuvent-ils prendre que le poisson qui s'approche du rivage; et pour cela ils ne se servent ni de lignes ni de filets, mais seulement de leurs lances, qu'ils manient comme des harpons, avec une grande dextérité. Quand le produit de leur pêche dépasse les besoins présents, ils sèchent au feu le surplus, et l'enferment dans des écorces pour le conserver.

La vie de ces peuples est, en résumé, misérable et vagabonde. Chaque tribu va et vient à sa fantaisie, ou plutôt suivant qu'elle est poussée de côté ou d'autre par le besoin. Les peuplades sont nombreuses, mais sans cohésion; elles ne reconnaissent point de chef suprême, n'ont point de centre de ralliement déterminé, s'assemblent rarement, rarement aussi se font la guerre. Les hostilités ont lieu plutôt de famille à famille, de tribu à tribu. Les querelles s'élèvent ordinairement pour des motifs assez futiles et se vident par des combats singuliers. Ces combats ne se terminent pas nécessairement par la mort de l'un des champions. Si le motif de la querelle est peu grave, ces sauvages se contentent de se porter des coups aux bras ou aux cuisses, sans chercher à se tuer, et le combat cesse dès qu'un des deux adversaires est blessé : « L'honneur est satisfait, » comme dans les duels *au premier sang*, dont l'usage subsiste encore chez les nations les plus civilisées. Souvent même les familles respectives préviennent la rencontre et « arrangent l'affaire ».

On voit que les mœurs de ces sauvages sont assez douces ; il ne faudrait cependant pas les croire exemptes de toute coutume barbare et cruelle. Ils sont, par exemple, très-vindicatifs. Aussi, lorsqu'un membre d'une tribu a été tué par un homme d'une autre tribu, les gens de la première s'assemblent autour de son cadavre et jurent de le venger. Il leur est indifférent de tuer l'auteur de sa mort, pourvu qu'un individu quelconque appartenant à la tribu du meurtrier paie de son sang le sang répandu. Cet étrange système de compensation est poussé plus loin encore. Qu'un homme périsse par accident en se noyant, en tombant dans un précipice, ou de toute autre façon ; ceux de sa tribu n'attribuent point son trépas à son imprudence ni à une cause fortuite : ils l'imputent aux maléfices d'un *mulgaradock* (sorcier) d'une tribu ennemie, et ils en tirent vengeance en tuant un homme de cette tribu. Voici une autre coutume atroce de ces sauvages : lorsqu'une femme donne le jour à deux enfants jumeaux, l'un d'eux est mis à mort (le mâle, s'ils sont de sexes différents). Ils allèguent, pour justifier cet infanticide, que la femme n'aurait point assez de lait pour nourrir deux enfants à la fois, et qu'elle ne saurait non plus pourvoir plus tard à leurs besoins et aux siens propres.

Les mères allaitent leurs enfants jusqu'à l'âge de quatre à cinq ans; mais, bien avant qu'ils soient sevrés, on leur enseigne à chercher leur nourriture. Une jeune fille de neuf à dix ans est chargée de ce soin. Elle conduit tous les petits enfants de la tribu qui peuvent marcher, et les emmène récolter des racines et des fruits dans le voisinage du campement.

Les jeunes filles se marient à onze ou douze ans, tandis que la plupart des hommes restent célibataires jusqu'à trente ans. Le mariage n'est consacré par aucun acte religieux; la polygamie est générale, et il règne, sous ce rapport, parmi les Australiens une foule d'usages honteux sur lesquels nous ne nous arrêterons pas. Le sentiment moral ainsi que le sentiment religieux existent à peine chez eux. Ils n'ont, pour toute religion, que des superstitions grossières. Ils ont cependant une croyance obscure à l'immortalité de l'âme, et pensent qu'après leur mort ils vont habiter la lune. Ils croient d'ailleurs aux esprits, aux présages et aux sortilèges, mais n'ont point de culte proprement dit.

Les individus qui ont le plus d'influence parmi eux sont les mulgaradocks, qui cumulent, comme c'est l'ordinaire dans les peuplades sauvages, les professions et priviléges du prêtre, du médecin et du sorcier. Ils forment une sorte d'ordre qui comprend des adeptes de divers grades. Les Australiens leur attribuent le pouvoir de gouverner le beau et le mauvais temps, de faire tomber la foudre, de faire taire le vent, ainsi que d'affliger de maladie, et même, comme nous l'avons dit plus haut, de pousser à leur perte les personnes qui ont encouru leur animosité.

La seule fonction réelle de ces charlatans est celle de *guérisseurs*, qu'ils n'exercent, bien entendu, que par des moyens empiriques, mais non sans une certaine habileté, et quelquefois avec succès. Ils sont surtout habiles dans l'art de panser les blessures, de remettre les membres fracturés et de prévenir les effets de la morsure des serpents. Le traitement auquel ils ont recours dans ce dernier cas est simple et rationnel. Ils pratiquent d'abord, avec un jonc, une forte ligature au-dessus de la partie blessée; puis ils élargissent la plaie, soit avec une griffe de kangouron, soit avec une pierre tranchante, et la sucent avec force en ayant soin de la laver fréquemment et largement, ainsi que leur bouche, avec de l'eau. Si l'eau manque, les mulgaradocks ne répondent point de la guérison, car alors ils considèrent la succion comme dangereuse.

La Terre de Leuwin, qui se trouve après la Terre de Nuyts, au delà du Port-du-Roi-Georges, n'offrit aux yeux de Baudin et de ses compagnons que le spectacle d'une désolante aridité, jusqu'à la baie du Géographe, où se montrent quelques beaux arbres. En pénétrant à une certaine distance dans l'intérieur, les Français rencontrèrent quelques hordes sauvages peu différentes de celles qu'ils venaient de visiter. Une contrée plus fertile et plus animée se déploie à partir de la rivière des Cygnes, dans la Terre d'Edel.

La rivière des Cygnes fut découverte en 1696 par le navigateur hollandais Vlaming, qui lui donna ce nom à cause de la multitude de cygnes noirs qui s'envolèrent à son approche, comme il en remontait le cours. Vlaming, du reste, ne poussa pas loin son exploration, et la terre d'Edel demeura inconnue pendant tout le xviiie siècle. Baudin fut le premier qui l'explora avec quelque attention. Après lui, l'Anglais Sterling la visita en 1827, et ce qu'il rapporta de la fertilité de son sol et des avantages divers qu'elle offrait, décida le gouvernement britannique à y fonder un établissement. Ajoutons que le résultat n'a pas tout à fait réalisé les espérances que l'on avait conçues, sur la foi des récits de Sterling. Le pays n'est pas partout également fertile; l'eau douce manque en beaucoup d'endroits, et il faut pénétrer au delà du premier rideau de montagnes pour trouver une végétation vraiment belle et un sol susceptible d'être cultivé avec profit. Aussi la ville de Freemantle, qui fut fondée la première, en 1829, a-t-elle pris beaucoup moins de développement que celle de Perth, bâtie plus récemment, et à quinze milles plus haut sur le cours de la rivière.

Le plus grave inconvénient contre lequel les colons ont eu à lutter est le manque d'eau, surtout pendant l'été, qui commence à la fin d'octobre et dure quatre mois. La sécheresse qui règne alors est un véritable fléau pour les hommes aussi bien que pour les récoltes. Il est vrai qu'on peut y parer, du moins dans une certaine mesure, en creusant des puits; et c'est probablement ce que l'on a fait, si toutefois la colonie anglaise s'est étendue dans les campagnes, ce que nous ne saurions dire. Quoi qu'il en soit, les seuls endroits favorisés par la nature sont les vallées étroites qui avoisinent des pics de granit isolés, et les fonds bas où les eaux de la rivière, en débordant à la suite des pluies de l'hiver, fécondent la terre et arrosent périodiquement d'excellents pâturages. On a trouvé aussi quelques étangs ou petits lacs d'eau douce à quarante et cinquante milles dans les terres; mais le littoral offre partout le même aspect qu'à l'embouchure de la rivière des Cygnes, à savoir : une grève sablonneuse rendue presque inabordable par plusieurs lignes de récifs de corail, un terrain stérile et absolument impropre à la culture. Les animaux les plus communs sur cette côte sont les phoques et les cygnes noirs, mammifères et oiseaux aquatiques qui vivent exclusivement de poisson ; et, dans l'intérieur, les kangourous, rongeurs qui vivent de feuilles et de racines; les perroquets, les corbeaux, et d'immenses troupeaux de moutons sauvages maigres et chétifs, qui tondent les pâturages et les arbrisseaux à leur portée, et meurent chaque année par centaines, fournissant ainsi aux corbeaux une abondante mais bien maigre nourriture.

Quant aux hommes, ils sont fort rares dans cette partie de la Nouvelle-Hollande, bien qu'elle ne leur présente pas, comme on en peut juger par ce que nous venons de dire, moins de ressources que les autres, et que le climat n'y soit désagréable — sans insalubrité — que pendant les mois de janvier, février et mars, où la chaleur est très-intense, et les moustiques infiniment trop nombreux.

La baie des Chiens-Marins, qui se trouve plus au nord, doit son nom à la grande quantité de phoques qui habitent ses rivages. Elle fut visitée pour la première fois par Dampier. Elle est beaucoup plus abordable que les côtes précédentes, et offre même plusieurs excellents mouillages. A terre l'eau manque, et la végétation est maigre et chétive; mais la faune est nombreuse et variée : on y rencontre des phoques, des kangourous, des cygnes, des pélicans, des goëlands, des aigles de mer, des perroquets, des perruches, des tourterelles, des hirondelles et de petits oiseaux très-sauvages dont le chant n'est pas sans mélodie.

Les îles de la baie des Chiens-Marins sont entièrement désertes. On ne trouve que dans la presqu'île Péron quelques naturels très-sauvages et très-misérables, qui n'ont pour abri que des huttes de branchages ou même des terriers.

La terre de Witt est encore plus stérile et d'un aspect plus désolé qu'aucune des précédentes. Péron et son collaborateur et continuateur Freycinet ne nous apprennent rien de remarquable de cette terre ni de celle d'Arnheim. Quant aux détails qu'ils ont consignés relativement aux autres contrées visitées par l'expédition Baudin, ils ont peu d'importance ou ne nous paraissent point de nature à figurer ici, d'autant que ces contrées ont été, de la part d'autres navigateurs, le sujet de relations beaucoup plus circonstanciées ou plus dramatiques, auxquelles nous aurons occasion de faire bientôt quelques emprunts.

VOYAGE DU CAPITAINE DE FREYCINET DANS L'OCÉANIE

(1817-1820)

But du voyage. — Personnel de *l'Uranie*. — Une dame à bord. — De Toulon à Rio-de-Janeiro. — Le Brésil; ses limites; son étendue; sa population. — Les bohémiens ou *Giganos*. — Aspect et monuments de Rio-de-Janeiro. — Les Indiens du Brésil : Tupinambas, Boutoudos, Mundrucus ou Paikicés. — Une vengeance de femme. — Richesses du Brésil. — De Rio-de-Janeiro à l'île de France. — Géologie, configuration et aspect de cette île. — Ses industries et son commerce. — Sa population; le *patois créole*. — Une fable de la Fontaine. — Une relâche à Coupang (île de Timor). — Le rajah de Denka et ses fils. — Une visite à l'île Ombai. — Un tireur adroit. — Séance d'escamotage. — Combat singulier. — Les Ombaïens. — Retour à bord. — Le capitaine Guébé. — Des sauvages honnêtes. — Owhywhy (îles Sandwich). — Le capitaine de Freycinet, médiateur entre un roi sauvage et ses grands vassaux. — Une messe à bord. — Naufrage de *l'Uranie*; sauvetage. — Retour en France.

La mission confiée par le gouvernement du roi Louis XVIII au capitaine Louis de Freycinet était presque exclusivement scientifique. Il s'agissait surtout de relevés astronomiques, d'observations magnétiques et météorologiques. Les découvertes et les reconnaissances géographiques n'occupaient qu'un rang très-secondaire dans les instructions données à ce savant officier, qui, comme on l'a vu dans la notice précédente, avait pris une part très-active à l'expédition de Baudin et avait été chargé par celui-ci de rédiger toute la partie technique et scientifique du rapport. La corvette *l'Uranie*, qu'il devait commander cette fois, était un joli navire armé de vingt canons et approvisionné de tout ce qui pouvait contribuer au bien-être de l'équipage. On y embarqua en outre les meilleurs instruments propres aux observations qui devaient être faites, et un magnifique choix de cartes et de livres.

Le personnel du bord se composait de vingt-cinq officiers, y compris le médecin et le chirurgien en chef, et les autres officiers de santé, et de quatre-vingts matelots, maîtres d'équipage, ouvriers et domestiques. Une commission scientifique composée de MM. Quoy, Gaimard, Bérard et Jacques Arago, avait été adjointe à M. de Freycinet pour l'aider dans ses travaux. Il faut ajouter enfin à cet état du personnel de *l'Uranie* une jeune femme, Mme de Freycinet, qui avait voulu partager les dangers de son mari, et que celui-ci présenta dès les premiers jours de la navigation à l'état-major réuni. La corvette mit à la voile à Toulon, le 17 septembre 1817, franchit le détroit de Gibraltar le 14 octobre suivant, et arriva le 22 à Sainte-Croix-de-Ténériffe, d'où elle ne tarda pas à s'éloigner pour se soustraire à la rigoureuse quarantaine dont elle était menacée à cause des maladies épidémiques qui régnaient alors dans ces parages. Le 20 novembre, elle franchit l'équateur, par 31 degrés de latitude occidentale du méridien de Paris, et poursuivit sa route vers le Brésil. Le 6 décembre, elle entrait en rade de Rio-de-Janeiro.

M. de Freycinet a donné sur le vaste empire dont Rio-de-Janeiro est la capitale des détails pleins d'intérêt, sur lesquels nos lecteurs ne refuseront sans doute pas de s'arrêter avec nous quelques instants.

Le Brésil s'étend de 4° 33′ de lat. N. à 33° 54′ de lat. S., et de 37° 45′ à 73° 4′ long. O. Il est borné au nord par la république de Colombie, la Guyane et l'Océan ; à l'ouest, par la république Argentine, et par celles du Paraguay, de Bolivie, du Pérou et de Colombie ; à l'est et au sud, par l'Océan, le Paraguay et la république orientale (Montevideo). Sa superficie est de quatre cent quatre-vingt-trois mille lieues carrées, et sa population, à l'époque du voyage de Freycinet, était de cinq millions trois cent dix mille habitants : blancs, esclaves noirs ou mulâtres, nègres et sang-mêlé libres, et Indiens.

« Chose étrange! dit notre voyageur dans sa relation, la race indigène, jadis si multipliée, forme aujourd'hui la plus petite partie, la partie la plus misérable des habitants de ces contrées. Des Portugais, des descendants de Portugais, plusieurs familles suisses, beaucoup d'esclaves africains du Congo, de Benguela, de Cabinde et d'Angola, quelques métis provenant du croisement des Européens, soit avec les naturels du pays (*Mamelucos*), soit avec les nègres (*Muletos*), tels sont les éléments divers dont la population de Rio-de-Janeiro se compose; car nous ne saurions ranger dans une catégorie distincte le petit nombre de marchands ou d'ouvriers d'autres nations, qui, abandonnant le sol de la patrie, sont venus sur ce point porter leur industrie et leur fortune. »

Ces mêmes éléments composent la population des autres villes de l'empire; mais il faut y en ajouter un autre qui ne se trouve qu'à Rio-de-Janeiro, et que le voyageur n'est pas médiocrement étonné de rencontrer au Brésil. Nous voulons parler de cette race mystérieuse, à l'aspect bizarre, aux mœurs errantes, type unique au monde d'une résistance invincible à l'influence des civilisations au milieu desquelles elle vit et voyage, et auxquelles elle semble avoir voué une haine éternelle : de ces hommes au teint bronzé, au langage incompréhensible, et dont l'unique loi est de n'en reconnaître aucune; de ceux enfin qu'on nomme en France *Bohémiens*, en Angleterre *Egyptiens (Gypsies)*, en Italie *Zingari*, en Espagne *Gitanos*, en Portugal *Ciganos*. « Dignes descendants des parias de l'Inde, d'où il ne paraît pas douteux qu'ils tirent leur origine, les *Ciganos* de Rio-de-Janeiro affectent, comme eux, l'habitude de tous les vices, une propension à tous les crimes. La plupart, possesseurs de grandes richesses, étalent un luxe considérable en habillements et en chevaux, particulièrement à l'époque de leurs noces, qui sont très-somptueuses; ils se plaisent ordinairement au milieu de la débauche crapuleuse et de la fainéantise. Fourbes et menteurs, ils volent dans le commerce tant qu'ils peuvent; ils sont aussi de subtils contrebandiers. Ici, comme partout où l'on rencontre cette abominable race d'hommes, leurs alliances n'ont jamais lieu qu'entre eux. Ils ont un accent et même un jargon particuliers. Par une bizarrerie tout à fait inconcevable, le gouvernement tolère cette peste publique. Deux rues particulières leur sont affectées dans le voisinage du Campo-Santa-Anna; elles portent le nom de *Rua* et de *Traversa dos Ciganos*. »

L'empire du Brésil est divisé en dix-huit provin-

Rio-de-Janeiro.

ces, dont plusieurs sont subdivisées en *comarcas*. Rio-de-Janeiro, ou plutôt San-Sebastiao de Rio-de-Janeiro, comme l'appellent les Brésiliens, est le chef-lieu de la province du même nom, et la capitale de tout l'empire. C'est une grande ville bâtie au fond d'une baie très-vaste; le port est un des plus beaux ports de l'Amérique; l'entrée en est étroite et fermée, d'un côté, par le groupe de montagnes qu'on nomme *le Géant couché*, parce que leurs contours offrent la silhouette frappante d'un homme étendu sur le dos; de l'autre, par un énorme rocher de granit sur lequel s'élève le fort de Santa-Cruz. Dans la baie se trouvent plusieurs îlots, sur deux desquels sont bâtis les forts de Villegagnon et *das Cobras*. Rio-de-Janeiro est divisé en deux parties distinctes : la vieille ville et la nouvelle ville. La première est un affreux assemblage de rues étroites, infectes et tortueuses, bordées de misérables cabanes. La seconde serait admirée même en Europe. Ses rues sont tirées au cordeau, larges, bien pavées et garnies de trottoirs. Les maisons, bâties en pierres, en briques ou en granit, sont élégantes et commodes. Plusieurs rues sont remarquablement belles : on peut citer entre autres la rue *do Ouvidor*, où sont les plus riches magasins, et notamment ceux des marchandes de modes françaises, établies en grand nombre à Rio-de-Janeiro. On compte aussi plusieurs belles places, notamment celle *du Château*, sur laquelle se trouve le palais de l'empereur, et le Campo-Santa-Anna, immense parallélogramme affecté aux revues et aux solennités publiques. Le palais de Rio-de-Janeiro et les autres châteaux impériaux, situés hors de la ville, n'ont rien de remarquable sous le rapport de l'architecture. On en peut dire autant des églises, dont l'extérieur manque en général d'élégance et de grandeur, mais qui sont décorées à l'intérieur avec beaucoup de luxe. La ville est alimentée d'eau par un magnifique aqueduc bâti, en 1740, sur le modèle de celui de Lisbonne.

Les vastes forêts qui couvrent la plus grande partie du territoire du Brésil sont habitées par plusieurs tribus d'Indiens, la plupart féroces, indomptables et même anthropophages. Les *Guaranis* de la province de San-Pedro forment, avec ceux du Paraguay, tout ce qui reste du vaste empire des jésuites dans l'Amérique méridionale. Les *Brésiliens* proprement dits, répandus sous différents noms dans toute la contrée, ne comptaient à l'époque du voyage de M. de Freycinet qu'un petit nombre de tribus.

Les *Tupinambas* ou *Toupinambous*, dont le nom, dérivé de *toupan* (tonnerre), indique la force et le caractère farouche, étaient encore une des tribus les plus puissantes. Ils sont anthropophages et cherchent, dans toutes les rencontres, à faire le plus grand nombre possible de prisonniers, qu'ils ramènent dans leurs villages comme des trophées vivants de leur victoire. Ils ne les mettent pas à mort sur-le-champ ; au contraire, par un incroyable raffinement de cruauté, ils les nourrissent bien, leur permettent même de se marier, et ce n'est qu'après des mois, quelquefois des années, qu'ils les égorgent pour les dévorer.

Les *Bouticoudos*, peuplade nombreuse, non moins féroce que les Tupinambas, se distinguent par leur étonnante adresse à tirer l'arc. Jacques Arago, dans sa relation du voyage de *l'Uranie*, cite un trait qui peint bien la barbarie impitoyable de ces sauvages. « M. Landsdorf, chargé d'affaires de Russie, dit-il, désirant joindre aux richesses de son cabinet un crâne de Bouticoudo, fit savoir au chef d'une tribu que, s'il lui en envoyait un, il recevrait en échange un grand nombre de curiosités et quelques armes en fer. Au lieu de lui faire parvenir un simple crâne, le chef auquel il s'était adressé lui envoya un jeune Bouticoudo, afin d'en faire ce qu'il jugerait convenable. L'enfant croyait aller à la mort, et M. Landsdorf eut beaucoup de peine, pendant les premiers jours, à lui persuader que les vivres qu'il lui présentait, et les caresses avec lesquelles il cherchait à le rassurer, n'étaient point les préludes de son supplice. » Les Bouticoudos ont l'habitude de se percer la lèvre inférieure pour y passer un morceau de bois assez volumineux. Ce prétendu ornement ne fait, on le pense bien, que leur donner un aspect hideux et repoussant.

Mais de tous les sauvages habitants du Brésil, les plus redoutés sont les *Mundrucus*, qui donnent leur nom à une province, et qu'on appelle aussi *Paikicés*, c'est-à-dire coupeurs de têtes, parce qu'ils ont coutume de décapiter leurs prisonniers, et d'embaumer leurs têtes pour les conserver pendant plusieurs années. Ces têtes coupées sont le plus glorieux ornement de leurs cabanes; celui qui en réunit dix peut être élu chef de la tribu. Des guerres sanglantes éclatent fréquemment entre les peuplades que nous venons d'énumérer, et il y a lieu de croire que ces guerres, où le vaincu n'est jamais épargné, finiront par amener la destruction totale des Indiens du Brésil. Elles donnent lieu parfois à des actes d'héroïsme sauvage qui ne sont pas sans analogie avec quelques-uns de ceux qu'on lit dans l'histoire des peuples de l'ancien monde. M. J. Arago cite le trait d'une jeune femme tupinamba qui, pour assurer la victoire à sa nation, eut recours au même horrible stratagème employé par le fameux Zopyre, dont parle l'historien Quintus Curtius.

« Une guerre sanglante, dit-il, avait éclaté entre les Païkicés et les Tupinambas; déjà, dans un de ces combats où les dents et les ongles de ces bêtes féroces jouent un rôle aussi actif que les flèches et les massues, plusieurs chefs des plus intrépides avaient perdu la vie, et les deux peuplades ne se lassaient pas. A la dernière mêlée, une femme tupinamba avait vu son mari massacré par les ennemis vainqueurs, et les lambeaux de sa chair jetés çà et là dans la plaine. Aussitôt elle médite une vengeance éclatante et la communique la nuit à ceux de sa tribu, qui l'approuvent et l'encouragent. « Percez-moi le dos, les cuisses, la poitrine, leur dit-elle; crevez-moi un œil, coupez-moi deux doigts de la main gauche, et laissez-moi faire : mon mari sera vengé. » On obéit à ses volontés; on mutile la malheureuse, qui ne pousse point un cri, qui n'exhale pas une plainte. « Adieu, leur cria-t-elle, quand tout fut fini; si vous pouvez attaquer dans quinze soleils, à telle heure, je vous réponds que vous aurez moins d'ennemis à combattre que par le passé. » Elle s'éloigne à ces mots, et se dirige, couverte de sang, vers les Païkicés, qui, campés à peu de distance, attendaient la lutte du lendemain. On s'empresse, on l'entoure, on l'interroge, et l'astucieuse Tupinamba leur dit alors, d'une voix entrecoupée, que les chefs de sa tribu ont voulu la tuer, parce qu'elle faisait des vœux pour le succès des armes des Païkicés ; qu'après avoir courageusement résisté à leurs menaces, elle s'est vue attachée à un poteau ; qu'on a commencé à lui faire subir les tourments réservés aux prisonniers ennemis, et que, profitant de leur sommeil, elle s'est échappée et est venue chercher un asile chez ceux pour qui étaient ses vœux les plus ardents.

« A l'aspect des blessures de cette femme, dont quelques-unes sont très-profondes, les Païkicés ne doutent point de la vérité de son récit ; ils donnent les soins les plus empressés à celle qui a tant souffert pour eux. Bientôt elle partage les travaux de tous ; c'est elle qui, prévoyante, veille autour du camp avec le plus d'activité ; c'est elle qui s'est chargée de jeter le cri d'alarme. Un chef en fait son épouse, et elle semble s'attacher à lui par les liens de l'amour et de la reconnaissance..... Mais une nuit le camp est dans l'agitation, les principaux chefs se réveillent sous les atteintes des douleurs les plus aiguës ; ils s'agitent, se roulent, se tordent ; et lorsque, bien sûre de l'efficacité des poisons qu'elle a distribués, la jeune Tupinamba peut compter ses victimes, elle bondit, s'élance, pousse un grand cri répété par les échos de la forêt voisine, et les Paikicés, surpris dans leur agonie, sont achevés par les Tupinambas, prévenus de l'heure et du jour du massacre. »

Quelques familles d'indigènes dès longtemps convertis au christianisme sont établies dans des *aldées* ou villages aux environs de Rio-de-Janeiro, et ne se distinguent plus de la population portugaise que par la couleur de leur peau. D'autres, à demi civilisés, à demi chrétiens, ayant conservé en partie les mœurs et les superstitions sauvages, habitent les rives du Parahyba. Ils vivent de leur chasse, de la culture de quelques plantes usuelles, et leur industrie se borne d'ailleurs à la fabrication de leurs arcs, de leurs flèches et de poteries grossières.

Peu de pays sont aussi favorisés de la nature que le Brésil. Le sol y est d'une fertilité merveilleuse, et produit en abondance tout ce qui est nécessaire à la vie, tout ce qui peut flatter le goût et la sensualité. Les rivières roulent des paillettes d'or; les montagnes renferment des mines de diamants et d'autres pierres précieuses. Le climat est très-chaud, mais les ardeurs du soleil sont tempérées par des pluies fréquentes qui rafraîchissent l'air et préviennent les maladies épidémiques. Enfin les côtes ne sont point exposées aux terribles ouragans qui ravagent si fréquemment les Antilles. C'est, en résumé, une contrée privilégiée, et si les Européens qui y ont fondé un État indépendant savent mettre à profit les ressources dont ils disposent, nul doute que cet empire ne parvienne dans l'avenir à un haut degré de puissance et de prospérité.

L'*Uranie* quitta le 29 janvier Rio-de-Janeiro, et après une traversée de cinq semaines elle aperçut les hauteurs du cap de Bonne-Espérance; mais, contrariée par une brume épaisse qui s'éleva tout à coup sur la mer, elle ne put arriver que le 7 mars, dans l'après-midi, au mouillage de la *Baie de la Table*. Après une relâche de trois semaines, le capitaine de Freycinet, ayant achevé les opérations scientifiques qui étaient l'objet de son séjour au Cap, donna l'ordre de tout préparer pour l'appareillage; mais un calme plat qui survint à ce moment l'obligea de retarder son départ. Il en profita pour rendre visite au capitaine russe Otto de Kotzebüe, qui venait d'arriver en rade et achevait sur le brick *le Rurick* un voyage de circumnavigation entrepris sous les auspices et aux frais d'un riche seigneur russe, le comte de Romanzoff, dans le but de reconnaître plusieurs îles du grand Océan, d'explorer les côtes de l'Amérique du Sud, et, au nord, le détroit de Behring, et

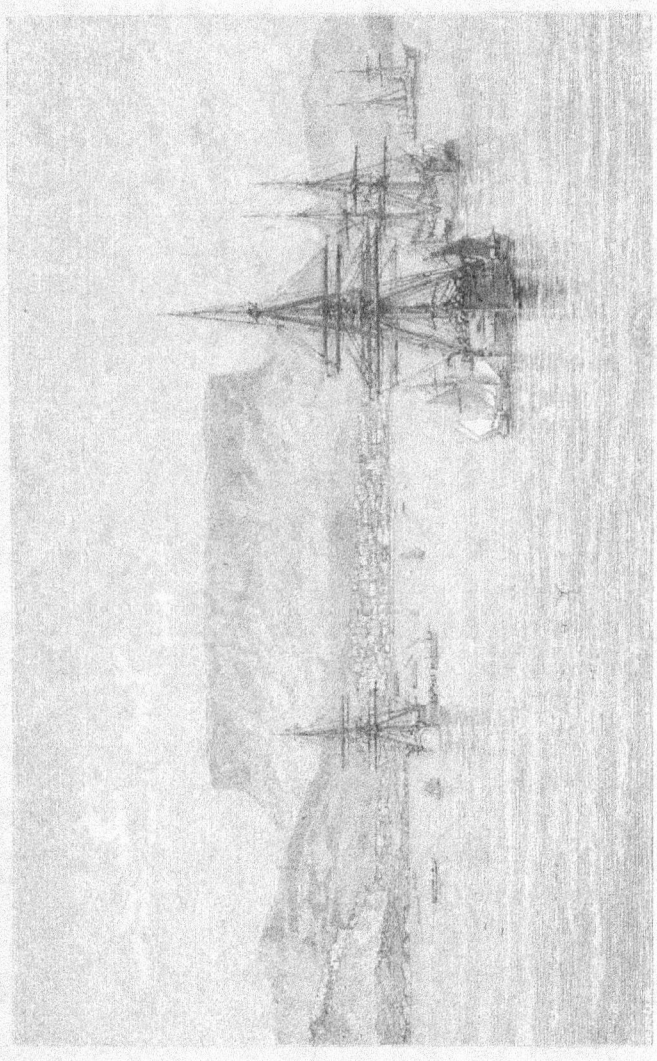

Baie de la Table (cap de Bonne-Espérance)

de chercher un bras de mer communiquant avec la baie de Baffin. Il n'y eut que la dernière partie de ce projet à laquelle Kotzebüe fut obligé de renoncer. Son expédition eut, du reste, les plus heureux résultats, et fut signalée par la découverte de plusieurs groupes d'îles importants.

Un vent favorable s'étant élevé le 5 avril, l'*Uranie* put lever l'ancre et fit voile vers l'île de France où elle arriva juste un mois après son départ du Cap. Le capitaine de Freycinet ne voulait s'arrêter que peu de temps au Port-Louis; mais de graves avaries à réparer l'obligèrent d'y demeurer deux mois et demi, qu'il mit à profit pour ses observations astronomiques et météorologiques, ainsi que pour recueillir sur cette colonie des renseignements dont nous allons extraire les parties les plus intéressantes.

L'île de France, qui a repris, en tombant au pouvoir des Anglais, en 1810, son ancien nom d'île Maurice, forme avec celle de la Réunion et quelques autres le groupe des Mascareignes, ainsi appelées du nom du navigateur portugais Pedro Mascarenhas, qui les découvrit en 1505. Elle fut occupée en 1598 par les Hollandais, qui, après des essais infructueux de colonisation, l'abandonnèrent en 1712. En 1721, les Français s'en emparèrent, et la Bourdonnais, qui en fut nommé gouverneur treize ans plus tard, parvint à la tirer de l'état misérable où elle avait langui jusque-là. Pendant les guerres du premier empire, elle devint le centre de ralliement des corsaires qui firent éprouver au commerce anglais de si grandes pertes. Ce fut alors que les Anglais envoyèrent contre cette colonie des forces considérables, qui s'en emparèrent malgré la courageuse résistance du général Decaen. Les traités de 1814 leur en ont assuré la possession définitive.

L'île de France s'étend entre 19° 58' et 20° 34' de lat. S., 54° 26' et 55° 26' de long. O. Sa forme est allongée et presque ovale. Sa longueur est de cinquante-six kilomètres, et sa plus grande largeur de trente-deux. Ses côtes, irrégulières et taillées à pic, reposent sur des récifs de corail qui contribuent à en rendre l'abord très-difficile. Leur aspect est sauvage et triste ; celui de l'intérieur est varié et généralement très-pittoresque ; mais il présente partout le caractère étrange et heurté propre aux contrées dont le terrain est d'origine plutonienne. En effet cette île, et celles qui l'avoisinent, sont exclusivement, d'après Bory de Saint-Vincent, le produit des volcans. « J'en ai fait le tour, dit ce savant naturaliste, et partout, même dans les grandes profondeurs où coulent les rivières, je n'ai pas trouvé

Port-Louis (Île Maurice).

de substance minérale qui n'eût été fondue. » Presque toute la partie occidentale est occupée par un vaste plateau de quatre à cinq cents mètres d'élévation, d'où partent la grande Rivière et la plupart des autres cours d'eau qui arrosent l'île. Le plateau est bordé par une crête qui sépare l'île en deux versants, et que couronne la montagne du Piton. Le Piton a près de six cents mètres de hauteur; mais il est encore dépassé par les montagnes de la rivière Noire, du Pouce et du Peter-Bot, qui s'élèvent à plus de huit cents mètres. Ces montagnes, amincies en pics ou arrondies en mornes, présentent des formes bizarres. Ainsi le Peter-Bot se termine par un obélisque qui supporte un énorme rocher presque sphérique, et représentant assez bien un bilboquet surmonté de sa boule. Le climat de l'île est salubre. La température y varie selon l'altitude des lieux, et elle est sujette à d'assez brusques changements.

Les mois de janvier, février et mars sont souvent marqués par des ouragans terribles. Un de ces ouragans avait ravagé la colonie quelques semaines avant l'arrivée de *l'Uranie*; ce fut un des plus violents dont les habitants aient gardé le souvenir. Au rapport de tous ceux qui ont visité ou habité les Antilles ou les îles de l'océan Indien, il est impossible de se faire une idée de ces tempêtes des tropiques, lorsqu'on n'en a pas été témoin. Ce sont de véritables convulsions de la nature, où les vents déchaînés et les flots bouillonnants s'entrechoquent et se mêlent dans un désordre inexprimable, et qui ne s'apaisent qu'après avoir occasionné les plus affreux désastres.

Le sol de l'île de France est généralement fertile. On y cultivait autrefois la muscade, l'indigo, le girofle, le café et la canne à sucre; mais cette dernière culture a fini par absorber toutes les autres. La situation de cette colonie sur la route de l'Inde est d'autant plus avantageuse pour son commerce, qu'elle offre le seul port véritable que les navires rencontrent dans une immense étendue. Madagascar lui fournit des bœufs et des vivres; l'Inde lui envoie du riz, et l'Angleterre lui expédie les divers produits de sa riche industrie. Enfin elle reçoit de France bien des marchandises recherchées d'une population qui n'a pu oublier son origine, et dont les goûts, comme le langage, sont restés français. Nous parlons, bien entendu, de la population blanche, où les Anglais ne comptent que pour une très-faible proportion, formée de fonctionnaires civils, de marins et de militaires. La population totale, qui, grossie actuellement par l'immigration d'un grand nombre de coolies ou travailleurs indiens, s'élève à près de deux cent mille âmes, comprend quatre éléments bien distincts : les blancs, qui n'en forment pas plus de la dixième partie ; les mulâtres, ou sang-mêlés ; les noirs d'Afrique ; et un dernier groupe, très-nombreux, formé de Malais, de Malgaches, d'Hindous et de Chinois.

Indépendamment du français, qui est le langage des anciens colons européens, de l'anglais, qui a été introduit par les nouveaux maîtres de l'île, et des langues propres aux immigrants qui y sont venus de l'Afrique, de l'Asie et des îles de l'Archipel, il s'est formé à l'île de France, comme aux Antilles, un *patois* en usage surtout parmi les noirs créoles. Ces gens, ne pouvant se plier à notre syntaxe, ni prononcer certains mots difficiles, ni saisir le sens ou la nature de beaucoup de nos expressions, ont travesti le français à leur manière. Il en est résulté un *langage créole*, qui ne manque ni de charme ni d'originalité. Il est usité par goût ou par habitude chez les mulâtres et même chez les blancs, et a donné naissance à une sorte de littérature naïve et pittoresque, composée principalement de chansons, de proverbes, d'apologues et de quelques légendes d'origines diverses. Nous donnerons, comme spécimen de cette littérature, l'imitation de la fable *le Lièvre* et *la Tortue*, de la Fontaine, avec la traduction littérale :

Ein' torti avec lièvre été voulé parié [1]
Ein zour qui va mié galopé
Pour arrivé drette ein li pied banane :
« Tont d'bon, manan torti, vous y en a trop d'arzent,
Vous l'esprit li marron dans milié la savane :
Avec moi vous lité à présent ! »
Dir' lièvre avec torti, qui conte li tranquille.
« N'a pas per, mon zami,
Torti répond li,
« Vous, ça qui blancs, appelle di monde azile ;
Moi porté mon la case, et li réd' mon li pied ;
Mais c'est égal, moi va parié ;
Moi connais comment va faire :
Mesuré vous cimin ; chaqu'eint son l'esprit. »

[1] Une tortue avec un lièvre voulut parier
Un jour, qui va mieux galoper
Pour arriver droit au pied d'un bananier.
« Tout de bon, maman tortue, vous avez trop d'argent,
Ou votre esprit est marron au milieu de la savane (bat la
Vous luttez avec moi, à présent ! »   (campagne) ;
Dit le lièvre à la tortue, qui l'écoute tranquillement.
« N'ayez pas peur, mon ami,
Lui répond la tortue,
Vous, ceux qui sont blancs vous appellent du monde azile ;
Moi, je porte ma maison, et mon pied est roide ;
Mais c'est égal, je vais parier ;
Je sais comment je vais faire ;
Mesurez votre chemin ; chacun a son esprit.

Quand fini mesuré, à v'là li été parti [1].
P'tit papa lièvre crié li : « Mon commère,
Emmené la gazette, prend gard' vous ennuyé !
Quand vous trouv' galant, n'a pas besoin causé,
Quand même couroupas, vous p'tit frère,
    Passé à vous à côté ;
    Ou bien moi va gagné. »
    Et p'tit papa lièvre amisé,
    Cassé bouquet pross la riviére,
    Dans l'herbe frais roulé, sauté,
    Et torti la touzour marcé.
    Lièvre à la fin guetté,
    Li voir torti dans bitte ;
    Li voulé galopé bien vite ;
    Mais son nation li trop tourdi,
    Et li té perdé sou pari.

[1] Quand on eut fini de mesurer, voilà qu'elle est partie.
Petit papa lièvre lui criait : « Ma commère,
Emportez la gazette ; prenez garde de vous ennuyer.
Quand vous trouverez un galant, il ne faut pas causer,
Quand même colimaçon, votre petit frère,
    Passerait à côté de vous ;
    Autrement, je vais gagner. »
    Et petit papa lièvre s'amuse,
    Casse le bouquet au bord de la rivière,
    Roule, saute dans l'herbe fraîche ;
    Et la tortue a toujours marché.
    Le lièvre à la fin regarde,
    Il voit la tortue au but ;
    Il veut galoper bien vite ;
    Mais sa nation (son espèce) est trop étourdie,
    Et son pari a été perdu.

Le capitaine de Freycinet quitta Port-Louis le 16 juillet, et se dirigea vers l'île Bourbon (aujourd'hui la Réunion). *L'Uranie*, contrariée par le vent, mit trois jours à franchir les trente-cinq lieues qui séparent cette île de l'île de France, et ne put mouiller que le 19 dans la rade de Saint-Denis. On ne passa que huit jours dans ce mouillage, et cinq jours à celui de Saint-Paul; après quoi *l'Uranie*, ayant renouvelé ses approvisionnements, remit à la voile le 2 août, et fit voile vers la côte occidentale de la Nouvelle-Hollande, où l'appelaient ses instructions. Elle jeta l'ancre à l'entrée de la baie des Chiens-Marins, le 12 septembre au soir.

Les observations recueillies pendant le séjour de *l'Uranie* dans ces parages étant de tout point conformes à celles qui avaient été faites par le capitaine Baudin, nous croyons inutile de nous y arrêter, et nous franchissons tout de suite un intervalle de vingt-sept jours, après lequel nous retrouvons *l'Uranie* à l'ancre en vue du fort Concordia, dans l'île de Timor, au fond de la baie de Coupang.

Les Hollandais établis à Coupang étaient en guerre avec le rajah d'Amanoubang. Ils avaient pour alliés d'autres rajahs de Timor ou des îles voisines, qui avaient amené leurs contingents au camp établi près de Coupang. De ce nombre étaient les rajahs de

Denka et de Dao, auxquels M. de Freycinet alla rendre visite dans la maison qu'ils occupaient avec quelques-uns de leurs officiers.

« Le rajah de Denka, qui se nommait Bao, dit M. de Freycinet, était vêtu d'une grande robe d'indienne, et avait pour marque distinctive de sa dignité une canne de jonc à pomme d'or; il paraissait âgé de cinquante ans; il était bien fait, avait une physionomie douce et prévenante, et semblait doué d'une très-robuste constitution.

« Kotté, son fils aîné, était en costume de guerrier; il portait deux bracelets en cuivre, un gilet rouge, deux gros colliers en or, un sabre élégant et un fusil double, dont les canons se vissaient sur la culasse. Son second fils, Mano, qui était un de ses ministres, l'accompagnait aussi. Ce dernier, d'une physionomie spirituelle, répondait avec précision aux diverses questions que nous lui faisions par l'organe de M. Thielmann (secrétaire du gouvernement, qui accompagnait le capitaine français); car le malais qu'on parle à Coupang ne lui était pas familier; nous obtenions ainsi une foule de renseignements intéressants.

« Bao, disait-on, était, dans sa jeunesse, d'un caractère violent, emporté, cruel; craignant que de pareils défauts ne lui fissent commettre des injustices, il abdiqua le souverain pouvoir en faveur d'un de ses frères. Cependant, par la suite, les Hollandais, ayant été mécontents du prince régnant, forcèrent Baó à reprendre la couronne, et depuis lors le peuple qu'il gouverne, et les Hollandais qui le protègent, sont très-satisfaits de son administration.

« Naké Tetti, rajah de Dao, paraissait avoir soixante ans; près de lui était son premier ministre. »

Le 22 octobre, toutes les opérations scientifiques étaient terminées; le ravitaillement du navire, à la vérité, n'était pas complet; mais le mauvais état sanitaire de l'équipage, dont cinq hommes étaient atteints de dyssenterie, décida le commandant à quitter un peu précipitamment le mouillage de Coupang, ce qui eut lieu le 23. L'intention de Freycinet était de longer rapidement, de l'ouest à l'est, la côte nord de Timor, et de se rendre d'une traite à l'île Vaigiou, où il devait continuer ses travaux. Mais les courants qui contrariaient sa marche et les progrès de la dyssenterie parmi son équipage le décidèrent à faire relâche à Dillé, chef-lieu des établissements portugais de Timor. Ce ne fut pas sans peine qu'il y parvint : les courants le retinrent plusieurs jours dans le canal qui sépare Timor de l'île d'Ombai. Le 2 novembre, le navire se trouva si près de la côte de cette dernière île, que le commandant ne put résister au désir de la faire visiter. Il délégua à cet effet MM. Gaimard, Gaudichand, Bérard et J. Arago, qui abordèrent avec leur chaloupe près du village de Bitouka.

« Nous descendîmes, dit J. Arago, armés de fusils, de sabres et de pistolets, et dès le premier moment tout nous engagea à beaucoup de prudence et de circonspection. Les insulaires étaient divisés en plusieurs bandes, et des coups de sifflet répétés nous annonçaient qu'ils s'interrogeaient et se donnaient des avis. Nous n'étions nullement rassurés; cependant, tout en nous communiquant nos craintes, nous convînmes de ne point abandonner notre entreprise, dussions-nous être victimes de notre persévérance. Nous nous acheminâmes donc vers un bouquet d'arbres au pied desquels était assis un groupe nombreux d'indigènes. Nous demandâmes à parler au rajah; après quelques instants d'hésitation, ils nous adressèrent à l'un des plus vieux de la troupe.

« Pour nous le rendre favorable, nous tirâmes de nos poches divers présents. M. Bérard lui passa autour du cou un beau collier, lui fit cadeau de boucles d'oreilles, tandis que mes compagnons se montraient également généreux envers quelques autres non moins empressés à demander. Cependant, comme les sifflets se faisaient toujours entendre, nous leur montrâmes nos fusils avec affectation, pour nous assurer qu'ils en connaissaient les terribles effets; ils les regardèrent avec dédain, caressèrent de nouveau leurs armes, et sifflèrent en se retournant comme pour nous insulter. M. Bérard, voulant pousser l'épreuve jusqu'au bout, leur montra un perroquet qui se cachait sous les feuilles, le visa et le fit tomber. Nous regardâmes alors d'un air triomphant les insulaires attentifs; aucun n'avait bougé, n'avait donné le moindre signe d'étonnement. Mais l'un d'eux, nous faisant voir à son tour une perruche qui venait de se poser sur les branches d'un cocotier, plaça une flèche sur la corde de son arc, et poussa un cri qui fit partir la perruche; la flèche à l'instant même siffla, et la perruche tomba de branche en branche sur le sol. Aussitôt, sans nous donner le temps de la réflexion, et nous faisant comprendre que, pendant que nous chargions nos fusils, il pouvait, lui, atteindre trente victimes, il nous désigna, à plus de cinquante pas, un petit arbre à peine gros comme le bras, et, presque sans viser, il y envoya une flèche qui pénétra si profondément, que nous ne pûmes l'en arracher qu'en y laissant l'os dentelé dont elle était armée.

« J'avais des boules de bilboquet, des anneaux, des boîtes, des gobelets; j'essayai donc, pour distraire leur attention, de faire quelques tours d'escamotage; dès lors je les vis se rapprocher, sourire et me presser de continuer mes exercices. Heureux de cette découverte, je me plus à exercer leur curiosité, persuadé qu'ils oublieraient leur férocité. En effet, après un quart d'heure d'amusement, nous nous dirigeâmes vers le village où la plupart d'entre eux nous suivirent assez gaiement. Avant de gravir la colline où il est situé, nous nous arrêtâmes sous un grand arbre pour considérer de magnifiques armes qui y étaient suspendues : je les dessinai; plus complaisant que je ne l'aurais imaginé, l'un d'eux s'en revêtit, et prit une attitude guerrière en m'invitant à profiter de son obligeance, tandis qu'un autre se couvrait aussi d'une cuirasse. Tous deux nous donnèrent alors le spectacle d'un combat; les voilà se menaçant du regard et de la voix, se courbant, se redressant, bondissant comme des panthères affamées, se cachant derrière un tronc d'arbre, se montrant plus terribles, plus acharnés; puis, faisant tourner leurs glaives, se couvrant de leurs boucliers de buffle, ils s'attaquaient de près avec des hurlements frénétiques, vomissant une écume blanche, au milieu des plus énergiques imprécautions, et ne s'arrêtant que lorsqu'un des athlètes avait mordu la poussière. Cette scène terrible dura plus d'un quart d'heure, pendant lequel nous respirâmes à peine. Dans la chaleur de l'action, l'un des deux avait reçu à la cuisse une assez forte entaille; le sang s'en échappait avec abondance, et l'intrépide Ombaïen n'avait pas l'air de s'en apercevoir.

« Les cuirasses dont s'étaient revêtus les combattants sont en peau de buffle, et ornées de coquillages formant des dessins réguliers et gracieux; elles offrent un trou pour le passage de la tête, et descendent, devant et derrière, un peu au-dessous de la hauteur des hanches. Les boucliers ressemblent presque en tout à la partie antérieure des cuirasses. Les flèches sont garnies de pointes en bois dur, en os ou même en fer. Ils les étalent en éventail, et les assujettissent, du côté gauche, à la ceinture de leur sabre ou de leur *kris* (poignard malais), semblable à ceux de Timor.... Ils aiment beaucoup les bracelets, et s'en couvrent les bras et les jambes. Leur chevelure tombe quelquefois sur leurs épaules, et flotte au hasard; mais le plus souvent elle est attachée avec des fragments de diverses étoffes, et relevée sur la tête en forme de panache.

« Les habitants d'Ombai sont de taille moyenne; ils ont généralement les yeux enfoncés et brillants, le front couvert, les lèvres épaisses, la bouche grande, le nez épaté; quelques-uns cependant l'ont assez bien fait. Leur teint est d'un noir olivâtre. Ils ont les bras et les jambes très-forts, la poitrine large, l'air guerrier, sauvage, les manières brusques, les mouvements rapides. »

En visitant le village de Bitouka, nos hardis explorateurs remarquèrent, en passant devant une des habitations qui le composaient, une vingtaine de mâchoires humaines suspendues à la voûte. Ils auraient désiré en emporter deux ou trois; mais les naturels les leur refusèrent absolument, en répondant à leurs demandes par le mot *pamali* (sacré). Après quelques échanges, ils regagnèrent leurs embarcations, et retournèrent sains et saufs à bord de la corvette. Là seulement ils apprirent d'un capitaine de baleinier anglais qui se trouvait retenu comme eux dans le détroit, et qui était venu rendre visite au commandant, que les naturels d'Ombaï étaient anthropophages, que ces mâchoires qu'ils avaient vues accrochées à la porte d'une cabane étaient celles d'ennemis tués et dévorés, et que s'ils eussent débarqué à un kilomètre seulement au nord de Bitouka, ils eussent été massacrés infailliblement.

L'Uranie entra le 19 novembre dans la rade de

Dillé, chef-lieu des établissements portugais à Timor. Freycinet et son état-major reçurent du gouverneur l'accueil le plus cordial et le plus flatteur. On leva l'ancre le 22, et l'on se dirigea vers le détroit de Bourou, en passant entre les îles Wetter et Roma. L'état sanitaire de l'équipage était toujours très-mauvais; la dyssenterie faisait des progrès effrayants, et trois matelots y succombèrent pendant la première semaine de la traversée.

Le 29, la corvette arriva devant Amboine, une des Moluques, et, profitant d'un vent favorable, s'engagea aussitôt dans le détroit de Bourou. Elle en sortit sans avaries après une périlleuse navigation à travers de nombreux récifs; mais bientôt après elle fut prise par le calme, et les courants la firent dériver vers le sud-est, en sorte que, le 7 décembre, elle se trouva en vue de l'île de Pisang, qui fait encore partie de l'archipel des Moluques.

Pendant que *l'Uranie* était arrêtée devant cette île, elle fut accostée par trois grandes *corocores* (sorte de galères malaises), dont le commandant en chef fut admis à bord de *l'Uranie*, avec les deux officiers sous ses ordres. Cet individu s'annonça sous le nom de *capitaine Guébé*; mais son vrai nom était Abdalaga Fourou. Il paraissait âgé d'une quarantaine d'années. « Quoique fort laid, il avait une expression de physionomie vive et spirituelle; son air de dignité, son intelligence, son aplomb dans le commandement, étaient remarquables. » Il était coiffé d'un turban qui lui couvrait le front jusqu'aux sourcils, et vêtu d'une sorte de robe et d'un large pantalon attaché aux reins par une ceinture rouge. Il déclara être le *kimalaha* (chef) de l'île de Guébé, dont ses embarcations portaient le pavillon. Il venait de chercher du sagou dans les parages voisins.

M. de Freycinet l'invita à déjeuner ainsi que ses deux officiers. Il leur fit ensuite visiter le navire, et offrit à Abdalaga une chaise que celui-ci accepta avec joie; après quoi il quitta le bord en promettant à M. de Freycinet de revenir le visiter à la relâche de Rawak, et en lui laissant un écrit pour témoigner de son amitié pour lui. Voici la traduction littérale de cet écrit : « Moi, Abdalaga Kimalaha, capitaine
« d'une flotte de trois vaisseaux, ai rencontré un
« vaisseau français, capitaine Freycinet, homme
« généreux. Son cœur bienveillant m'a donné une
« chaise; moi, j'ai donné à lui un chapeau, souve-
« nir de Guébé, et Freycinet m'a fourni des mets
« délicats. »

Le 9 décembre, *l'Uranie* franchit la passe de Gilolo, formée d'un côté par l'île Guébé, de l'autre par celle de Monhor, et le 20 elle mouilla devant

Rawak, île inhabitée, voisine de celle de *Vaigiou*. Celle-ci est peuplée de sauvages appartenant à la race des *Papous* ou *Papouas*. Ces insulaires vinrent visiter la corvette; mais les navigateurs, ne comprenant rien à leur langage, ne purent étudier que très-imparfaitement leurs mœurs et leurs caractères. Les Papous de Vaigiou, dit la relation, sont petits et trapus. Ils ont le teint noir, la tête grosse, les cheveux épais et crépus, le ventre gros, les hanches fortes, les jambes grêles, les pieds longs et plats. Leur démarche est embarrassée, mais ils sont très-agiles à grimper sur les arbres. Leur physionomie est sans expression, leur sourire stupide, leur langage rauque et guttural. Ils vivent presque exclusivement de la pêche, où ils montrent beaucoup d'adresse, et habitent des cabanes grossièrement construites avec des branches d'arbre entrelacées.

Le capitaine Guébé, ou plutôt Abdalaga, vint, comme il l'avait promis, renouveler ses civilités au commandant de Freycinet, et lui présenter son frère et quelques autres de ses proches parents. Son arrivée sembla inspirer une grande terreur aux Papous qui entouraient la corvette. Ils s'enfuirent aussitôt, et ne reparurent plus; d'où les Français conclurent qu'Abdalaga et les siens abusaient cruellement de leur supériorité sur ces pauvres gens inoffensifs.

Après quinze jours passés au mouillage de Rawak, la corvette, toujours ravagée par la dyssenterie, et de plus par une fièvre pernicieuse développée sous l'influence des marais de Rawak, appareilla le 6 janvier 1819. Le commencement de cette nouvelle étape fut signalé par un triste événement : le lieutenant en second, M. Labiche, mourut de la dyssenterie, qui fit bientôt après de nouvelles victimes. Le commandant donna alors l'ordre de faire route vers le nord pour se rendre aux îles Mariannes, en passant par les Carolines; et, le 12 mars, *l'Uranie* était en vue de l'île San-Bartholomé, appartenant à ce dernier archipel. Aussitôt une douzaine de pirogues montées par des sauvages vinrent se mettre à la remorque de la corvette.

« Dès lors, dit Freycinet, un commerce très-actif et surtout très-bruyant s'établit entre nous et les insulaires, sans que cependant aucun d'eux se décidât à venir sur le vaisseau. Nous fûmes longtemps à admirer la beauté de ces hommes, la perfection étonnante de leurs embarcations, et l'habileté avec laquelle ils les manœuvrent.

« Ils nous invitèrent par signes à nous approcher de leur île; mais quand ils virent que ce n'était pas notre dessein, ils furent les premiers à nous proposer quelques échanges. Ce qu'ils voulaient surtout, c'était du fer, qu'ils désignaient en répétant sans cesse *lou-lou*, mot mariannais que nous ne comprenions point encore, mais que nous devinions à leurs gestes. Ils nous offraient des nattes fort bien tissées en fil de bananier, des chapeaux coniques en feuilles de palmier, des coffrets et des vases en bois, et, ce qui était d'un bien plus grand prix, des poissons récemment pêchés et des cocos frais.

« Bien différents des peuples que nous venions de quitter, les Carolinois mettaient la plus grande bonne foi dans leurs échanges; ils n'hésitaient jamais à envoyer les premiers à bord les objets qu'ils nous proposaient; et si, pour un couteau que nous leur offrions, nous ne trouvions pas qu'ils nous eussent assez donné, ils s'empressaient d'ajouter quelque chose. Nous ne nous sommes point aperçus qu'aucun d'eux fût voleur. »

La corvette quitta, le 19 mars, l'archipel des Carolines. Nous ne la suivrons pas dans la partie de son voyage qui fut consacrée à l'exploration des îles Mariannes, et qui n'offrirait à nos lecteurs qu'un médiocre intérêt. Elle ne quitta cet archipel que le 16 juin, pour se rendre aux îles Sandwich. Le 18, elle coupa l'antiméridien de Paris. « Cette circonstance peu importante en elle-même, dit J. Arago, nous rappela que nos amis, en France, comptaient minuit quand nous avions midi à bord. » Après une navigation de six semaines, la vigie signala une terre à l'ouest. C'était la côte orientale d'Owhiwhy, la principale des îles de l'archipel Sandwich. Ayant doublé la pointe sud de cette île, *l'Uranie* se trouva en calme, et dut subir les importunités de nombreux insulaires attirés autour d'elle par la curiosité et la cupidité. Enfin, une brise favorable s'étant élevée au bout de deux jours, le commandant donna ordre de naviguer vers le nord jusqu'à la baie de Kayakakona. Au moment où l'on allait jeter l'ancre, arriva une pirogue montée par le prince Kouakini, plus connu sous le nom anglais de John Adams, qui lui avait été donné dès son enfance. C'était le chef ou gouverneur de l'île. Il fut reçu à bord avec les égards dus à son rang, et informa M. de Freycinet que le roi Taméhaméha venait de mourir. Taméhaméha avait réuni sous son sceptre tout l'archipel, et mérité, par l'énergie et l'intelligence dont il avait fait preuve pendant son règne, le surnom de *Grand*. Reconnaissant la supériorité des Européens, il s'était appliqué à les imiter, et s'était attaché plusieurs Anglais auxquels il avait confié, dans l'administration et dans l'armée, les postes les plus importants. Son fils, Rio-Rio, qui lui succédait, était loin d'égaler ses talents et sa fermeté; aussi les chefs des différentes îles, contraints à l'obéissance par Taméhaméha n'avaient-ils pas tardé à relever la tête et à revendiquer leurs anciens priviléges. Cette agitation mettait en péril le trône du nouveau roi. Celui-ci accueillit avec beaucoup d'empressement M. de Freycinet, et lui fit dire par un M. Young, qui avait été pendant quarante ans l'ami et le ministre zélé du feu monarque, qu'il rendrait un grand service à la dynastie s'il voulait bien accepter le rôle de médiateur entre l'autorité royale et les grands vassaux.

M. de Freycinet consentit à faire ce qu'on lui demandait. Il se rendit à une assemblée extraordinaire présidée par Rio-Rio, et à laquelle assistaient les chefs les plus influents d'Owhiwhy et des autres îles. Là il prononça un discours, dans lequel il s'efforça de leur faire entendre que leur devoir et leur intérêt les conviaient également à ne point refuser au jeune prince leur obéissance et leur coopération, pour l'aider à assurer aux îles Sandwich le bonheur qui naît de la concorde et des progrès de la civilisation. Cette allocution produisit un bon effet, qui toutefois ne fut point durable. Peu d'années après, Rio-Rio fut détrôné, et se réfugia avec sa famille en Angleterre, où il mourut.

Pendant la relâche de *l'Uranie* devant Owhiwhy, un prince nommé Kaïmokou, surnommé Cox, frère

Baptême d'un chef des îles Sandwich à bord de l'Uranie.

de Kouakini, remarqua, dans une de ses visites à bord, le costume de M. l'abbé de Quélen, aumônier de la corvette. « Informé, dit M. de Freycinet, des fonctions de cet ecclésiastique, il lui fit connaître que depuis longtemps il voulait être chrétien, et qu'il le priait, en conséquence, de le baptiser; que sa mère, à son lit de mort, avait reçu le baptême et lui avait recommandé de le recevoir, lui aussi, dès qu'il en trouverait l'occasion. M. l'abbé de Quélen accueillit de grand cœur sa demande, et il fut résolu entre nous que l'on procèderait à cet acte religieux aussitôt après mon retour du conseil du roi.

« Comme je me disposais à revenir à bord, Rio-Rio me dit qu'il avait envie d'assister, avec sa cour, à la cérémonie que nous allions célébrer. Je lui envoyai, à cet effet, mon canot, et nous le vîmes bientôt paraître, accompagné des princesses de sa famille et de son jeune frère, âgé de six à sept ans. Une grande suite de pirogues doubles et simples, remplies d'hommes et de femmes composant sa cour, suivaient de près. Le roi était vêtu d'une veste bleue de hussard, galonnée d'or, avec de grosses épaulettes de colonel; un de ses officiers portait son sabre, un autre son éventail, deux autres d'énormes tromblons, un cinquième enfin sa pipe qu'il était chargé de tenir allumée.

« A son arrivée, je saluai le monarque d'une salve de onze coups de canon. Le gaillard d'arrière avait été décoré avec des pavillons, et l'on en avait mis aussi sur le pont, pour que les princesses s'y trouvassent convenablement assises. La reine et la veuve de Taméhameha furent placées sur des chaises en face de l'autel, qui avait été dressé sur le pont, en avant de la dunette. Enfin M. l'abbé de Quélen procéda, selon le rit d'usage, au baptême de Kraïmokou, qui pendant toute la cérémonie eut l'air profondément ému. » — « Les reines, ajoute J. Arago, étaient étonnées du costume brillant du prêtre et de la beauté de l'image de la Vierge qui était placée sur l'autel : chacune d'elles demanda à la baiser. »

L'Uranie quitta les îles Sandwich le 30 août, et fit voile vers Port-Jackson. On découvrit, le 21 octobre, près des îles Hamoa, un îlot inhabité qui n'avait encore été signalé par aucun navigateur, et qu'on appela île Rose, du nom de Mme de Freycinet. On arriva, le 18 novembre, à Port-Jackson, où l'on fit un séjour d'un mois, qui ne fut marqué par aucun incident digne de mémoire; après quoi, la corvette traversa directement la mer du Sud pour doubler le cap Horn. Arrivée dans ces parages, elle fut assaillie par une tempête qui la força de chercher un abri dans la baie Française, sur la côte d'une des îles

Malouines. Mais au moment où elle entrait dans la baie, et alors que le temps, redevenu beau, semblait garantir son salut, l'*Uranie* donna sur des pointes de rocher qui occasionnèrent dans sa coque une large voie d'eau. En vain l'on courut aux pompes. L'eau gagnait avec une rapidité qui ne laissait aucun espoir de sauver le navire. M. de Freycinet ne songea donc plus qu'à mettre hors de danger le personnel, et, autant que possible, le matériel du bord.

Cet accident était arrivé au milieu de la nuit. Néanmoins tout se passa fort tranquillement, et Mme de Freycinet elle-même ne fut pas effrayée. On conduisit la corvette à la côte, où on l'échoua sur le flanc; puis les chaloupes furent mises à la mer, et les naufragés, emportant tout ce qui n'avait pas été submergé ou trop avarié, s'établirent à terre sous des tentes où ils vécurent de biscuit et du produit de leur chasse et de leur pêche.

Plusieurs semaines s'écoulèrent sans amener aucun changement à leur situation; ils voyaient, non sans inquiétude, arriver l'hiver de ces climats; déjà ils avaient entrepris de reconstruire un petit bâtiment avec les débris de la corvette, lorsqu'ils aperçurent au large une voile. C'était un navire de pêche américain, qui consentit sans peine à les transporter à Rio-de-Janeiro. Là, M. de Freycinet acheta un bâtiment américain qu'il appela *la Physicienne*, et sur lequel il s'embarqua avec ses compagnons et son équipage, pour revenir en Europe. Le retour s'effectua sans autre accident, et l'expédition rentra au Havre, le 13 novembre 1820, après une absence de trois ans et deux mois.

PREMIER VOYAGE DU CAPITAINE DUMONT D'URVILLE

DANS L'OCÉAN AUSTRAL

(1826-1829)

Notice biographique sur Dumont d'Urville. — Importance du premier voyage de l'*Astrolabe*. — Départ. — Début du voyage. — Dangers courus dans la *Passe des Français*. — Deux intrus à bord. — Rangui, fils de Tekoke. — Un singulier passe-port. — Un autre Rangui : ses exploits, sa jactance. — Une scène de comédie dans une pirogue. — La Nouvelle-Zélande et ses habitants. — L'archipel des Amis. — Complot à bord. — Enlèvement de matelots français par les sauvages. — Siège d'un village. — Deux déserteurs. — La Nouvelle-Guinée. — Le havre Dorei. — Les naturels : Papous, Métis et Harfours. — Industrie et mœurs de ces insulaires. — Découverte des restes du naufrage de la Pérouse. — Monument élevé dans l'île Vanikoro à la mémoire de la Pérouse et de ses compagnons. — Fin du voyage. — Retour.

Jules-Sébastien-César Dumont d'Urville, né, le 23 mai 1790, à Condé-sur-Noireau (Calvados), et qui périt si malheureusement avec sa femme et son fils dans la trop fameuse catastrophe arrivée le 8 mai 1842, sur le chemin de fer de Paris à Versailles (rive gauche), est regardé avec raison comme une des gloires de la France et comme le plus grand navigateur de ce siècle. Entré dans la marine impériale avec le titre d'aspirant, au mois de mai 1807, il commença sa carrière maritime en 1814, à bord de *la Ville-de-Marseille*, qui ramenait de Sicile en France la famille d'Orléans, et, par une singulière coïncidence, ce fut lui qui, après la révolution de 1830, fut chargé, par le gouvernement de Louis-Philippe, de conduire Charles X en exil. Sa carrière ne fut, du reste, nullement politique. En 1818, il accompagna le capitaine Gautier, chargé du relèvement des côtes de la Méditerranée et de la mer Noire. Quatre ans plus tard, il fit, comme lieutenant en premier, à bord de la corvette *la Coquille*, partie de l'expédition dirigée par le capitaine Duperrey. Cette expédition, à laquelle, faute d'espace, et aussi en raison du peu d'incidents remarquables qu'elle présente, nous n'avons point consacré de notice dans ce volume, ne fut cependant pas sans importance au point de vue scientifique. Elle ne dura pas moins de trois années, consacrées à l'exploration ou à la reconnaissance des îles Malouines, de l'archipel Pomotou, de Taïti, de Waïghiou, de la Nouvelle-Zélande, de Rotouma, des îles Gilbert, Mulgrave, Marshall, Ouatan, Duperrey, d'Urville, Hagobu, de la Nouvelle-Guinée, etc. Dumont d'Urville dirigea lui-même successivement deux autres expéditions, qui resteront à jamais mémorables dans les fastes de la marine française : l'une, à bord de la corvette *l'Astrolabe*, de 1826 à 1829; l'autre, de 1837 à 1840, sur le même navire, ayant pour conserve une autre corvette, *la Zélée*. Ce fut deux ans après son retour de ce second voyage, que l'illustre marin qui avait parcouru le monde et bravé tant de périls, accompli tant d'héroïques travaux, alla mourir misérablement, d'une mort horrible, dans une vulgaire promenade à quelques kilomètres de Paris. Il avait alors le grade de contre-amiral, et n'était âgé que de cinquante-deux ans.

Le premier voyage de circumnavigation accompli par Dumont d'Urville est, dit M. Albert Montémont, un des plus importants qui aient été accomplis pendant les trente premières années du xixe siècle. « Outre l'honneur d'avoir découvert les restes du naufrage de la Pérouse, d'Urville a su combler, dans ses nombreuses et périlleuses explorations, une foule de vides qui existaient encore sur les cartes du grand Océan. Il a exploré le premier toute la côte septentrionale de la Nouvelle-Guinée, dans une étendue de plus de quatre cents lieues; il a de même exploré, avec plus de détails que n'en avait donné le capitaine Cook, environ la moitié du littoral de la Nouvelle-Zélande, dans un développement de trois cent soixante lieues. Il a fait la reconnaissance de la plus grande partie des îles Viti, vulgairement appelées *Fidji*, renfermant plus de cent îles ou îlots, jusqu'alors imparfaitement connus; il a exploré les îles Loyalty, dont l'existence était alors très-douteuse; il a relevé la partie méridionale de la Nouvelle-Bretagne dans une étendue de cent lieues environ; enfin il a exécuté diverses reconnaissances aux îles Carolines, sur les côtes de la Nouvelle-Hollande et dans les îles Moluques.

« Voilà pour la géographie. Quant aux sciences naturelles, les richesses rapportées par Dumont d'Urville et ses dignes compagnons de voyage ont surpassé l'attente de l'Institut de France; et, suivant le rapport du célèbre Cuvier, les diverses collections de la corvette *l'Astrolabe*, montée par ces nouveaux Argonautes de la science, ont été plus considérables qu'il n'en avait été formé jusqu'à ce jour. L'administration du jardin des Plantes s'est même trouvée dans l'embarras pour les classer. »

L'expédition de *l'Astrolabe* offre donc, au point de vue de *l'histoire de la Terre*, un immense intérêt. Mais cet intérêt même, éminemment sérieux, — et qu'on pourrait presque appeler austère, car il se rattache surtout aux préoccupations toutes scientifiques du chef de l'entreprise et des hommes éminents qui le secondèrent dans ses travaux, — s'éloigne, à beaucoup d'égards, du but que nous nous sommes proposé d'atteindre en composant ce livre. L'étendue même de la relation détaillée d'une si grande entreprise nous interdit toute prétention de la faire connaître dans son ensemble, et nous fait une loi de n'en rappeler, dans la présente notice, que les épisodes les plus propres à captiver l'attention de nos lecteurs.

Dumont d'Urville reçut, au mois de décembre 1825, sa lettre de commandement, avec les instructions du gouvernement et de l'Académie des sciences. Autorisé à choisir les personnes qui devaient l'accompagner, il désigna, comme naturalistes, MM. Quoy, Gaymard et Lesson, et comme dessinateur M. de Sainson. Selon le désir qu'il en avait témoigné, il prit, pour son expédition, la corvette *la Coquille*, sur laquelle il avait déjà fait le tour du monde sous les ordres de M. Duperrey, mais qui reçut, en mémoire de la Pérouse, le nom de *l'Astrolabe*. Tous les préparatifs, qui durèrent près de quatre mois, étant terminés, *l'Astrolabe* mit sous voiles à Toulon, le 22 avril 1826; mais, retenue longtemps par des vents contraires, elle ne put passer le détroit de Gibraltar que le 6 juin. Le 20 juillet, la ligne fut franchie avec les cérémonies d'usage, et le 31 du même mois Martin-Vaz et la Trinité furent signalées. Mais depuis ces îlots jusqu'à la Nouvelle-Hollande on n'aperçut aucune terre : la corvette avait doublé le Cap sans s'y arrêter, et lorsque, le 7 octobre, elle jeta l'ancre à l'entrée du Port-du-Roi-Georges, les navigateurs avaient passé à la mer cent huit jours consécutifs, dont la moitié par des temps affreux « et des mers assommantes ».

Après quelques jours d'un repos nécessaire, ils commencèrent l'exploration attentive d'une grande partie des côtes de la Nouvelle-Hollande, et notamment des contrées qui avoisinent les établissements fondés par les Anglais. Enfin, le 19 décembre 1826, au matin, l'*Astrolabe* quitta Sydney pour se rendre à la Nouvelle-Zélande, qu'elle n'aperçut que le 20 janvier 1827, contrariée qu'elle fut, dans sa traversée, par le mauvais temps. Elle ne tarda pas à s'engager dans le détroit de Cook, et, après avoir doublé un banc dangereux, elle pénétra dans la baie de Tasman, beaucoup plus vaste que Cook ne l'avait supposée, puisque la corvette y vogua à pleines voiles pendant trois jours entiers, pour en explorer les bords.

Après une relâche de huit jours dans un havre qui reçut le nom d'*Anse de l'Astrolabe*, la corvette appareilla, et, poussée par une faible brise du nord-ouest, elle gouverna vers la côte orientale de la baie de Tasman, sur une coupée qui offrait une communication avec la baie de l'Amirauté. Là elle faillit plusieurs fois se briser sur des récifs; le 28 même, lorsque la passe était franchie, elle toucha deux fois. « Le premier choc fut léger, dit Dumont d'Urville; mais la seconde fois, un craquement lugubre et général, accompagné d'une secousse prolongée, d'une pause sensible dans la marche du navire, et d'une forte inclinaison sur bâbord, pouvait justement faire redouter qu'elle ne restât sur la roche et qu'elle ne s'y défonçât. L'équipage, en ce moment, poussa involontairement un cri d'épouvante. *Ce n'est rien, nous sommes parés!* m'écriai-je à haute voix pour le rassurer. En effet, le courant, continuant d'entraîner le navire, l'empêcha de rester sur la roche fatale.... Nous en fûmes quittes pour quelques fragments de la contre-quille que le choc détacha, et qui vinrent flotter dans le remous du navire. Pour consacrer le souvenir du passage de *l'Astrolabe*, je laissai à ce dangereux détroit le nom de *Passe des Français*. »

Le 30 janvier, à midi, comme on était, par un beau temps et une mer calme, en vue de la côte d'Ika-Na-Mawi, au nord de la Nouvelle-Zélande, une pirogue s'approcha du bord. Elle était montée par six insulaires, qui, sur l'invitation du commandant, accostèrent hardiment et montèrent sur le pont, non toutefois sans s'être assurés qu'il n'y avait pas de Zélandais à bord. Leur chef demanda même la permission d'y rester, et Dumont d'Urville y consentit, pensant que ce n'était que pour quelques instants; mais il fut fort étonné de voir, au bout d'une heure, la pirogue s'éloigner avec quatre hommes seulement. Deux restaient à bord : c'était le chef, nommé Tchi-Nouï, *rangatira* et même *ariki*, c'est-à-dire chef et grand prêtre de son canton, et un jeune homme, nommé Hoki-Hore, qui, par affection, s'était attaché à la fortune de son maître. Le premier, malgré les observations qui lui avaient été faites, avait paru d'abord décidé à aller partout où la corvette le conduirait. Il ne put cependant retenir ses larmes lorsque ses compagnons lui donnèrent en se retirant le salut d'usage (le frottement du nez). Il paraissait âgé de trente à trente-deux ans. Son visage et sa stature étaient assez nobles. Il avait un air de dignité mêlé de tristesse. Son compagnon, d'une physionomie plus agréable, semblait plus insouciant et plus gai.

Les deux nouveaux venus conservèrent assez bien pendant quelques jours leur bonne humeur, et semblèrent disposés à aller au bout du monde ; cependant ils laissaient voir de temps en temps la crainte, qu'ils avaient au fond, qu'on ne fût tenté de les manger. Quand le navire eut doublé le cap Palliser, et que leur terre natale eut disparu à leurs yeux, ils tombèrent dans une mélancolie sombre qui finit par tourner au désespoir; Tehi-Nouï se lamentait de la manière la plus piteuse, sans souci de son rang et de sa dignité, et ce fut un singulier spectacle pour les Français de voir ce sauvage, qui sans doute sur un champ de bataille eût affronté la mort avec intrépidité, se laisser ainsi vaincre par la douleur, pleurer et gémir comme un enfant.

Enfin, au bout de quinze jours, des insulaires de Houa-Houa (Tolaga) étant venus à leur tour visiter la corvette, Tehi-Nouï et Hoki-Hore se décidèrent à s'en aller avec eux.

Le 22 février, *l'Astrolabe* jeta l'ancre dans la baie de Wangaroa. Aussitôt une pirogue de guerre se détacha du fond de la baie et s'approcha rapidement du navire. Tous ceux qui la montaient avaient le costume des naturels du pays, à l'exception d'un seul qui portait des vêtements européens. On le prit d'abord pour quelque déserteur réfugié parmi les sauvages; mais lorsqu'il fut monté sur le pont, on reconnut bien à son visage tatoué que c'était un véritable insulaire. Bientôt, au moyen d'un langage mi-anglais mi-zélandais, aidé de gestes expressifs, M. d'Urville apprit que son hôte se nommait Rangui. Il était fils de Tekoke, premier chef de la tribu de Pahia, sur la baie des Iles, que *la Coquille* avait visitée quatre ans auparavant, et il se disait avec orgueil compagnon de Pomaré, personnage fameux dans les fastes de la Nouvelle-Zélande; il avait résidé quelque temps au Port-Jackson, d'où il avait rapporté son costume et ses manières semi-européennes. « Pour achever de me convaincre, dit Dumont d'Urville, il déploya avec beaucoup de gravité un chiffon de papier, que je pris d'abord pour quelque certificat de capitaine baleinier. En effet, c'était bien un certificat, mais au nom de deux individus de Sydney, qui attestaient avoir hébergé Rangui quelques jours chez eux, ajoutant que celui-ci avait promis en retour de leur envoyer des lances, des coquilles et autres objets curieux de son pays. Ces deux messieurs invitaient en conséquence tous les capitaines entre les mains desquels ce papier viendrait à tomber, à rappeler soigneusement cette promesse au porteur. Cette plaisante invitation m'amusa beaucoup, et je pensai que ceux qui la verraient songeraient à en tirer parti pour eux-mêmes plutôt que pour les deux habitants du Port-Jackson. Je remis, du reste, à Rangui son écrit d'un air très-sérieux, comme si sa teneur m'eût donné d'utiles renseignements sur son compte, et il me parut très-satisfait....

« Le 26 février, la corvette était en calme plat dans la baie de Shouraki, quand trois pirogues que nous observions depuis longtemps, et qui étaient parties de la plage du sud, arrivèrent le long du bord. Bientôt j'appris qu'elles appartenaient à Rangui, chef puissant de cette côte (c'était un autre que celui qui a été nommé plus haut). Rangui lui-même, revêtu d'une tunique écossaise, se trouvait sur la plus grande de ces embarcations. D'après mon invitation, il monta à bord sur-le-champ et sans défiance, s'avança vers moi d'un pas grave et assuré, et me proposa le salut d'usage. J'exigeai que tous les guerriers restassent dans leurs pirogues, et je ne permis qu'à lui et à son frère et compagnon d'armes, Tawiti, de monter sur la corvette; ce qui ne parut lui causer aucune répugnance.

« Rangui, dont la taille atteignait un mètre quatre-vingt-huit centimètres, était un fort bel homme, dans toute l'étendue du terme; sa démarche était noble et imposante, et les traits de son visage, quoique ornés de sillons nombreux, marque de son rang, respiraient un air remarquable de calme, de confiance et de dignité. Nous ne tardâmes point à être ensemble le mieux du monde, et, dans le cours de la longue conversation qui eut lieu entre lui et moi, voici les principaux renseignements que je pus saisir.

« Les naturels de Shouraki se trouvent en guerre continuelle avec les peuples du nord, qui viennent chaque année ravager leur territoire : les armes à feu donnent à ceux-ci un immense avantage. Rangui témoignait le plus vif désir d'en obtenir pour sa tribu. — Un an s'était à peine écoulé depuis qu'il avait combattu à coups de fusil le redoutable Pomaré. Après avoir échangé plusieurs balles, Pomaré avait enfin succombé; comme de coutume, son corps avait été dévoré sur le champ de bataille, et sa tête, préparée en *moko-mokaï*, était conservée dans le pâ de Waï-Kato, principale forteresse de la ligue des peuples de la baie de Shouraki. Je pouvais en devenir maître pour quelques livres de poudre; il ne s'agissait que d'attendre quatre à cinq jours, temps rigoureusement nécessaire pour envoyer un messager chercher cette tête à Waï-Kato. Cette proposition était assurément séduisante pour moi : j'aurais été jaloux de rapporter en Europe les dépouilles d'un guerrier devenu si fameux dans les guerres antarctiques ; malheureusement l'exploration de la Nouvelle-Zélande n'était, pour la campagne, qu'une opération du second ordre, et mes instructions me prescrivaient de me rendre entre les tropiques.

« Rangui et Tawiti, empressés de satisfaire à mes questions, me donnèrent en outre les noms des districts, des canaux et des îles dont nous étions environnés..... Rangui déjeuna avec nous, et se comporta convenablement à table ; puis il renvoya tous ses gens à terre avec leurs pirogues, et resta seul avec Tawiti. Après déjeuner, il me donna une foule de détails sur le pays, sur les habitants, sur les guerres qui les divisent ; il ne manqua pas de répéter plusieurs fois avec emphase qu'il avait tué et mangé Pomaré, montrant avec orgueil sa tunique écossaise, comme trophée de sa victoire, *exuvias indutus Achillis*... A l'entendre, il préparait le même sort à Shongui, autre chef redouté. Cependant, quand je vins par hasard à lui parler de son homonyme, la jactance de mon héros diminua tout à coup, pour faire place à une inquiétude très-marquée, et qui avait quelque chose de comique. Il s'informa à plusieurs reprises des forces de cet adversaire, de ses projets, et il demanda plus de vingt fois de suite s'il n'allait pas arriver incessamment. Tout annon-

8

cait que cette nouvelle l'agitait cruellement, et qu'il était tourmenté de savoir ses ennemis si près de lui.

« À l'instant même où les chefs s'embarquaient dans leurs pirogues, il arriva une petite aventure propre à faire connaître le caractère de ces peuples. Pendant tout le temps qu'ils étaient restés à bord, Rangui et les autres chefs s'étaient comportés avec beaucoup de décence; leurs sujets mêmes avaient commercé le long du bord avec une bonne foi digne d'éloges. Comme je mettais à la voile, on vint m'avertir qu'un des naturels venait d'enlever un plomb de sonde laissé négligemment à la traîne, dans le porte-haubans. Pris sur le fait, cet homme rendit son larcin sans aucune résistance, et se hâta de s'esquiver. Alors m'adressant à Rangui, je lui dis à haute voix, et d'un ton sévère, qu'il était indigne d'honnêtes gens de commettre de pareilles actions, et que je châtierais les voleurs sans pitié. Ce reproche et cette menace parurent l'affecter profondément. Il s'excusa en alléguant que ce crime avait été commis, à son insu, par un étranger, par un esclave. Puis il me demanda d'un air soumis si je n'allais pas le punir pour ce fait. Je lui répondis qu'il n'en serait rien pour cette fois, et lui souhaitai le bonjour amicalement, pour m'occuper uniquement de la manœuvre. Un instant après, le bruit de coups redoublés, accompagnés de cris pitoyables partant de la pirogue de Rangui, attira de nouveau mes regards de ce côté. Alors je vis Rangui et Tawiti frappant sur un manteau qui semblait recouvrir un homme. Mais il me fut facile de voir qu'ils ne frappaient que sur un des bancs de la pirogue. Après avoir joué quelque temps cette farce, la pagaie de Rangui se brisa entre ses mains, l'homme fit semblant de tomber par terre, et Rangui, m'interpellant, me dit qu'il venait d'assommer le voleur, et me demanda si j'étais satisfait. Je répondis affirmativement, riant en moi-même de la ruse de ces sauvages, ruse dont, au reste, les exemples ne sont pas rares chez des peuples plus avancés en civilisation... »

Nous empruntons encore à la relation de Dumont d'Urville quelques détails sur la Nouvelle-Zélande et sur ses habitants.

« Cette terre, dit-il, par sa grandeur comme par sa nombreuse population, est certainement une des plus importantes de l'océan Austral, malgré sa position reculée vers le sud. Sa température, ni trop chaude, ni trop froide, est saine et propre à la culture de toutes les productions d'Europe. Sur plusieurs points, sa végétation, dans laquelle on distingue des fougères en arbre et des *dracænas* qui figurent des palmiers, ressemble à celle des tropiques, par son abondance et sa vigueur ; et, malgré l'absence de plantes fournissant à l'homme une nourriture abondante, les heureuses influences dont nous venons de parler ont contribué au développement d'une des plus belles races de la Polynésie. En effet, les navigateurs ont remarqué qu'en général les Zélandais sont grands, robustes, d'une physionomie agréable, quoiqu'ils la défigurent, surtout les chefs, par un tatouage en incision, dont la disposition ne contribue pas peu à leur faire paraître à tous le nez aquilin ; cette forme cependant, assez commune parmi eux, se joint à l'écartement des narines. Leurs cheveux sont longs et lisses ainsi que leur barbe ; leurs dents sont admirables. Le caractère de la physionomie est aussi varié qu'en Europe, et, pour tout dire en un mot, nous trouvions dans ces insulaires des ressemblances avec celles qu'on nous a transmises de Brutus, de Socrate, etc. La basse classe a des formes plus petites et moins belles ; un petit nombre seulement de ceux qui la composent sont tatoués, privilége qui semble appartenir aux guerriers, et par conséquent aux chefs, qui sont tous guerriers. Il faut voir cet ornement pour juger combien il doit être douloureux à obtenir. Les femmes sont loin d'approcher des hommes en beauté : petites presque toutes, elles n'ont rien de ce naturel gracieux qu'on trouve parmi les peuples civilisés, et que nous avons souvent rencontré aux îles Sandwich. Les femmes des chefs sont seules tatouées aux lèvres et sur les épaules, d'une manière particulière.

« Le costume des Zélandais est des plus pittoresques. Il se compose de nattes de différentes espèces ; ils en ont de très-épaisses, couvertes de longs brins de *phormium*. Lorsqu'ils s'accroupissent sous ce vêtement, ils ressemblent à une ruche qui serait surmontée d'une tête. Plusieurs nouent leurs cheveux derrière et les ornent de deux plumes noires ; d'autres les enduisent d'encre rouge par devant ; c'est une toilette de cérémonie qu'ils faisaient avant de nous aborder. Se couvrir les épaules de leurs vêtements, est une marque de respect. Leur nourriture consiste en poissons et en patates douces. L'approche des champs est défendue ou *tabouée*, lorsque la plante est jeune. Celui qui violerait cette défense courrait risque d'être assommé. Le peuple mange la racine des fougères qui couvrent le pays : nourriture de tous les instants, mais peu substantielle ; il faut y joindre les cochons et les choux, qu'ils doivent aux Européens, et sans aucun doute à Surville et à Marion, surtout à ce dernier, qui séjourna longtemps à la baie des Îles, où il fut assassiné en représailles de la perfidie qu'avait commise quelque temps auparavant Surville, en enlevant un chef dont il avait reçu toutes sortes de secours.

« Les Zélandais sont partagés en une multitude de peuplades qui obéissent à des chefs indépendants, et sont presque constamment en guerre les unes contre les autres. » Plus qu'aucun autre peuple polynésien, ils sont adonnés à l'horrible coutume de manger leurs prisonniers après le combat, et ils paraissent y attacher une idée religieuse qui va jusqu'à faire désirer cet honneur aux chefs qui succombent dans l'action. » Leurs têtes sont conservées par la dessication : ce sont celles qu'on voit assez fréquemment en Europe. »

Après cinq jours de mouillage dans la baie des Îles, l'*Astrolabe* quitta les côtes orageuses de la Nouvelle-Zélande, pour se diriger vers les parages plus tranquilles de la zone équatoriale. Sa marche fut néanmoins retardée par des calmes et des vents contraires, et ce ne fut que le 20 avril qu'elle se trouva en vue des terres de Tonga-Tabou ou des Amis. Là des bancs de coraux la mirent encore à deux doigts de sa perte, et son séjour dans ces parages fut signalé par de graves événements. Le commandant eut connaissance d'un complot de désertion tramé parmi quelques matelots. Pour en prévenir l'exécution, il

Siège d'un village de l'île des Yeh, par Dumont d'Urville.

fit hâter dans le plus grand secret les préparatifs du départ. Mais le 13 mai, comme tout était disposé, les naturels attaquèrent et enlevèrent à l'improviste huit hommes qui, sous les ordres de M. Faraguet, étaient allés ramasser du sable sur le rivage. Cet acte d'hostilité qu'aucun motif ne pouvait justifier, ne s'expliquait que par leur désir d'avoir parmi eux des Européens.

Deux détachements furent envoyés à terre pour délivrer les prisonniers, mais ils échouèrent. Dans le premier, le caporal Richard, de l'infanterie de marine, fut tué, et un élève, M. Dudemaine, grièvement blessé. Enfin Dumont d'Urville dut aller s'embosser devant Mafango, village sacré qui renfermait les tombeaux des chefs et les temples dédiés aux divinités du pays. Ce village était protégé par des fortifications assez bien construites, et les insulaires y soutinrent un siège de plusieurs jours avant de se décider à rendre leurs captifs. Deux de ces derniers, nommés Reboul et Simonnet, restèrent seuls dans l'île, mais de leur propre volonté.

Enfin, le 22 mai, l'*Astrolabe* put quitter l'archipel des Amis, dont le nom n'avait été pour elle qu'une triste ironie, et le 25 elle signala les plus méridionales des îles Viti ou Fidji. La reconnaissance de cet archipel fut très-pénible, et dura dix-huit jours. Échappée à cette périlleuse navigation, la corvette fit voile, sur une mer ouverte et sûre, vers les Nouvelles-Hébrides. On fit ensuite la reconnaissance des îles Loyalty, des îles Langhan, et l'on se rendit au havre Carteret (Nouvelle-Irlande), où l'expédition s'arrêta du 5 au 19 juillet. Le 19, on commença la reconnaissance de la côte méridionale de la Nouvelle-Bretagne, reconnaissance qui fut terminée le 2 août. Dumont d'Urville franchit ensuite le détroit de Dampier, et entreprit l'exploration de toute la côte de la Nouvelle-Guinée comprise entre ce détroit et la baie de Geelvink. Ce travail important s'accomplit de la manière la plus satisfaisante, grâce à un temps des plus favorables. Lorsqu'il fut terminé, l'*Astrolabe* vint prendre au havre Doreï le mouillage qu'elle avait occupé trois ans auparavant, sous le commandement de M. Duperrey.

Nous extrairons encore quelques passages des intéressantes notions recueillies par Dumont d'Urville sur cette partie de la Nouvelle-Guinée.

Le havre Doreï est situé au midi du cap de Mamori, qui forme la pointe occidentale la plus extérieure de l'entrée de la grande baie de Geelvink. Tous ses environs sont envahis par des forêts qui ont poussé sur un sol madréporique en pente très-douce... Les terres cultivées ne commencent qu'aux villages, et s'étendent tout le long de la rive septentrionale du canal. La terre est d'une nature si riche, qu'il suffirait de la remuer et d'arracher les mauvaises herbes pour obtenir les plus abondantes récoltes. Mais les Papous sont aussi paresseux que peu intelligents en fait de culture, et les plantes alimentaires sont le plus souvent étouffées par les plantes parasites.

Les habitants de Dorei semblent provenir d'origines très-mélangées, et le caractère de leur physionomie varie à l'infini. Toutefois M. d'Urville a cru reconnaître que toutes ces variétés devaient se rapporter à trois nuances principales : l'une qu'il nomme Papoue, du nom qu'elle porte habituellement dans le pays; l'autre formée de *métis* tenant plus ou moins de la race malaise ou polynésienne; une troisième enfin, qu'il désigne sous le nom d'Harfour qu'elle a reçu depuis longtemps dans les îles Moluques.

Les Papous proprement dits sont des hommes à la taille moyenne, svelte et dégagée, et au corps et aux membres grêles. Ils ont le visage ovale, la physionomie agréable, les pommettes légèrement saillantes, la bouche petite, les lèvres assez minces, le nez bien dessiné. Leur peau, douce, lisse, est d'un brun foncé. Leur barbe est rare; leurs cheveux sont crépus; mais c'est l'habitude de les friser continuellement qui leur donne cet air ébouriffé, et charge les têtes des Papous de ces énormes crinières dont l'aspect frappa d'abord si vivement les premiers navigateurs européens. Cette race paraît être d'un caractère timide et peu entreprenant; elle a fixé sa résidence sur les bords de la mer, où elle habite de longues cabanes en bois, élevées sur des pieux enfoncés dans le sable et plongeant dans les eaux mêmes de l'Océan. Elle forme à la Nouvelle-Guinée la masse du peuple. Dumont d'Urville n'a point vu, parmi les Papous, d'individus possédant sur les autres une autorité réelle. Ils ne savent que quelques mots de la langue malaise, et parlent le *papoua*, qui en diffère essentiellement.

Mélangés avec ces Papous, vivent des hommes plus petits, trapus, d'une constitution plus vigoureuse et d'une physionomie tout autre. Ils ont la face aplatie, anguleuse, presque carrée, les pommettes saillantes, les traits heurtés, la bouche grande, les lèvres épaisses, le nez épaté. Leur peau est rude, et sa nuance varie du brun-noir des Papous et des Harfours jusqu'au ton simplement basané des Malais. Au lieu de se coiffer comme les Papous, la plupart se contentent de relever leurs cheveux en chignon, ou de les couvrir d'un morceau d'étoffe

Village malais.

en manière de turban. M. d'Urville voit en eux des hybrides provenant du croisement des Malais avec les Papous, c'est-à-dire de la race jaune avec la race noire. Cette partie de la population constitue la classe aristocratique. C'est d'elle seule que sortent non-seulement les *koranos*, les *capitans*, les *rajas*, mais aussi les véritables négociants. Leur ton de supériorité se manifeste dans tous leurs rapports avec les hommes des autres classes, et presque tous parlent le malais avec facilité.

La troisième variété, beaucoup moins nombreuse que les précédentes, se compose d'hommes de petite taille, agiles et vigoureux, aux traits sauvages, au teint couleur de suie, aux membres grêles, et se rapprochant beaucoup du type des Australiens, des Néo-Calédoniens, et, en général, des nègres océaniens. Ils se tatouent par incision, vont nus ou à peine vêtus, et laissent flotter au vent leur chevelure inculte, ou se contentent de la tortiller en mèches, comme les autres insulaires de l'océan Pacifique. Dumont d'Urville ne doutait pas que ce ne fussent là les véritables indigènes, les plus anciens habitants du pays. Il ajoute :

« Les habitants de Doreï sont distribués dans quatre villages situés au bord de l'eau. Chaque village renferme de huit à quinze maisons établies sur des pieux. Quelques-unes de ces maisons contiennent une double rangée de cellules distinctes, et reçoivent plusieurs familles. Les édifices, entièrement construits en bois grossièrement travaillé, sont percés à jour de toutes parts, et souvent tremblent sous les pas... Ces peuples fabriquent des nattes en feuilles de bananier, qu'ils teignent des plus brillantes couleurs et qu'ils ornent de franges artistement découpées. Leurs femmes travaillent une poterie grossière qui suffit à leurs besoins bornés. Leurs armes habituelles sont l'arc et les flèches, dont ils se servent avec dextérité, la lance et un bouclier long et étroit; en outre, chacun d'eux possède un couperet, d'un acier fortement trempé, nommé *parang* en langue malaise, et qui leur sert à la fois d'arme et d'instrument tranchant pour les besoins de la vie. Aussi ces sauvages ne faisaient-ils que très-peu de cas de nos couteaux, et même de nos meilleures haches.

« Leur nourriture consiste principalement en chair de tortue, pain de sagou, poissons, coquillages, et dans les fruits et racines que leur sol produit avec profusion. Ils ont tous adopté l'usage de mâcher le bétel mélangé avec l'arek et la chaux. Le *kava* (boisson particulière aux peuplades polynésiennes, obtenue par la fermentation des racines

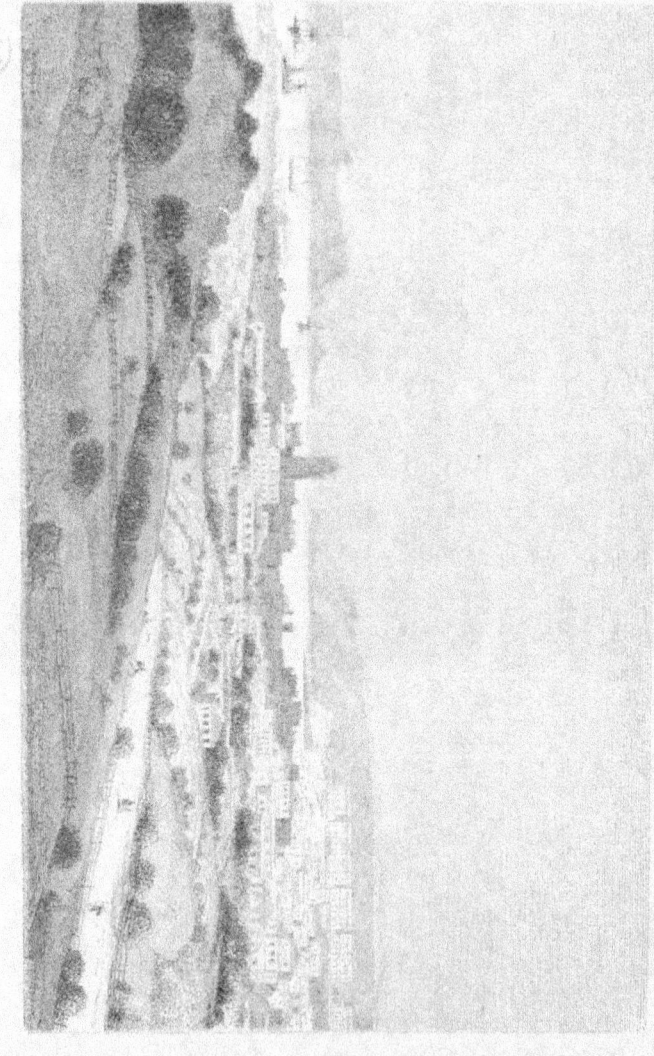

Robert-Town (Vue de face).

d'une sorte de poivre) leur est inconnu, et on ne leur connaît aucune liqueur enivrante, bien qu'ils aient du penchant pour toutes les boissons spiritueuses. »

Naturellement défiants, les Papous n'admettent les Européens dans leurs cases qu'avec une extrême défiance, en sorte que Dumont d'Urville n'a pu donner aucun détail sur leurs habitudes domestiques. Il garde le même silence sur leurs cérémonies religieuses et sur la forme de leur gouvernement, n'ayant pu se livrer, sur ce double sujet, qu'à de simples conjectures.

Partie de Doreï le 6 septembre, l'*Astrolabe* arriva le 25 à Amboine, où elle demeura jusqu'au 10 octobre pour se ravitailler et laisser reposer l'équipage. Le 17 décembre, elle doublait l'Ile-aux-Perdrix et pénétrait dans le canal d'Entrecasteaux. Dumont d'Urville se proposait, après une relâche de quelques jours à Hobart-Town, de se rendre à la Nouvelle-Zélande, pour occuper la côte occidentale d'Ika-na-Mawi. Mais comme il arrivait à la capitale de la Tasmanie (Terre de Diémen), un pilote anglais, qui était monté à bord pour conduire le navire au mouillage, lui demanda dans la conversation s'il avait eu des nouvelles de la Pérouse. Sur la réponse négative du commandant, le pilote lui apprit d'une manière confuse que le capitaine d'un navire anglais avait trouvé récemment les restes du vaisseau de la Pérouse dans une île de l'océan Pacifique, qu'il en avait rapporté des débris, et même qu'il avait ramené l'un des matelots de cette expédition, Prussien d'origine. Il ajoutait que ce capitaine marchand, renvoyé par le gouverneur du Bengale pour aller chercher les autres naufragés, avait touché à Hobart-Town six mois avant l'arrivée de *l'Astrolabe*, et que le Prussien en question se trouvait encore à son bord.

Ce récit, qui n'avait d'abord semblé à M. d'Urville qu'un conte fait à plaisir, lui fut confirmé d'une manière plus explicite par un officier anglais, M. Kelly, qui accompagnait le pilote. Il apprit de cet officier que le capitaine marchand, nommé Dillon, avait effectivement trouvé à Tikopia (archipel du Saint-Esprit) des renseignements assurés sur le naufrage de la Pérouse à Vanikoro (archipel de Santa-Cruz), et qu'il avait rapporté une poignée d'épée qu'il supposait avoir appartenu à l'infortuné navigateur. A son arrivée à Calcutta, M. Dillon avait fait son rapport au gouvernement de la colonie, et celui-ci l'avait renvoyé avec un navire armé aux frais de la compagnie des Indes, afin de visiter le lieu même du naufrage, et de recueillir

Arrivée de Dumont d'Urville à Tolaga.

les Français qui pourraient avoir survécu à la catastrophe.

Sur de tels avis, Dumont d'Urville n'hésita pas à abandonner ses projets sur la Nouvelle-Zélande, et résolut de se rendre à Vanikoro. Parti de Hobart-Town le 4 janvier 1828, il aperçut à l'horizon, le 20 février, l'île de Tikopia. Le lendemain dans l'après-midi, trois pirogues approchent et accostent le navire; chacune d'elles est montée par cinq ou six insulaires. Dans la première se trouve un Européen : c'est le Prussien Martin Bushart, le dernier survivant des équipages de la Pérouse! Il avait accompagné Dillon à Vanikoro, comme l'attestait un certificat signé du capitaine anglais, et daté du 18 décembre précédent. Ayant recueilli tous les renseignements qu'il désirait, Dumont d'Urville quitta Tikopia, emmenant avec lui, pour l'aider dans ses recherches, deux déserteurs anglais établis depuis neuf mois dans cette île, et qui parlaient assez bien la langue du pays. Cinq Tikopiens, qui n'avaient pu retourner à terre quand la corvette avait appareillé, restèrent également à bord. Le 20, la corvette put approcher assez de la côte de Vanikoro pour entrer en relations avec les naturels. Ce ne fut pas sans peine que M. Jacquinot, envoyé par le commandant pour explorer les côtes et interroger les habitants, obtint d'eux les indications qu'il désirait. Ces pauvres gens craignaient que les Français ne fussent venus là pour venger la mort de leurs compatriotes. Enfin M. Jacquinot s'avisa de déployer à leurs yeux un morceau de drap rouge. A cette vue, l'un d'eux sauta sur-le-champ dans le canot, offrant, en échange de la précieuse étoffe, de conduire les explorateurs sur le lieu même du sinistre.

« La chaîne de récifs qui, d'après le rapport de M. Jacquinot, forme, à la distance de deux à trois milles au large, comme une immense ceinture autour de Vanikoro, cette chaîne, près de Païou et devant un lieu nommé Ambi, se rapproche beaucoup de la côte, dont elle n'est guère alors éloignée que d'un mille. Ce fut là, dans une espèce de coupée, au travers des brisants, que le sauvage arrêta le canot et fit signe aux Français de regarder au fond de l'eau. En effet, à la profondeur de quatre à cinq mètres, ils distinguèrent bientôt, disséminés çà et là et empâtés de coraux, des ancres, des canons, des boulets et divers autres objets, surtout de nombreuses plaques de plomb. A ce spectacle, tous leurs doutes furent dissipés ; ils restèrent convaincus que les tristes débris qui frappaient leurs yeux étaient les derniers témoins du désastre

Découverte des restes du naufrage de la Pérouse.

des navires de la Pérouse... La disposition des ancres faisait présumer que quatre d'entre elles avaient coulé avec le navire, tandis que les deux autres avaient pu être mouillées.

« L'aspect des lieux donnait enfin à croire que le navire, ayant tenté de s'introduire au dedans des récifs par une espèce de passe, avait échoué et n'avait pu se dégager de cette position qui lui était devenue fatale. Suivant le récit de quelques sauvages, ce navire aurait été celui dont l'équipage avait pu se sauver à Païou, et y construire un petit bâtiment, tandis que l'autre aurait échoué en dehors du récif, où il se serait tout à fait perdu.

« MM. Jacquinot et Lottin avaient acheté des naturels plusieurs objets parmi lesquels les plus remarquables étaient un croc de capon (grosse poulie), un bout de chaîne de paratonnerre, une mesure à poudre en cuivre, un pied d'instrument ou de fort chandelier, aussi en cuivre, un vase cubique du même métal, doublé en plomb, et enfin un saumon de fer pesant 150 kilogrammes. » On retira ensuite du fond de la mer plusieurs autres objets, savoir : une ancre de 900 kilogrammes, fortement oxydée et recouverte d'une couche de coraux ; un canon en fonte, dans le même état ; un pierrier en bronze et une espingole en cuivre, beaucoup mieux conservés, et portant, sur les tourillons, leurs numéros d'ordre et de poids; un saumon de plomb, une grande plaque de même métal, des fragments de porcelaine, etc. On avait en outre acheté à Nama les débris d'une bouilloire.

Le naufrage des deux frégates de la Pérouse (*l'Astrolabe* et *la Boussole*), sur les récifs de Vanikoro, était donc un fait désormais incontestable, et ce n'était pas une gloire médiocre pour Dumont d'Urville d'être parvenu, au prix de tant de fatigues, de dangers et de patience, à déchirer enfin le voile funèbre qui enveloppait depuis un demi-siècle la destinée de son illustre devancier. Il soumit à ses compagnons de voyage son projet d'élever à la Pérouse un monument modeste, dit-il, mais qui suffirait du moins à attester le passage de la nouvelle *Astrolabe* à Vanikoro, les efforts de ceux qui la montaient et l'amertume de leurs regrets, en attendant que la France pût un jour en élever un plus durable et plus digne d'elle.

Cette proposition fut accueillie, on le pense bien, avec empressement. On construisit donc sur la côte, au fond du mouillage, un prisme quadrangulaire en pierres, haut de deux mètres et surmonté d'une pyramide de même hauteur. Sur la face qui regarde la mer, on fixa une plaque de plomb avec cette inscription :

A LA MÉMOIRE
DE LA PÉROUSE ET DE SES COMPAGNONS,
L'ASTROLABE, 14 MARS 1828.

L'inauguration se fit avec pompe, en présence d'une partie de l'équipage sous les armes, tandis qu'une salve de vingt et un coups de canon faisait retentir les échos de la baie. Aux premiers coups de canon, les insulaires, épouvantés, prirent d'abord la fuite. Voyant cependant que ces tonnerres n'avaient tué ni blessé personne, — l'attitude des blancs n'avait rien d'hostile, — ils se rassurèrent et se rapprochèrent du rivage. Deux d'entre eux même vinrent à bord de la corvette, s'avancèrent vers le commandant et lui baisèrent humblement la main. Celui-ci les reçut avec bonté et les rassura, mais en leur recommandant de respecter *la maison du Dieu des Français*, et en leur annonçant que si elle était renversée, ceux-ci en tireraient vengeance. Puis il les congédia avec quelques présents, et les deux sauvages promirent de traiter en ennemi quiconque tenterait de dégrader *la maison de l'Atoua des blancs*.

Lorsque *l'Astrolabe* s'éloigna de Vanikoro, l'état sanitaire de l'équipage était déplorable. Une quarantaine de matelots étaient atteints de la fièvre pernicieuse endémique dans cette contrée. Plusieurs succombèrent pendant le voyage, qui dura encore une année. L'*Astrolabe*, après avoir relâché à Guam (îles Mariannes), à Amboine, à Batavia, à l'île de France, à l'île Bourbon, au Cap et à Sainte-Hélène, et avoir exécuté sur sa route plusieurs reconnaissances importantes, rentra dans le port de Marseille, le 25 mars 1829. Son absence avait duré trois ans, et l'expédition qu'elle venait d'accomplir devait compter parmi les plus glorieuses des temps modernes. En outre des débris du naufrage de la Pérouse, qui sont déposés au musée de marine, elle rapportait d'immenses richesses en échantillons d'histoire naturelle, armes, costumes, ustensiles, etc., recueillis dans les nombreuses contrées qu'elle avait parcourues. Enfin les cartes et relevés, les dessins, et surtout la volumineuse et intéressante relation de Dumont d'Urville, et les observations recueillies par les naturalistes, composent un de ces vastes et précieux ouvrages dont la France peut s'enorgueillir comme d'un monument national.

SECOND VOYAGE DU CAPITAINE DUMONT D'URVILLE

DANS L'OCÉAN AUSTRAL

(1837-1840)

But du voyage de *l'Astrolabe* et de *la Zélée*. — Les glaces du pôle austral. — Découverte des terres *Louis-Philippe* et *Joinville*. — Les îles Gambier. — Efforts et succès des missionnaires catholiques. — Visite de l'évêque et du roi de Mangaréva à bord de *l'Astrolabe*. — Une messe en plein air sur la côte. — Une ancienne connaissance. — Expédition contre Nakalassé, roi de Piva. — Visite du roi Tanoa. — L'anthropophagie aux îles Viti. — Une mauvaise année. — Retour au pôle sud. — Découverte de l'*Adélie* et de la *Côte Clarie*. — La colonie anglaise. — Découverte de nouvelles terres. — Les missionnaires anglicans à Karora-Réka. — Retour en France.

Les magnifiques résultats du premier voyage de Dumont d'Urville encouragèrent le gouvernement du roi Louis-Philippe à confier à cet éminent officier le commandement d'une nouvelle expédition, destinée à explorer de nouveau les vastes mers de l'hémisphère austral, et à pénétrer, autant qu'il serait possible, les mystères du pôle antarctique, vers lequel si peu de marins avaient osé jusqu'alors s'aventurer.

Deux corvettes, *l'Astrolabe* et *la Zélée*, furent mises sous les ordres de l'illustre navigateur. Elles appareillèrent, vers la fin de l'été de 1837, dans le port de Toulon, qu'elles quittèrent le 7 septembre. La première était montée par Dumont d'Urville lui-même ; la seconde était commandée par le capitaine Jacquinot. Elles firent voile vers Rio-de-Janeiro ; puis, après avoir consacré un mois à des relevés hydrographiques dans le détroit de Magellan, elles repartirent, le 11 janvier 1838, de la Terre des États, pour se diriger vers le sud-est, dans la direction où le capitaine anglais Weddel s'était engagé à deux reprises, en 1821 et en 1823, et avait atteint la plus haute latitude australe à laquelle aucun navigateur fût encore parvenu. A leur tour, les deux navires français s'avancèrent hardiment jusqu'au 63° degré de latitude sud ; mais là ils se virent arrêtés par une immense muraille de glace qu'ils côtoyèrent en redescendant jusqu'aux Orcades Australes, où ils s'arrêtèrent pendant huit jours qui furent consacrés à de nouvelles observations hydrographiques. Le 2 février, on remit le cap au sud. Le 4, Dumont d'Urville retrouva la *banquise* (banc de glace), et, apercevant une *clairière*, il y engagea les deux corvettes ; mais, au bout de quelques encâblures, il se trouva emprisonné dans des blocs de glace qui se resserraient de plus en plus et que le froid menaçait de souder. Il reconnut alors la nécessité de rétrograder; mais il fallut, sur une largeur de plus de deux mètres, briser la glace à coups de pioche, pour rouvrir aux téméraires explorateurs le chemin qui s'était fermé derrière eux. Après être sorti, à force de voiles et de cabestan, de cette impasse dangereuse, on continua de prolonger la banquise, de l'ouest à l'est, pendant un espace de trois cents milles, sans trouver d'issue.

Par 33° de longitude, on reconnut que cet impénétrable mur de glace inclinait au nord, et l'on se décida à revenir vers l'ouest. On revit bientôt les îles Orcades, dont on compléta la géographie; puis on gouverna de nouveau dans la direction du sud à la recherche des terres mystérieuses vaguement indiquées par les pêcheurs de phoques, et désignées par eux sous les noms de Terre de Palmer et Terre de la Trinité.

On arriva le 27 février, en naviguant toujours à travers les glaces, à la région intermédiaire qu'aucun œil humain n'avait contemplée; et, malgré la brume, le froid et le mauvais temps, on put en relever les contours sur une étendue d'environ vingt milles, entre 63° et 64° de longitude ouest et 58° et 62° de latitude sud. Quelques rochers noirâtres, mis à nu par la fonte des neiges et surmontés d'immenses couches de glace, distinguent seuls des glaçons gigantesques amoncelés autour d'elles ces côtes inhospitalières, où l'on n'aperçoit pas la moindre trace de végétation. Dumont d'Urville donna à la plus considérable le nom de *Terre Louis-Philippe*, et à la portion située plus à l'ouest, celui de *Terre de Joinville*; il appela *Canal d'Orléans* le détroit qui sépare ces terres de la Trinité.

Cependant la saison s'avançait; le scorbut s'était déclaré parmi les équipages, et cette terrible maladie avait même attaqué plusieurs officiers. Il fallut aller chercher sous une autre latitude une atmosphère moins rigoureuse et un repos indispensable. On fit voile vers la côte du Chili, et l'on relâcha successivement à la Conception et à Valparaiso. Lorsque l'état sanitaire des équipages n'inspira plus enfin aucune inquiétude, l'expédition reprit la mer, et, après avoir signalé l'île Juan-Fernandez, célèbre par le séjour de l'infortuné Selkirk, dont nous avons parlé dans l'introduction de ce volume, elle s'arrêta aux îles Gambier, qui forment le groupe le plus oriental de l'archipel de la Société.

« Les îles Gambier, dit M. Louis Reybaud dans un excellent article sur le voyage de *l'Astrolabe* et de *la Zélée*, inséré dans *la Revue des Deux Mondes*,

en mars 1841, et qui nous a surtout guidé dans la rédaction de cette notice, les îles Gambier sont le foyer d'une mission catholique. Cinq ans avant le passage de l'expédition, les insulaires de Gambier étaient plongés dans toutes les misères de l'état sauvage : la polygamie, le fétichisme, l'anthropophagie, y régnaient sans partage ; quelques prêtres des missions de Paris ont fait disparaître tout cela. Pendant six mois, ils se virent chaque jour à la veille d'être tués et dévorés ; soutenus par la foi, ils attendirent. Ces missionnaires eux-mêmes racontèrent aux officiers de l'expédition par quels prodiges de patience ils étaient venus à bout d'établir leur empire sur les naturels. « Chez ces tribus,
« dirent-ils, ce n'est pas le fanatisme qui domine,
« c'est l'indifférence. Elles ne tiennent point à leur
« culte ; mais elles ne se passionnent pour aucun.
« Avec une pareille disposition des esprits, la
« ferveur arrive lentement, et sans la ferveur
« point de néophytes. Ce n'est pas tout : il fallait
« rendre intelligibles à ces races abruties des mys-
« tères religieux que la plus haute raison ne saurait
« pénétrer. Nous y épuisâmes toutes les ressources
« d'une pieuse persévérance. Nous fabriquions de
« petites croix en osier, et nous allions les planter
« devant la case des chefs, afin de les familiariser

« avec la vue de cet emblème. Pour expliquer le
« dogme de la Trinité, nous avions adopté la feuille
« de trèfle, qui semblait résumer le symbole des
« trois personnes en une seule. Chaque jour c'étaient
« de nouveaux efforts, et rien cependant ne réus-
« sissait. Enfin nous appelâmes à notre aide des
« moyens plus profanes. Nous avions apporté
« quelques outils et une petite pharmacie; nous
« mîmes tout cela au service des naturels, ne nous
« réservant rien pour nous-mêmes. Nous creusâmes
« des puits, nous bâtîmes des cases, et nous entre-
« prîmes de construire une chapelle en bambous.
« Pendant ce temps, notre chétif bagage s'épuisait
« sans se renouveler; nos vêtements s'usaient, et
« nous étions obligés d'en surveiller attentivement
« la conservation. Qu'on juge de notre embarras!
« nous qui blâmions la nudité chez les indigènes,
« nous étions à la veille de n'avoir plus rien pour
« nous couvrir, et d'énormes solutions de continuité
« dans nos costumes nous mettaient en infraction
« journalière avec les préceptes que nous ensei-
« gnions. Enfin des secours arrivèrent d'Europe,
« et l'abjuration d'un grand chef décida du sort de
« l'archipel. »

« Depuis cette époque, ajoute M. L. Reybaud, l'aspect des îles Gambier n'est plus le même. Des mœurs plus douces et plus réservées ont pris la place de la barbarie et de la licence d'autrefois. Avec la guerre, l'anthropophagie a disparu... Des écoles ont été créées par les missionnaires; les enfants viennent s'instruire, et déjà un grand nombre d'insulaires lisent couramment le catéchisme. A la suite du culte nouveau, est arrivé un bien-être matériel qui en fait encore mieux apprécier les bienfaits. Les cases, plus solidement construites, ont un air de propreté et d'élégance qu'elles n'avaient point auparavant; la culture s'est perfectionnée; la canne à sucre a été naturalisée, et déjà l'on sait mettre le coton en œuvre. Le blé croît à souhait sur ce sol volcanique; les cochons, les poules se multiplient rapidement. Enfin il n'est pas jusqu'à l'organisation physique des habitants qui ne se soit modifiée avantageusement par la nouvelle civilisation : les traits plats et épatés disparaissent peu à peu chez les enfants, et font place à des lignes plus gracieuses et plus pures. »

Le groupe de Gambier, centre maintenant de la propagande catholique dans l'Océanie, se compose de cinq ou six îles, dont la plus importante est Mangavera, que domine un pic de plus de quatre mille mètres de hauteur. Lorsque l'expédition française les visita, le chef le plus puissant était Mapou-Taoua, dont le pouvoir paraissait cependant subordonné à l'influence de son oncle Matoua, autrefois grand prêtre des idoles, maintenant zélé catholique et soumis, comme son neveu, aux missionnaires.

Dumont d'Urville s'empressa, peu de temps après son arrivée, de rendre visite à l'évêque de Mangavera, qui vint le voir à son tour à bord de *l'Astrolabe*, où il fut bientôt suivi du chef ou roi Mapou-Taoua et de son oncle l'ancien grand prêtre. Ces personnages furent salués par les batteries de la corvette, et le pavillon de l'archipel fut hissé au haut des mâts. Le commandant fit présent au roi d'un habillement complet, d'un fusil à deux coups et de diverses étoffes.

« Le 12 août, dit encore notre auteur, une messe solennelle fut célébrée en plein air au bord de la mer. A cette occasion, les corvettes furent pavoisées; l'état-major en grande tenue, l'équipage sous les armes, descendirent à terre. L'évêque officia; le roi, entouré de sa famille et des chefs du pays, assistait à la cérémonie. Les habitants se tenaient à une certaine distance, les hommes d'un côté, les femmes de l'autre. Le roi, assis sur une estrade, était vêtu d'une redingote bleue; il avait des bas et des souliers qui le gênaient fort, et qu'il s'empressa de quitter après la cérémonie.

La reine son épouse ainsi que sa tante avaient des robes d'indienne; elles portaient des chapeaux de paille, mais elles étaient pieds nus. L'ancien grand prêtre Matoua se faisait remarquer par sa haute taille. Tout le monde répondit avec beaucoup d'ensemble aux chants des prêtres, mais avec un accent guttural des plus prononcés. Après l'office, l'évêque adressa un sermon en français aux voyageurs, et un autre, en langue du pays, aux indigènes, qui le suivirent avec une attention soutenue : un tel spectacle n'était certainement pas dénué d'émotion et d'intérêt. »

Après une relâche de quinze jours aux îles Gambier, l'expédition remit à la voile. Elle visita les îles Marquises ou Nouka-Hiva, celles des Navigateurs, (archipel Hamoa), et celles de Tonga-Tabou, que Dumont d'Urville avait déjà explorées dans son premier voyage. Les corvettes relâchèrent quelques jours à Vavao, où Dumont d'Urville retrouva le matelot Simonnet, un des deux hommes de son équipage qui, dix ans auparavant, avaient refusé de revenir à bord de *l'Astrolabe*, après le siège de Marfanga, entrepris pour les arracher aux mains des sauvages de Tonga. Proscrit par les chefs, persécuté comme catholique par les missionnaires protestants, ce malheureux avait été déporté par ceux-ci dans une île déserte, pour avoir refusé de leur livrer une lettre qui lui avait été remise par un missionnaire catholique, auquel il avait servi d'interprète, et qui, persécuté, lui aussi, par les prêtres anglicans, avait été obligé de fuir. Cette lettre renfermait des plaintes et les protestations du missionnaire catholique, et ne devait être remise qu'au commandant du premier navire français qui viendrait aux îles Tonga. Simonnet la garda fidèlement, et ne put quitter son exil que moyennant une rançon de vingt piastres d'Espagne. Enfin il fut envoyé à bord de *l'Astrolabe*, garrotté comme un malfaiteur. Il chercha à excuser sa désertion aux yeux du commandant, qui néanmoins le fit mettre aux fers, et ne le relâcha qu'à la Nouvelle-Zélande.

En quittant Vavao, les corvettes se rendirent aux îles Hapaï, et, poussées ensuite par une brise favorable, elles franchirent la ligne géographique qui sépare la Polynésie de la Mélanésie. Ici Dumont d'Urville avait à remplir une mission rigoureuse et qui n'était pas sans danger. Les habitants des îles Viti s'étaient signalés depuis quelques années par des actes odieux de brigandage. Un chef de l'île Piva, entre autres, nommé Nakalassé, avait surpris et pillé un navire de commerce français, *la Joséphine*, et mis à mort le capitaine et les matelots.

Il s'agissait de châtier ce crime et d'inspirer par un coup d'éclat, aux sauvages insulaires, un respect salutaire du pavillon français.

Nakalassé était le chef le plus redouté de l'archipel Viti; il répétait souvent qu'il attendait un navire de guerre européen pour lui montrer ce qu'il savait faire. Le pillage de *la Joséphine* lui avait procuré des fusils, des canons, des munitions, tout un matériel de guerre, avec lequel il était fortement retranché dans une sorte de citadelle construite à deux milles environ du village de Piva. Le rivage en cet endroit est défendu par des écueils et des bancs de coraux, sur lesquels les corvettes coururent risque plusieurs fois de se briser. Avant d'attaquer, Dumont d'Urville avait fait sommer Nakalassé de se rendre; mais celui-ci avait répondu qu'il s'ensevelirait plutôt sous les ruines de sa forteresse. Le commandant avait aussi envoyé à Pao, vers le chef suprême ou roi de l'île, un de ses officiers accompagné d'un naturel qui servait d'interprète. Ce chef, vieillard de soixante-six ans, nommé Tanoa, reçut l'officier avec toutes sortes de prévenances, et protesta de sa sympathie pour les Français; mais telle était la terreur attachée au seul nom de Nakalassé, qu'on ne put décider Tanoa à se joindre aux nôtres contre lui. Dumont d'Urville se décida donc à agir seul, et fit débarquer, le 17 octobre, à cinq heures du matin, cinquante marins, commandés par un lieutenant de vaisseau. Presque tous les officiers des deux corvettes voulurent en outre prendre part à cette expédition en qualité de volontaires. On s'attendait à une vive résistance; mais, au moment décisif, le terrible Nakalasse eut peur et prit la fuite, en sorte que nos marins n'eurent d'autre besogne que de détruire de fond en comble sa forteresse et le village de Piva.

Nakalassé avait échappé à la vengeance des Français; il était néanmoins perdu aux yeux des siens, et c'en était fait de sa puissance et probablement de sa vie, car les lois religieuses de sa nation lui interdisaient de reconstruire son village sur le même point, et partout ailleurs il ne rencontrerait que des rivaux et des ennemis d'autant plus implacables, qu'il s'en était naguère plus fait craindre.

Le vieux Tanoa, que cet événement délivrait d'un voisin dangereux, s'associa de bon cœur au succès des marins français, et fit prier Dumont d'Urville de venir le visiter dans sa capitale. En conséquence, le commandant, suivi de presque tout son état-major et d'un nombreux détachement de marins, se rendit à Pao, où il trouva le roi sauvage accroupi au milieu de la grande place du village, et entouré des anciens de la tribu. Le prince vitien portait en guise de couronne, et pour tout costume, un bonnet de laine. Ses sujets, complétement nus comme lui, se tenaient à distance, assis sur leurs talons. Lorsqu'on eut défilé devant cette étrange assemblée, le commandant prit la parole.

« Nous ne faisons point, dit-il, la guerre aux peuples de l'Océanie; mais j'ai dû châtier, en passant, un barbare qui avait assassiné des Français. Le crime de Nakalassé est d'autant plus odieux, qu'il n'avait été provoqué par aucune agression de la part de nos compatriotes. Voilà pourquoi j'ai ruiné Piva de fond en comble. Le même sort est réservé à tout chef vitien qui insultera un navire de ma nation. La punition pourra être lente à venir à cause des distances; mais tôt ou tard elle atteindra les coupables. Au surplus, la France n'avait sur ces îles d'autre ennemi que Nakalassé; elle désire être l'amie et l'alliée du roi Tanoa et du peuple de Pao. » Ce discours, traduit en langue tonga par le matelot Simonnet, puis en vitien par le naturel de Tonga dont nous avons déjà parlé, parut produire un grand effet sur les sauvages, que la rapidité du châtiment infligé à Nakalassé avait déjà remplis d'étonnement et de respect.

Le roi, dans sa réponse, protesta de son amitié

pour les Français. Après les discours, Dumont d'Urville donna aux indigènes le spectacle d'un exercice à feu qui excita leur admiration, et qui fut suivi d'une collation offerte par Tanoa. Celui-ci fit ensuite visiter aux étrangers son palais, belle et vaste case de douze mètres de haut, où l'on entre par deux portes, dont l'une est exclusivement réservée au roi et à la reine. Tout autre qui oserait en franchir le seuil serait puni de mort.

Les naturels des îles Viti sont, d'après la relation de Dumont d'Urville, les plus intelligents de la Mélanésie, ce qui ne les empêche point de manger leurs prisonniers, dont la capture est le but unique des guerres qu'ils se font entre eux. On célèbre à diverses époques de l'année des fêtes qui exigent un certain nombre de victimes ; malheur alors à ceux qui n'ont point d'asile, comme les habitants de Piva et leur chef Nakalassé ; ils sont traqués comme des bêtes fauves, et viennent en supplément aux produits de la guerre. Si les prisonniers manquent, on tue quelques femmes, *qui sont mangées par leurs parents*. Dans une de ces fêtes, le vieux Tanoa fit ainsi assommer trente de ces malheureuses pour un repas public ; les familles, loin de s'en plaindre, prirent part au festin. Les hommes seuls assistent à ces repas.

Les derniers mois de l'année 1838 furent employés par les navigateurs français à relever et à explorer les îles Lavouka, Aurore, Vanikoro, Santa-Cruz, Soloman et Hogoleu. L'année 1839 ne fut pas heureuse. La dyssenterie, qui faisait à bord des deux corvettes de nombreuses victimes, les obligea de faire plusieurs relâches très-prolongées, qui retardaient les travaux scientifiques de l'expédition, sans améliorer l'état sanitaire des équipages. Ce fut seulement après un séjour de plusieurs semaines à Hobart-Town, en Tasmanie, que le fléau disparut; et, le 1ᵉʳ janvier 1840, les corvettes remirent à la voile pour aller tenter quelques découvertes dans le voisinage du pôle antarctique. Après une lente et pénible navigation d'environ un mois, elles se trouvaient de nouveau au milieu des montagnes de glace, qui rendent ces régions presque inaccessibles; mais cette fois les efforts et la patience des intrépides explorateurs fut récompensée par la découverte de deux nouvelles terres, comprises entre 66° 30' de latitude sud et 138° 21' de longitude ouest, 64° 30' sud et 129° 64' ouest. Ces terres furent nommées *Adélie* et *Côte Clarie*.

En quittant cette dernière, les corvettes revinrent à Hobart-Town; puis elles allèrent compléter l'hydrographie de la Nouvelle-Zélande, et visitèrent la colonie anglaise, déjà florissante, de Karora-Réka, dans la baie des Îles. « Là, dit M. Reybaud, Dumont d'Urville vit quelques membres de la mission catholique, qui se plaignaient, non sans raison, de l'intolérance des missionnaires anglicans. Ceux-ci s'occupent, du reste, de leurs intérêts temporels plus que des intérêts spirituels de leur troupeau. Il n'y a point à Karora-Réka d'autres banquiers qu'eux ; l'agiotage sur les terres ne compte pas de spéculateurs plus cupides ; aussi chaque jour voit-il croître leur scandaleuse fortune. »

Dumont d'Urville termina ses travaux géographiques par le relevé de la Louisiade, dont d'Entrecasteaux avait seul donné avant lui un tracé fort incertain. Il constata que cette île tient à la Nouvelle-Guinée, dont elle n'est séparée que par un bras de mer. Les deux corvettes faillirent encore se briser sur les bancs de coraux du détroit de Torrès. Échappées à ce péril, elles reprirent leur route vers la France, et, le 6 novembre 1840, elles rentrèrent à Toulon, après une absence de trois ans et deux mois.

VOYAGE DE D. GIOVANNI MASTAI
AUJOURD'HUI S. S. LE PAPE PIE IX
DANS L'AMÉRIQUE DU SUD
(1823-1824)

Choix de D. Giovanni Muzi pour vicaire apostolique de la mission du Chili. — D. Giovanni-Maria Mastai et l'abbé Giuseppe Sallusti, secrétaires. — Départ du port de Gênes. — Mouillage à Palma. — Captivité des missionnaires dans le lazaret de cette ville. — Ils sont délivrés par l'évêque de Palma et le consul de Sardaigne. — Nouveau départ. — Rencontre d'un navire négrier. — Arrivée à Buenos-Ayres. — Brillante réception faite aux missionnaires. — Départ de Buenos-Ayres. — Célébration de la messe à Lugan par le vicaire apostolique. — Description du logement de D. Giovanni Mastai à San-Pedro. — La cité de Rosario. — *Desmochados*, ou les Mutilés. — Incursion des sauvages. — Célébration de la messe à la *Canada de Lucas*. — Aspect nouveau du paysage. — Cordoba. — Mendoza. — Santiago.

Sous la fin du pontificat de Pie VII, la cour de Rome, obtempérant au désir formulé par la chambre représentative du Chili de voir instituer une mission apostolique à Santiago, fit choix pour vicaire apostolique de D. Giovanni Muzi, alors auditeur du nonce apostolique à Vienne. On adjoignit à D. Giovanni Muzi, pour le seconder dans ses travaux, deux jeunes ecclésiastiques, D. Giovanni-Maria Mastaï Ferretti, des comtes Mastaï, simple chanoine alors, et l'abbé Giuseppe Sallusti, secrétaire de la légation.

Le récit que nous donnons est extrait d'une relation de la mission, publiée à Rome en 1827, sous le titre suivant : *Storia delle Missioni apostoliche dello Stato del Chile, colla descrizione del viaggio dal vecchio al nuovo mondo, fatto dall' autore. Opera di Giuseppe Sallusti.*

La mission apostolique s'embarqua du port de Gênes, le 4 octobre 1823, sur un brick de construction française nommé *l'Eloisa*, capitaine Antonio Copello. On ne comptait pas moins de trente-quatre hommes d'équipage, tous jeunes marins, mais gens de choix.

Le 14 octobre, *l'Eloisa* mouilla dans le port si sûr, si calme de Palma, où jamais tempête ne fut redoutée, et d'où les yeux des pieux voyageurs pouvaient déjà se porter avec admiration sur cette splendide cathédrale qui offre au loin à la vue l'agréable magnificence de son architecture.

Mais à peine furent-ils débarqués qu'on les conduisit au lazaret, et malgré leurs réclamations, malgré le caractère dont ils étaient revêtus, ils entendirent bientôt se fermer sur eux les triples verrous de cette véritable prison. La nouvelle étrange de cette sorte d'arrestation ne tarda pas à venir jusqu'à l'*Eloïsa*; elle mit tout en rumeur à bord, et l'abbé Sallusti alla sans hésiter à terre partager la captivité de ses compagnons.

Le 17 octobre, les trois membres réunis de la mission subissaient un premier interrogatoire, non pas comme celui auquel on admet les voyageurs au long cours qui ont enfreint parfois les ordonnances de santé, mais bien comme l'interrogatoire juridique qu'on impose à des gens réellement coupables. Mais laissons parler ici l'abbé Sallusti, qui nous a conservé une peinture assez originale de cette scène.

« Tout fut disposé pour le grand sanhédrin, dit-il, et le nouveau prétoire de Pilate se trouva établi à l'entrée même du lazaret. Ce fut là que vint siéger l'alcade de la ville, porteur d'une mine des plus refrognées et lançant parfois des coups d'œil qui voulaient être menaçants. En sa qualité d'autorité judiciaire, la présidence, en effet, lui était dévolue. C'était avec un air de majesté mille fois plus imposant que celui qu'eût pu garder un proconsul romain qu'il nous adressait les demandes auxquelles il nous fallait répondre. A côté de lui se trouvaient deux autres ministres de la justice, d'apparence tout aussi sévère, dont le fier aspect nous glaçait d'effroi et dont les regards nous faisaient trembler. Un notaire, à maigre encolure, à figure cadavérique, ayant tout l'air d'un pharisien, devait enregistrer les demandes et les réponses. Or, quand tout fut prêt, on plaça au milieu de cette vraie synagogue de gens mal disposés pour nous un petit escabeau de bois, sur lequel s'assit d'abord M⁸ʳ Muzi, et chacun de nous ensuite, mais alternativement, pour passer par l'examen que nous avions à subir; néanmoins, avant que l'interrogatoire commençât, on fit toutes les fumigations qu'inspire la crainte de la peste.... Cela terminé, nous fûmes interrogés successivement par le juge suprême sur notre pays, sur les emplois que nous y occupions, sur l'objet de notre mission. On voulait savoir si, en nous rendant en Amérique, nous y étions conduits par un but politique : à tout cela il fut répondu catégoriquement et avec une bonne foi parfaite de la part de chacun de nous.... Les longues réponses n'étaient pas permises, et il n'eût pas même été prudent d'entrer dans de grands détails : un oui, un non, était tout ce qu'il fallait dire quand la chose était possible, et, en réalité, c'était bien la réponse la plus sûre pour ne pas se compromettre. Toutefois il ne nous avait pas été permis de demeurer ensemble durant l'examen; mais le local était disposé de telle sorte, qu'on entendait les paroles adressées à chacun de nous, et que nous pûmes avoir ainsi la certitude, dès que la séance fut terminée, que nos réponses étaient conformes, ce qui, en réalité, devait avoir lieu, puisqu'on n'avait dit que la vérité pure. »

La séance ne se prolongea point, et les trois passagers de l'*Eloisa* se retirèrent pleins de joie. L'entrée de la ville ne leur était plus défendue; toutefois les magistrats de Palma, se croyant investis d'un pouvoir qu'ils n'avaient certainement pas, firent tous les efforts pour arrêter, disaient-ils, une mission si contraire à la souveraineté de leur gouvernement: ils niaient que le saint-siége eût le droit d'envoyer dans l'Amérique du Sud des secours spirituels réclamés depuis longtemps par les populations que la victoire avait émancipées. Ils allèrent plus loin: ils sommèrent les envoyés au Chili de venir rendre compte sur l'heure des motifs qui les dirigeaient, et de comparaître devant leur tribunal. C'eût été se reconnaître sujets de l'Espagne. Le docteur Cienfuegos et le P. Raymundo Arce s'y refusèrent énergiquement, et ils se refusèrent également à quitter le brick. Cette persévérante fermeté eut tout le succès qu'on en pouvait attendre. L'évêque de Palma étant intervenu dans une négociation qui menaçait d'éterniser le séjour de *l'Eloisa* en Europe, et le consul de Sardaigne s'étant mêlé à l'affaire, la mission apostolique put bientôt reprendre la mer.

Un arrêt prolongé de trois jours, dans cette île si peu hospitalière, avait eu lieu forcément, et cependant la Méditerranée n'était pas encore redevenue calme : le navire fut poussé de nouveau dans les eaux d'Iviça, puis forcé de rétrograder. On longea encore les côtes de la Catalogne, et, le vent continuant de fraîchir, on fut bientôt devant la côte accidentée qui borde l'ancien royaume de Valence. Les Italiens et les descendants des Castillans unirent leurs souvenirs; les vieilles légendes espagnoles qui, dans toutes les langues, ont fait le tour du monde, ne pouvaient manquer de revenir à la pensée des pieux voyageurs; ils saluèrent la terre du Cid. Ce splendide panorama continua à se dérouler; ils purent entrevoir la région enchantée d'où Isabelle chassa Boabdil; ils aperçurent Malaga avec ses vignobles magnifiques, et bien d'autres villes parées encore de fleurs et de palmiers; mais enfin ils purent franchir le détroit, hors duquel ils se croyaient un peu trop promptement à l'abri de toute mésaventure. Gibraltar leur était apparu durant la nuit, scintillant de mille feux, comme une grande ville illuminée. Ils passèrent la journée du 28 non loin de cette immense forteresse, dans un lieu où ils furent admirablement accueillis, et ils entrèrent dans le grand Océan.

Le 27 novembre, après avoir passé la ligne, la mission apostolique eut un de ces douloureux spectacles si fréquents encore à cette époque, et qui, pour l'honneur de l'humanité, se renouvellent plus rarement aujourd'hui. Le 8 décembre, dans la matinée, un calme plat arrêtait le navire; on cherchait quelque distraction dans l'éternelle pêche du requin, redite surannée de tant de voyageurs. Vers le soir, plusieurs passagers de *l'Eloisa* et des officiers du bord crurent pouvoir rendre visite à un brick que l'absence de vent arrêtait comme eux. On avait craint un moment, en se voyant suivi par lui, que ce ne fût un corsaire; mais son attitude paisible avait rassuré. C'était un bâtiment fin voilier encombré de noirs qu'on destinait au Brésil et qu'on allait vendre à Rio. Complétement nus, ou n'ayant qu'un pagne léger qui leur couvrait les reins à peine, ces pauvres gens se trouvaient liés deux à deux, et une forte corde retenait ensemble plusieurs couples; mais ce qu'il y a de plus horrible à dire, le lien ne se relâchait point : tout le jour, ils étaient ainsi exposés à l'ardeur du soleil; la nuit, liés encore, ils dormaient dans l'entre-pont, parqués comme un vil bétail.

L'Eloisa jeta l'ancre devant Buenos-Ayres le 3 janvier 1824. On est forcé de débarquer dans cette ville de la façon la plus bizarre : on s'y rend sur ces grands chars qu'on appelle *carretillas*, et dont les roues immenses vous empêchent d'être mouillés. Les *carretillas* sont traînées par des mules; mais, quelque sûr que puisse être le pied de ces animaux, les accidents ne sont pas impossibles. Les robustes marins génois prêtèrent leurs épaules aux membres de la mission, et ce fut ainsi qu'ils débarquèrent sur les rives de l'Amérique, à deux heures du matin.

Malgré cette heure avancée, la mission apostolique trouva un peuple nombreux sur la rive. Tout le monde se pressait autour de Mgr Muzi, de D. Giovanni Mastaï et de l'abbé Sallusti; c'était à qui saisirait la main du prélat pour la baiser. Aujourd'hui encore plus d'un vieillard, plus d'un homme mûr, alors enfant, se rappelle le pontife ignoré qui suivait l'archevêque, et dont le regard peignait l'affectueuse bonté. « Beaucoup d'enfants noirs précédaient, dit l'abbé Sallusti; beaucoup de jeunes gens marchaient deux à deux, tenant des verres de lampion à la main.... Je me rappelai alors l'entrée du divin Sauveur à Jérusalem.... Il y eut même dans cette foule plus d'un religieux vieillard qui, se rappelant les paroles de l'Évangile, répétait en latin : *Benedictus qui venit in nomine Domini : hosanna in altissimis.* »

Le 16 janvier, on quitta la ville, où une réception splendide avait été faite à la mission. On avait reçu les visites du clergé ; mais l'affluence des femmes qui réclamaient la bénédiction du vicaire apostolique était si considérable, qu'on eut quelque peine à s'en dégager. Les membres de la mission remplissaient deux carrosses, de forme passablement antique, tirés par quatre chevaux. Outre les pieux missionnaires, quatre jeunes Chiliens qui accompagnaient le docteur Cienfuegos, et deux serviteurs, la caravane ne comptait pas moins de douze coches, et plus tard, lorsqu'on eut à redouter les sauvages dans les pampas, six gauchos durent être adjoints avec autant de chevaux, aux hommes conduisant les relais.

A Lugan ou *Santos Lugares*, un misérable rancho, où Mᵍʳ Muzi avait passé la nuit, fut tout à coup paré de tentures de Damas par le curé du lieu. On y transporta un riche autel et six candélabres d'argent massif, et la première messe du vicaire apostolique fut ainsi célébrée au sein de la pampa. Immédiatement après, D. Giovanni Mastaï, l'abbé Sallusti et

le P. Raymondo Arce se rendirent à l'humble église
du village, où trois autres messes furent dites. On
allait entrer dans les campagnes solitaires; plus
d'un péril allait être bravé.

A San-Pedro, par extraordinaire, on eut un dîner
confortable; mais voici comment fut logé le pieux
voyageur qui devait avoir un jour pour demeure le
palais du Vatican : il ne trouva pour se réfugier
durant la nuit qu'un appentis sans porte, couvert
à peine d'un chaume délabré. « Vraie cabane d'astronome, dit l'abbé Sallusti, et d'où l'on pouvait,
sans quitter son lit, observer à l'aise les planètes. »
Mais par le fait cette riante habitation n'était que
le garde-manger du maître de poste, sentinelle
solitaire placée aux dernières frontières de la civilisation. Des planches grossières, suspendues par
des cordes liées aux poutres de support, y descendaient de la toiture, et c'était sur ces étagères élégantes qu'on avait amoncelé des quartiers de viande
tuée depuis plusieurs jours, du maïs, des fromages,
des cuirs, des peaux destinées à sécher. Qu'on se
figure la nature des parfums s'exhalant de ces dres-
soirs. D. Giovanni Mastaï et son compagnon l'abbé
Sallusti demeurèrent cependant dans ce réduit affreux; mais le lendemain, heureusement, ils purent
respirer les senteurs embaumées des rivages du

Parana; on avait atteint cette rivière magnifique qui, avec l'Uruguay, forme l'une des limites de ce qu'on appelle aujourd'hui la Mésopotamie Argentine, pays admirable, qui n'a pas moins de quarante-quatre mille kilomètres carrés.

La première cité importante qu'on rencontra fut Rosario; on y parvint le 21 janvier. Le curé s'empressa de venir au-devant du vicaire apostolique, et la confirmation fut donnée solennellement à des milliers de fidèles.

On quitta cette ville le surlendemain, et ce fut alors que l'on commença à abandonner les rives majestueuses du Parana, que l'on avait longtemps côtoyées. Candelarias, Orqueta, apparurent tour à tour. Ce fut dans ce dernier endroit que l'on vit le premier Indien pampa que l'on eût encore rencontré. On devait bientôt n'entendre que trop parler des gens de sa race. A vingt-quatre kilomètres de là, on atteignit une maison de poste désignée sous le nom sinistre de *Desmochados* (les mutilés). Le nom conservé à cette habitation solitaire rappelle un épouvantable événement. Quelques années auparavant, des Indiens cavaliers avaient surpris le maître de poste, environné de ses nombreux serviteurs, et les sauvages avaient, contre toute attente, laissé la vie à ces pauvres gens, mais pour se donner l'horrible joie de leur couper à tous les pieds et les mains, et pour les abandonner dans cet état effroyable.

Habitué à de sanglantes incursions, Desmochados avait de plus récents souvenirs; dix jours auparavant le passage de D. Giovanni Mastaï et de M⁹ʳ Muzi, une troupe de trois cents Indiens cavaliers s'était présentée devant la tour qui défend ce passage. Le brave maître de poste avait eu le temps de s'y renfermer, et, muni d'une carabine excellente, il avait tué à la troupe désordonnée un homme, puis mis hors de combat plusieurs guerriers que leurs chevaux avaient emportés. Ces hommes farouches, comprenant l'impuissance de leurs armes, s'étaient retirés; mais le sang versé avait dû être racheté par le sang : un pauvre pasteur n'avait pu éviter leur rencontre. Vingt coups de lance lui avaient donné la mort, puis ces implacables sauvages l'avaient coupé par morceaux. Ce qu'on ignorait alors, on le sut plus tard : pareil sort était réservé à chaque membre de la mission. Imparfaitement informés par leurs espions, les Indiens, comptant sur un butin considérable, s'étaient rassemblés en hâte pour piller la caravane; ils ne s'étaient trompés (on en eut alors la certitude) que sur le moment précis du passage des étrangers. Le séjour de la

Halte dans les Pampas.

mission à Buenos-Ayres l'avait certainement sauvé ; mais, qu'il se prolongeât de deux semaines entières, la tragédie s'exécutait. Trois jours après le passage des voyageurs, les Indiens revinrent aux mêmes lieux, et vingt malheureux péons qu'ils rencontrèrent furent massacrés impitoyablement par eux ; les marchandises qu'ils escortaient furent emportées ; un seul de ces hommes, horriblement blessé, se dressa du milieu de ce monceau de morts, et raconta le combat.

« Ce sont les Puelches, les Pehuenches, les Ranquelis qui ensanglantent ainsi le désert, dit M. Ferdinand Denis, dans son récit du voyage de D. Giovanni Mastaï, d'après l'abbé Sallusti ; et ces guerriers sont certainement plus redoutables que les Indiens du Sud. Abrités sous des tentes de cuir qu'ils transportent en un clin d'œil dans les parties les plus reculées des pampas, ils vivent presque exclusivement de viande de cavale, et ne s'enrichissent que de rapines.

« Qu'on les appelle *carrerias*, comme cela a lieu au sein des États Argentins ; qu'on les désigne sous le nom de *malons*, ainsi que cela a lieu au Chili, ces incursions de sauvages pillards sont toujours suivies d'horribles mêlées. Maniant sans peine leur forte lance, avec laquelle ils soulèvent un homme pour mieux jouir de son agonie, faisant tourner autour de leur tête l'arme antique de leurs aïeux, qui ne manqua jamais son but, ils clouent à la terre avec les *bolas* ceux que la pique n'a pas frappés. Mais les jours de ces triomphes farouches sont sur le point de finir; des postes de vétérans, toujours prêts à combattre ces barbares, se fondent chaque année; la civilisation conquiert de jour en jour du terrain sur ces nomades : Urquiza sera l'exterminateur de leur race, ou bien saura la pacifier. »

Le 25 janvier, on célébra la messe à la *Canada de Lucas*, puis on se rendit tout d'une traite à *Punta de Agua*, où la route tourne de l'est au couchant. Sous ce délicieux climat, le pays prenait un aspect de plus en plus varié. Les mandous, les cerfs d'Amérique, les daims, les lièvres, apparaissaient ensemble dans ces champs parés de fleurs, s'arrêtaient un moment, surpris d'entendre des sons inaccoutumés; mais ils fuyaient au bruit du carrosse, comme si le vent les eût emportés. L'araucaria, à l'aspect si régulier, qu'on le prendrait parfois pour un arbre de nos grands jardins, se montrait de tous les côtés.

Nous ne dirons rien ici des lieux divers que parcourut la caravane; presque toujours elle rencontra des fortunes bien diverses, quoique l'accueil fût toujours favorable. A la poste du Tambo, par exemple, les voyageurs eurent un bon souper, mais il leur fallut se coucher sur la terre nue, à la belle étoile; au torrent de *Barranquisa*, l'abbé Sallusti examina des sables aurifères; à Cordoba, capitale d'une province entière, bâtie un peu tristement entre deux montagnes, on fut touché et édifié à la fois de la piété éclairée du clergé; à *San-Joze-del-Moro*, on rencontra un hôtelier, honnête homme, qu'on supplia de refaire ses comptes, tant on le trouva désintéressé. A quarante-huit kilomètres de là, à la porte del Rio-Quinto, on apprit la triste nouvelle du désastreux accident arrivé au docteur Cienfuegos; dès lors on se dirigea vers une très-petite capitale de province, qui, chose étrange dans ces contrées lointaines, rappelle une des gloires de la France; *San-Luiz de la Punta* porte ce nom en souvenir de notre saint Louis. Cette jolie ville, fondée en 1597, accueillit merveilleusement la mission; et après avoir admiré ses églises, la splendeur de son culte, nos voyageurs apprécièrent son amour pour certaines branches de l'agriculture, aussi bien que son industrie dans l'exploitation des mines. Ce qui les réjouit surtout au sortir de la cité, ce furent ses nopals magnifiques tout chargés de cochenilles. Les voyageurs marchaient toujours.

On se dirigeait directement sur la ville de Mendoza, mais on ne tarda pas à arriver au milieu des terrains fangeux qui précèdent la porte du Chorillo, et l'une des voitures se brisa. Après une course fatigante, sous un soleil brûlant, il fallut s'arrêter à Chorillo même, où il n'y a pas d'eau courante. Dans ces marécages épouvantables, désolés naguère par les Indiens qui en avaient ruiné les habitations, le vicaire apostolique trouva à peine un asile, et D. Giovanni Mastaï, suivi de l'abbé Sallusti, se vit contraint de se réfugier dans une cabane sans toit, dont les quatre murs seulement restaient debout, menaçant à tous moments de s'écrouler. Il lui fallut, en définitive, y établir sa demeure pour plusieurs jours.

Ce fut à Chorillo qu'on apprit que les Indiens pampas s'étaient réunis au nombre de huit mille, pour aller désoler les plaines de Buenos-Ayres, et que, devant un *presidio*, bâti pour s'opposer à leurs invasions, ils avaient marché jusque sur les bouches du canon.

On se remit en route enfin, et, à vingt kilomètres de là, on put admirer le *Bebedero*, dont les bords étalent des salines inépuisables. Dormida ne put offrir à ses hôtes qu'un triste brouet, dans lequel des grains de maïs, nageant dans une eau grasse, se mêlaient à des lambeaux coriaces de charque.

À Catilas, les choses se passèrent d'une façon bien différente : les fruits délicieux d'Europe abondaient, et ce fut là, d'ailleurs, que les Andes, couvertes de leurs neiges éternelles, se montrèrent aux voyageurs dans leur indicible beauté. Ce jour là, tout entier réservé à une pieuse admiration, fut comme une entrée magnifique à la suite des jours de repos et d'allégresse qui allaient se succéder. Après qu'on eut dépassé Retamo avec sa petite église, et que la messe y eut été célébrée ; après qu'on eut entrevu *Rodeo de un medio*, où l'on traversa à gué le Tunuyan, une autre rivière et deux torrents, la ville de Mendoza apparut, et toutes les misères du voyage furent pour un moment oubliées.

Cette ville charmante, qui laisse de si aimables souvenirs à ceux qui l'ont parcourue, avait revêtu sa livrée de fête pour recevoir la mission. Des dames en grande parure attendaient le vicaire apostolique ; des arcs de triomphe de feuillage et de fleurs avaient été dressés, et ce fut aux acclamations de la population entière que Mgr Muzi et D. Giovanni Mastaï se rendirent à l'habitation de doña Emmanuela Corbalan, où les attendait le docteur Cienfuegos, et chez qui tout avait été préparé pour les recevoir magnifiquement.

De splendides solennités religieuses qui se succédèrent, des fêtes nombreuses données en l'honneur du vicaire apostolique, retinrent la mission durant neuf jours à Mendoza. Ce moment de repos était une halte dans le voyage : ce n'était pas sa fin. Il fallait franchir la barrière formidable qui sépare deux régions également favorisées du Ciel : le passage des Andes ne peut jamais être sans danger. Le 24 février, on partit de Mendoza. En quelques heures on eut parcouru à cheval les soixante kilomètres qui séparent la riante cité de la montagne du Paramillo. On se trouva alors en pleine Cordillère.

Le pampa a ses tristesses monotones et ses misères; le chemin des Andes a ses périls redoutés des plus intrépides. Au sommet de ces monts désolés, dans la région de deuil où finit toute végétation, où l'homme le plus brave marche dans un funèbre silence, de nombreux périls menacèrent plusieurs fois les pieux voyageurs : la Providence les sauva. Le jour le plus terrible pour la caravane fut le 29 février; le 1er mars, en descendant la montagne, une sorte de paradis terrestre apparaissait déjà. Sur le territoire de Roncegua, ceux qui venaient de tant souffrir se sentirent tout à coup renaître.

Après avoir traversé Villa-de-Santa-Rosa, et s'être

Les Cordillères.

arrêté dans les plaines glorieuses de Chacabuco ; après avoir fait diverses stations à Pellègue, à Colina, et dans le couvent des dominicains, qui se trouvait situé à la porte de la capitale, on était enfin arrivé. L'hymne ambroisienne était chantée pontificalement le 6 mars, au terme du voyage.

Santiago reçut les pieux voyageurs, en les entourant de toutes les pompes de l'Église, auxquelles vinrent se mêler les acclamations populaires : le reste appartient à l'histoire.

VOYAGE D'UNE COMMISSION ANGLAISE

AUX ÎLES ANDAMAN (OCÉAN INDIEN)

Expédition anglaise en 1857. — Combat avec les naturels. — Victoire des Anglais. — Retour à Calcutta. — Habitations, mœurs, coutumes et langage des Andamans. — Notions historiques. — Commerce d'oiseaux de paradis.

Les Andaman sont compris entre 10° 32' de latitude sud et 13° 40' de latitude nord. L'île la plus considérable, qu'on désigne sous le nom de Grand-Andaman, peut avoir environ cent quarante milles anglais de longueur. Sa largeur est de vingt milles.

Comme toutes les autres îles des mers de l'Inde, les îles Andaman sont couvertes d'une végétation luxuriante. On y distingue, entre autres espèces de bois précieux, l'ébène, le *pterocarpus dahlbergioides* ou bois rouge; des bambous et des rotins de diverses espèces donnent une singulière élégance aux forêts qui parent la côte.

Ces bois, néanmoins, ne renferment qu'un petit nombre d'oiseaux à plumage éclatant, parmi lesquels on distingue un ramier d'une beauté remarquable; mais, à l'exception du sanglier et peut-être du cerf, il y a, pour ainsi dire, absence absolue de quadrupèdes. Ce qui aux yeux des Chinois pourrait rendre les Andaman un groupe précieux pour le commerce, c'est l'abondance de la jolie salangane, qui multiplie son vol gracieux autour des roches dont la rive est couverte, et qui construit dans les cavernes, avec une mucosité, ces fameux nids d'hirondelles réservés, dans le Céleste Empire, à la table du riche.

Le 23 novembre 1857, une expédition semi-scientifique, semi-militaire, partit de Calcutta sur le steamer *le Pluto*, dans le but d'explorer les îles Andaman, et de faire choix d'une de ces îles pour y déposer ceux des révoltés auxquels le gouvernement de la compagnie, qui n'avait pas encore cédé ses droits à la reine d'Angleterre, voulait faire grâce. La commission était présidée par le docteur F. J. Mouat, savant médecin attaché à l'armée du Bengale. Il s'était fait accompagner par un Français, M. Mallitte, jeune et savant chimiste et habile photographe.

Dès le 11 décembre, l'expédition entrait dans le port des îles Andaman. Une première reconnaissance du pays eut lieu sans aucune opposition de la part des indigènes; mais le 27 décembre, alors qu'on allait doubler l'extrémité de la grande île, et que *le Pluto* se trouvait entre un îlot et la terre, dans un bras de mer qui n'avait guère plus de largeur que la Seine, les Andamans, armés en guerre, se montrèrent dans leur canot et se dirigèrent vers le bateau à vapeur. On résolut d'accepter le combat. Le docteur Mouat, montant dans le premier canot, se fit suivre du docteur Playfer et du lieutenant Headcote, auxquels s'adjoignit M. O. Mallitte; douze hommes bien armés montaient également l'embarcation. Dans le second canot venaient M. Tobgrave, midshipman de la flotte des Indes, le chirurgien du *Pluto*, et huit autres Européens. Les mouvements des blancs n'échappèrent pas aux naturels. Entassés dans sept pirogues, ils se dirigèrent, en employant la pagaye seulement, de Southreef Island vers Interview Island. Les Anglais n'hésitèrent pas : ils cachèrent soigneusement leurs armes, mais ils se dirigèrent du côté des sauvages. On avait fait provision de force bagatelles pour les leur offrir en cadeau; et les mouchoirs des Européens s'agitaient en signe d'amitié, lorsque, malgré ces démonstrations, les Andamans prirent de plus en plus une attitude hostile; une grêle de flèches commença à pleuvoir sur les embarcations montées par les Anglais. Ceux-ci se virent alors contraints de faire usage de leurs armes; dans ce conflit regrettable, plusieurs sauvages furent tués ou blessés, et l'un des guerriers agresseurs tomba au pouvoir des Européens. Ce combat inégal devait être cependant funeste à quelques personnes de l'expédition : un des officiers anglais reçut une flèche, un matelot fut blessé, et M. Mallitte fut atteint, durant l'engagement, d'une balle égarée qui lui causa une blessure assez sérieuse, mais ne l'empêcha pas de reprendre bientôt ses utiles fonctions.

Du reste, la lutte fut de courte durée; les Andamans se retirèrent, et les Anglais purent continuer leur route. Après s'être assurés de leur prisonnier, ils retournèrent immédiatement à Calcutta.

« Les habitations des Andamans, dit M. Ferdinand Denis, dans un travail qui fait partie du *Tour du Monde*, sur les îles Andaman, d'après les indications de M. O. Mallitte, appartiennent à la forme la plus rudimentaire. Quatre poteaux couverts d'un toit de feuilles de palmiers font tous les frais de ces constructions primitives, qui ne peuvent être acceptées comme abri que sous ces doux climats. Ces huttes, en effet, sont ouvertes à tous les vents; elles sont ornées à l'intérieur, si l'on peut se servir d'un terme pareil, d'os de cochons, de carapaces de tortues, et de grands poissons liés en forme de grappes. On y cherche inutilement quelques indices de la prétendue anthropophagie des habitants. Toutes les perquisitions que l'on fit sur ce point furent heureusement inutiles, et nul ossement humain ne vint témoigner d'une coutume horrible, trop souvent reprochée aux noirs océaniens.

» Les Andamans appartiennent, en effet, à cette race noire que l'on désigne sous les noms divers de Papouas, d'Afourous, d'Endamènes, d'Actas, ou de Negritos; ils sont même d'un noir très-foncé. Rarement leur taille excède cinq pieds; ils ont la tête large et enfoncée dans les épaules; leur chevelure est lanugineuse comme celle des noirs africains; chez un grand nombre d'individus le ventre est protubérant, et les membres inférieurs sont grêles. Ils vont dans une nudité absolue, à moins qu'on ne veuille considérer comme une sorte de vêtement la couche d'ocre jaune ou d'argile dont ils se couvrent le corps, et qui a au moins l'avantage de les protéger contre la piqûre des insectes. Ils réservent l'ocre rouge que leur fournit leur terre pour en saupoudrer leur chevelure et pour en peindre leur visage. Selon les derniers calculs, la population totale des Andamans ne s'élèverait pas à plus de deux mille cinq cents individus.

« …. L'exploration à main armée que l'on fit de quelques habitations d'Andamans répandues sur les rivages de la grande île, donna sur ces peuples des renseignements ethnographiques dont on était jusqu'à ce jour à peu près dépourvu. On acquit, par exemple, la certitude que leurs armes de guerre et de chasse étaient fabriquées avec une habileté rare. Les arcs des Andamans, qui offrent la plus forte résistance, sont faits d'une sorte de bois de fer, et affectent la forme la plus gracieuse; les flèches, qu'ils décochent avec habileté, ont quatre pieds de longueur, et présentent trois variétés : fabriquées en bois très-dur, elles sont toutes armées de pointes très-fines; il y en a de simples et de barbelées, et la plus compliquée de ces trois espèces présente une sorte de harpon à pointe mobile, dont on se sert sans doute à la pêche. Les pagayes, que les Andamans manient avec prestesse, sont courtes et marquées d'ocre rouge; la hache, avec laquelle ils creusent leurs embarcations, est un assez grossier instrument : elle consiste en une sorte de patte arrondie, fabriquée avec une pierre dure et tranchante, liée à un manche par une forte corde de fibres végétales.

« Les Andamans ne sont cependant pas un peuple agricole, c'est un peuple ichthyophage dans l'étendue du mot, comme le dit avec raison Adrien Balbi. Les mers qui baignent leurs îles sont heureusement abondantes en excellents poissons : les soles, les mulets, les huîtres forment leur principale ressource alimentaire. Mais parfois, durant les gros temps, le poisson vient à manquer, et alors ils s'arrangent sans dégoût des lézards, des rats et des souris qui pullulent dans leurs bois. Un peu plus d'industrie leur ferait trouver, dit-on, dans leurs forêts, une nourriture végétale abondante.

« ..... Un grand mystère de la science ethnographique se lie pour nous à l'existence de cette race océanienne, qui, en conservant tous les caractères de la race africaine, se fait voir aux portes de l'Inde et se propage, en se modifiant, à Bornéo, à Madagascar, aux Philippines, à la Nouvelle-Guinée, et dans tant d'autres îles du grand Océan que les géographes nommeront sans hésiter. Presque partout vaincue, cette race déshéritée, jadis nombreuse plutôt qu'elle ne fut puissante, s'allie insensiblement à la race victorieuse, et donne naissance à des métis que la science de l'anthropologie ne sait encore comment caractériser.

« Ces noirs asiatiques, ces Papouas, si on l'aime mieux, au nombre des plus laids des hommes, mais parfois aussi des chasseurs les plus industrieux, sont aujourd'hui les pourvoyeurs du monde élégant de Paris et de Londres, pour un genre de parure que nos dames reprennent toujours à d'assez courts intervalles ; ce sont eux qui envoient à nos brillants magasins de plumes ces merveilleux oiseaux de paradis, dont la variété étonne autant que la vivacité de leurs couleurs charme les yeux. Ce fut surtout en 1823, lorsque la corvette *la Coquille* aborda à la Nouvelle-Guinée, que les noirs habitants de ces régions comprirent quels trésors recélaient, pour les blancs qui les visitaient, leurs forêts séculaires. Des milliers d'oiseaux de paradis tombèrent sous leurs coups pour être offerts aux étrangers, qui, pour unique récompense, leur donnèrent sans regrets, on le suppose, les plaques de fer-blanc dont se composaient leurs boîtes d'histoire naturelle, et même certains objets d'un usage encore plus vulgaire. Nous n'avons jamais pu oublier avec quelle bonhomie le savant et spirituel Lesson nous racontait combien il se trouva heureux le jour où il imagina de tenter l'avidité des Papouas, en leur prodigant cette monnaie peu coûteuse. Malheureusement les matelots et les mousses de *la Coquille* surprirent ce secret économique, et surent aussi se procurer les plus beaux oiseaux de paradis. On se mit à fourbir de toutes parts les plus vulgaires ustensiles de cuisine ; pourvu qu'ils fussent quelque peu luisants, et que l'on pût les courber en bracelets, les noirs sauvages s'en accommodaient. Durant quelques semaines, on obtint ainsi les plus beaux paradisiers connus. Mais, hélas! le fer-blanc perdit son éclat, et, dès qu'il se fut terni, les profits de ce beau commerce s'évanouirent. Les Papouas exigèrent des ustensiles d'argent, et plus tard ils demandèrent fort bien des piastres, dont ils finirent par connaître on ne peut mieux l'empreinte, les deux colonnes et même la fameuse devise. Ce n'était pas toutefois pour trafiquer dans leurs sombres forêts qu'ils les accumulaient, c'était pour les fondre et en fabriquer de grossiers bracelets, à demi ouverts, dont leurs tristes compagnes, abruties par les exigences de la vie sauvage, se montrent tout aussi fières que nos beautés aristocratiques se montrent heureuses de posséder un oiseau de paradis.

« Il faut appartenir à cette race agile, il faut être familier avec les bruits légers qui se multiplient et se confondent dans les sombres forêts de Dorery, pour se procurer les oiseaux de paradis, qui perchent souvent à l'extrémité d'arbres gigantesques et que la flèche doit frapper sans les endommager. Ces noirs chasseurs, la tête couverte de poussière d'ocre unie à de la graisse, ce qui leur fait à peu de frais,

on le voit, une excellente casquette de chasse, parfois les épaules revêtues des belles feuilles satinées du pandanus que leurs femmes tressent en nattes, s'en vont, à la tombée du jour, dans leurs humides forêts, armés de leur arc classique en beau bois rouge, et de petites flèches fort aiguës fabriquées avec le spadice des palmiers. Le lieu où ils se rendent en silence est vraiment digne, par sa splendeur, des oiseaux magnifiques qu'ils y viennent chercher. « La
« végétation la plus active couvre ce point du globe,
« dit Lesson; elle est ce qu'on doit en attendre sous
« l'équateur...., c'est-à-dire grande, majestueuse et
« imposante. La surface du sol ne présente qu'une
« forêt sans fin, où la plupart des végétaux des
« Moluques se retrouvent, et dont les arbres, im-
« menses par la circonférence de leurs troncs, ont
« jusqu'à cent cinquante pieds d'élévation. Dans
« ces profondes forêts, ne croissent point d'herbes
« humides : les plantes y revêtent de préférence
« des formes robustes et ligneuses; les lianes ser-
« pentent et s'entrelacent jusqu'au sommet des
« rameaux, et retombent en unissant leur verdure
« à celle des grands arbres qui les supportent. La
« fécondité d'une terre sans cesse humectée par
« d'abondantes vapeurs et par des pluies de six
« mois, vivifiée par des chaleurs d'autant plus

« forêts que le soleil ne s'en éloigne jamais, est
« prodigieuse; aussi le voyageur éprouve-t-il un
« étonnement qui n'a rien d'analogue avec celui
« qu'imprime dans l'âme la vue des magnifiques
« monuments des hommes, et ne peut-il se lasser
« d'admirer ces forêts vierges, mélangées des
« teintes vertes les plus diverses, sur lesquelles
« tranchent les fleurs les plus larges et les plus
« bizarres, les fruits les plus singuliers, et ce
« mélange d'arbres ou de palmiers soutenant des
« parures étrangères, au point que leur feuillage
« disparaît sous les festons qui les voilent de la
« manière la plus agreste et la plus splendide. A des
« mimeuses gigantesques se joignent des dioïdes à
« larges feuilles, des orchidées, et surtout des épi-
« dendres parasites. Des arecs à choux, des bam-
« bous, des fougères en arbre, des lataniers, des
« tecks, des muscadiers, des spondias, sont les
« espèces les plus communes dans ces forêts. »

« Sous ces voûtes magnifiques, l'astucieux Papoua ne se contente pas de guetter en silence le
calao, à plumage noir et à queue blanche, dont le
vol bruyant imite, à s'y méprendre, le souffle pré-
curseur de l'ouragan; le cacatoès à huppe jaune; le
lori à la voix babillarde et au plumage vermeil; le
cassican, qui rivalise par son éclat avec les plus

beaux oiseaux; il les attire et sait merveilleusement imiter leur cri. Arrivé sous un teck, il est à peu près sûr d'y faire venir le brillant manucode qu'il nomme *taya*. Mais ce magnifique oiseau n'est pas le seul hôte qui fasse son séjour sur le bel arbre; son congénère, que recherchent surtout les dames européennes, se nourrit des mêmes fruits que lui. « Les « oiseaux de paradis, petites émeraudes, volent avec « grâce et par ondulations; les plumes des flancs « retombent négligemment pour former un panache « gracieux et aérien, qui brille dans l'air comme « une étoile filante. »

« Pas plus que les chasseurs des autres régions du globe, le Papoua ne se laisse séduire par la contemplation de cet oiseau charmant : la flèche part, le *mumbé-fore* tombe sur un lit de verdure; le sauvage s'en empare, le place d'abord dans le creux d'un bambou, et plus tard sèche sa peau avec soin pour en faire un objet d'échange. C'est cependant privée d'une partie de son éclat qu'on la reçoit ici, et, d'ailleurs, les plus belles de ces dépouilles sont encore destinées aux rajahs malais et aux princes musulmans de l'Inde, qui de tout temps en ont orné la coiffure qu'ils portent dans les grandes solennités. Le *paradisiaca apoda*, avec ses reflets verts, le *manucode*, le *magnifique*, le *paradisier rouge* sont, dans cette famille, les oiseaux précieux que rencontrent plus fréquemment les Papouas et les Alfourous-Andamènes, leurs sauvages voisins, avec lesquels ils sont perpétuellement en guerre. Nous venons de prononcer le nom d'une race misérable, qui, plus que les Papouas encore, a de l'analogie avec nos Andamans, dont ils sont séparés par un espace assez considérable. Mais cette analogie de nom n'est pas le produit d'un pur hasard; et, lorsqu'il parle des noirs océaniens, dont on compte une si grande variété, Lesson a soin d'indiquer les chroniques de Malacca comme étant la source primitive où l'on peut étudier leur histoire. »

VOYAGE DE CIRCUMNAVIGATION
DU CAPITAINE WÜLLERSTORF URTAIR
(1857-1859)

But du voyage. — Départ de Trieste. — Relâche à Rio-de-Janeiro. — Saint-Paul. — Ceylan. — Les îles Nicobar. — Mœurs, fêtes et usages des Nicobariens. — Mouillage devant l'île de Poulo-Milou. — Le canal Saint-George. — Singapore. — Relâche à Batavia. — Le nègre Acouasie Boachi. — Un artiste indigène. — La montagne dans les nuages. — Le Pondjak-Pangerango. — Fête donnée par le régent de la province de Tjangoer. — Les îles Philippines. — Manille. — La lagune de Bay. — La *Lugana Encantada*. — Les Tagals. — Rentrée à Trieste.

L'exploration de la frégate *la Novara* avait pour but principal de fournir aux jeunes officiers de la marine autrichienne l'occasion de se familiariser avec la navigation des différentes mers, d'arborer le pavillon impérial dans des lieux où il n'avait pas encore été vu, et de donner aux professeurs de sciences naturelles le moyen d'acquérir des connaissances plus étendues et plus variées. La direction en chef de l'expédition avait été confiée au capitaine de vaisseau Wullerstorf Urbair, marin érudit et habile. La frégate était commandée par le capitaine baron de Pock, qui avait sous ses ordres un état-major d'une trentaine d'officiers, y compris trois médecins et un aumônier.

Bien que nous n'ayons pas encore en France la relation officielle, nous pouvons donner dès aujourd'hui quelques détails sur le voyage de *la Novara*, en faisant, après *le Tour du Monde*, quelques emprunts aux publications périodiques allemandes et à la correspondance d'officiers ou de savants attachés à l'expédition, notamment aux lettres du docteur Scherger, naturaliste, chargé des études ethnographiques.

La frégate partit de Trieste le 30 avril 1857. Elle relâcha d'abord à Rio-de-Janeiro, ensuite au cap de Bonne-Espérance; et, après avoir jeté l'ancre devant les deux îles volcaniques de Saint-Paul et d'Amsterdam, elle se dirigea sur Ceylan.

« Le bouddhisme, qui semble reculer devant l'islam dans l'Inde et les îles de la Sonde, dit la relation, est en pleine prospérité à Ceylan. Cette île est, pour ainsi dire, la Rome des adorateurs de Cakya-Mouni; aussi les temples et les chapelles s'y comptent-ils par milliers. Les prêtres cingalais jouissent d'une assez grande autorité, à la fois religieuse et politique. Ils s'obstinent à affecter l'ignorance du moindre mot anglais; c'est une manière de protester contre les hérétiques conquérants de l'île sainte. Ils sont d'ailleurs fort polis avec les Européens, et préoccupés uniquement, en apparence, de leurs fonctions religieuses.

« A peine débarqués, nous nous mîmes en route pour le grand temple de Dadalla-Panzela, dans le voisinage de Galles. C'est là que réside le grand prêtre de Ceylan, entouré d'un conclave d'hamadourous. Nous eûmes l'honneur de lui être présentés. C'est un vieillard de soixante-dix ans, décoré du nom redoutable de Nanalangara - Sirisoumana - Mahadama - Radjiourong - Ganatchari - Naïkou-Mangi. Il voulut bien nous informer, par interprète, qu'il avait longtemps vécu dans le pays de Siam, et que le souverain de ce royaume (avec lequel il correspond fréquemment) venait de lui envoyer un vaste parasol d'honneur. Il nous fit voir ce riche présent. Ensuite il daigna nous demander nos noms, notre patrie, et le but de notre voyage, toutes choses auxquelles il parut s'intéresser; il ordonna même à un jeune lévite de prendre note de tous ces détails, avec une plume d'oie, sur un papier probablement réservé aux usages profanes; car, dans le vestibule, un étudiant transcrivait religieusement quelques saintes écritures sur une feuille de talipotier. »

Du 30 janvier 1853 au 10 du mois suivant, l'expédition séjourna à Madras, et visita les vastes temples souterrains creusés dans le roc, près d'Ellora. Le 10 février, on fit voile de la côte de Coromandel aux îles Nicobar, dans le golfe de Bengale ; et, le 23 février, la frégate jeta l'ancre devant l'île de Car-Nicobar.

« Quelques-uns d'entre nous, continue la relation, descendirent et s'avancèrent vers l'intérieur. Bientôt nous fûmes hélés par un bataillon d'une cinquantaine de naturels qui venaient à notre rencontre, à peu près nus, mais armés de grandes lames de coutelas sans manches, de javelots et de longs bâtons : *Good friends? good friends?* (êtes-vous des amis?) nous demandaient-ils.

« Rassurés sur nos bonnes intentions, leurs chefs, qui s'intitulaient capitaines et s'ornaient de noms européens, capitaine Nelson, capitaine Byron, capitaine Wellington, docteur Crisp et autres, remirent leurs armes à des suivants, et nous tendirent une main huileuse et malpropre, que nous nous hâtâmes d'accepter. Chacun d'eux produisit alors quelque certificat à lui délivré par un capitaine de passage, attestant sa loyauté dans le commerce des

Entrevue avec les indigènes de Car-Nicobar.

noix de coco. Plusieurs de ces certificats contenaient certaines prescriptions d'un code de civilité puérile et honnête, à l'usage des matelots nouveaux venus.

« La plupart de ces certificats portaient les prix courants, en noix de cocos, des principaux objets importés d'Europe. Ainsi, une lame de sabre se paie trois cents noix, autant qu'un sac de riz; une cuiller à soupe cent cinquante, et un fichu cent noix. Chaque guenille a son prix. Le pain, les outils, les vareuses rouges, le poivre et divers médicaments, entre autres l'huile de ricin, le camphre et le sel de magnésie, sont des objets fort recherchés, mais non pas autant que les habits et les chapeaux de feutre. Il n'est pas d'habit en loques qui ne se vende d'enthousiasme; les feutres les plus piteux sont payés deux mille cinq cents noix, autant qu'un fusil double, qu'une barrique de rhum, ou qu'une pièce de calicot longue de vingt mètres (ils se servent de calicot pour ensevelir leurs morts). Certainement, le spéculateur qui enverrait aux îles Nicobar une cargaison de vieux feutres, réaliserait un bénéfice considérable. On suppose qu'en voyant des capitaines munis de ce chapeau les insulaires ont imaginé qu'il était l'insigne de leur grade, comme la couronne celle de la royauté, et que le feutre faisait le capitaine.

Le capitaine Dixon me remit le certificat suivant, dont il ne tirait pas peu de vanité : « Malgré son « air crasseux, le capitaine Dixon est un homme « solide. » C'est un fort bel homme, nu comme la main et à teint bronzé ; sa chevelure fine, luisante, longue et flottante est retenue par un diadème en écorce. Parmi ses compagnons, l'un portait une simple chemise, l'autre un froc, un autre des bottes éculées et béantes ; çà et là on voyait une paire de culottes. A eux tous ils auraient pu fournir un habillement complet. Un grand nombre de ces insulaires portaient autour des reins une bandelette fort mince, retombant en forme de queue ; leur tournure n'aurait pas été, en somme, déplaisante, si l'on n'eût souffert à voir leurs bouches larges ouvertes, avec des mâchoires cariées et noires. Dents et gencives ont souvent disparu, pour faire place à une masse informe et maladive, entre une paire de lèvres bouffies et enflammées. Ils ont en outre pris la disgracieuse habitude de s'étirer les oreilles, en y faisant des trous, où ils glissent leurs prises : des cigares et autres objets, ou bien des morceaux de bois garnis de pièces de cuivre ou d'argent. Je vis, par exemple, un naturel, fort satisfait d'un petit flacon dont je venais de lui faire cadeau, le passer à son oreille en guise d'ornement.

« J'invitai Dixon et ses amis à me suivre à bord, en les assurant qu'il ne leur serait fait aucun mal, et que nous étions de bons amis. « Non pas amis, « s'écrie-t-il, non pas bons amis, mais bons frères! « un père, une mère, tous frères! » Explosion de fraternité humaine qui m'abasourdit de la part de ce pauvre sauvage huileux et nu. Il est vrai qu'il n'oublia pas de me demander ensuite si, à bord, je ne lui donnerais pas à fumer, à boire et à manger? Tout sur notre navire excitait leur admiration, et principalement nos gros canons sortis de la fonderie de Marienzell, notre saint lieu de grâce et de pèlerinage. Comme je questionnais ces barbares, au sujet des punitions qu'ils infligeaient à leurs malfaiteurs, un d'eux me répondit naïvement : « Nous pas « méchants, nous tous bons. Mais chez vous grands « méchants, puisque gros canons! »

« A part les ravages que l'abus du bétel cause dans leur bouche, les habitants de Nicobar sont bien faits et sains. Nous n'avons rencontré parmi eux que deux cas pathologiques, celui d'un bras paralysé, et celui d'un petit homme gras et court, ayant de tout petits doigts, particularité qui lui avait valu le sobriquet de *Kiouta-Kounti*. Comme je demandais, à ce propos, qui prenait soin du pauvre Kiouta-Kounti, « Moi! nous! eux tous! » me répondit le capitaine Charley, avec une certaine surprise de ma question. Je pensais à nos dépôts de mendicité, à nos hôpitaux, à nos maisons de travail, aux spectres affamés de l'Irlande, de Lille et de l'Erzgebirge. Le capitaine Charley était un petit homme maigre, très-sec, vêtu simplement d'une casquette.

« Ces Nicobariens ont conservé un très-fâcheux souvenir des Danois, qui ont envoyé, en 1835, une corvette chargée, par le cabinet de Copenhague, de faire acte de possession sur leurs îles, où ils étaient déjà venus en 1756.

« Danois, mauvaises gens! s'écriaient-ils les « yeux flamboyants; voulaient prendre notre île! « Si nous vouloir prendre votre île à vous, nous « être méchants! Danois, pas bons! pas bons! » Je me rappelai les glorieuses histoires de victoires et conquêtes dont s'enorgueillissent tous les peuples civilisés de l'Europe.

« Le capitaine John nous invita à visiter sa cabane, élevée sur une douzaine de pieux et couverte de feuilles de palmier; on y montait par une échelle de bambous. La hutte était à peu près vide; on voyait seulement dans un coin deux ou trois coffres renfermant toutes les richesses du capitaine; quelques javelots fixés contre la paroi, une chaise effondrée qu'il nous offrit, et une planche retenue au plafond par une corde, sorte de balançoire, sur laquelle notre hôte s'était hissé et se dandinait gravement, avec un profond sentiment de sa haute importance politique.

« Nous avions déjà fait acheter au gros docteur Crisp, pour la somme de quatre francs, un porc grillé que nous offrîmes à nos nouveaux amis; mais aucune de leurs femmes ni aucun de leurs enfants n'apparurent au festin. « Elles se sont enfuies dans « la forêt, nous dirent-ils, nous ne savons où, et « tant que vous resterez, elles y demeureront ca- « chées, au risque de mourir de faim. » Évidemment ces braves gens, instruits par de désagréables incidents, usaient avec nous de précaution. Dans les relations des Européens avec les sauvages, ce sont rarement ces derniers qui ont les premiers torts.

« On peut assurer que les Nicobariens ont un sentiment naturel très-développé de moralité et de justice; ils sont serviables, hospitaliers, et ne paraissent ni envieux ni jaloux. Si leur idéal social est bien moins élevé que le nôtre, il n'est pas toutefois sans valeur, et ils semblent l'avoir à peu près réalisé. Leur pratique n'est pas, comme il arrive trop souvent chez nous, en raison inverse de leur théorie.

« Les missionnaires protestants et catholiques

n'ont pas encore eu le moindre succès auprès de ces insulaires, qui les ont fort bien accueillis, les ont regardés avec curiosité, les ont écoutés sans les comprendre, et ne savent pas encore ce qu'ils sont venus faire.

« Cependant le capitaine John alla chercher dans son coffre une petite Bible anglaise, et nous dit avec un naïf orgueil : « Voici Jésus-Christ. Quand « moi être malade, moi le mettre sous ma tête, et « moi guérir! »

« La plus grande fête que célèbrent les indigènes de Car-Nicobar dure une quinzaine de jours : elle s'ouvre à l'entrée de la saison pluvieuse, lorsque la mousson du sud-ouest commence à souffler.

« A la fin de l'époque de sécheresse, ils célèbrent une autre fête, par une course assez grotesque. Des porcs sauvages sont lancés dans une arène; les jeunes gens du pays s'y précipitent à leur suite, armés de bâtons et de lances, en criant et faisant vacarme; puis, sous les regards de leurs belles, de leurs rivaux et du peuple assemblé, ils piquent et houspillent les malheureux porcs, qui se défendent assez bravement et font plus d'une blessure, mais qui, après une lutte intrépide, succombent, sont grillés et mangés.

« A leur fête des morts, les Nicobariens exhument

Joute de cochons à Car-Nicobar.

les corps de leurs parents et de leurs amis qui ont passé une année sous terre, les portent dans une cabane, et s'accroupissent autour d'eux en criant, sanglotant, et se lamentant. Entre les mâchoires de chaque squelette, brûle un cigare, dont la fumée est sans doute l'image du souffle humain. Les crânes sont ensuite enterrés dans le cimetière ou koniou-koupa; mais les ossements sont jetés dans la forêt, et de préférence dans la mer. Serait-ce qu'ils considèrent comme nous la tête comme le siége de l'intelligence et de la personnalité? Et croient-ils devoir rendre à la terre ou à la grande mer les éléments de la vie simplement végétale ou animale? En même temps, on abat quelques cocotiers, qu'on jette avec les cadavres, et l'on dispose à tous les vents des noix de coco, qui devront donner naissance à de nouveaux cocotiers. Les Indiens, les Germains immolaient aussi sur la tombe de leurs morts des chevaux et des buffles pour leur servir de coursiers ou de nourriture dans l'autre monde. Serait-ce dans la même intention qu'aux îles Nicobar on leur immole des palmiers? ou plutôt serait-ce quelque symbole instinctif de la vie renaissante et des régénérations toujours nouvelles dans le sein de la nature?

« Les naturels de Car-Nicobar dansent, mais tristement; ils chantent, c'est-à-dire se lamentent en musique. Leur figure est si élégiaque, qu'irrésistiblement il me venait à l'idée que cette population est le débris d'une race autochthone primitive, peut-être antérieure à la nôtre, qui sent qu'elle n'a plus de place dans la série actuelle des êtres, et qu'il ne lui restera bientôt qu'à mourir. »

La *Novara* quitta Car-Nicobar le 28 février, et aborda, le 6 mars, au port de Mancaouri. « Nous visitâmes d'abord le village d'Itoe, dit la relation ; tous les habitants étaient en fuite ; ils n'avaient laissé derrière eux que quelques chiens hurlants. Devant les huttes, nous vîmes beaucoup de pieux dressés au-dessus de l'eau, et où étaient attachés quelques branchages pour éloigner les mauvais esprits. A l'intérieur, nous remarquâmes aux toits, aux parois, une multitude de figurines de bois grossièrement, bizarrement et diversement taillé, représentant des Iwis, c'est-à-dire de méchants esprits, pendus par la patte, ainsi que jadis on dressait aux portes de nos villes des gibets et des potences pour décourager les malfaiteurs. Cependant, afin de prendre aussi ces Iwis par de bons procédés, on attache à leur intention, aux différents endroits de la hutte, et surtout à l'échelle de bambou, des comestibles et quelques douceurs, par exemple du tabac et des feuilles de bétel. Le cimetière d'Itoe, de même que celui de Camourta, où nous nous rendîmes ensuite, est planté de pieux auxquels on suspend les haches, limes, couteaux et divers instruments du défunt. Au sommet des pieux on cloue quelques figures bien grossières, peinturlurées en noir ou en rouge, dont le ventre est garni de nombreux rubans blancs, rouges, bleus, de toutes les couleurs, ou plus simplement de longues feuilles de palmier flottant au souffle de l'air, toujours pour effrayer les mauvais esprits.

« Malgré la proximité de leurs îles, les habitants de Car-Nicobar, d'Enuang et de Malacca ne parlent pas la même langue; ils donnent aux objets les plus usuels des noms complétement différents. Peut-être faut-il attribuer à la difformité de leur bouche l'imperfection de leur langage, qui est plutôt bégayé que prononcé. »

Le 17 mars, *la Novara* jeta l'ancre devant la petite île de Poulo-Milou. « Avec la plus grande difficulté, écrit l'historiographe de l'expédition, et en prodiguant beaucoup de tabac, de verroterie et de mauvais couteaux, je déterminai trois naturels à me vendre un squelette. Tout tremblants, ils me conduisirent sous des palmiers et des baringtoniers où était enfoui le cadavre d'un jeune homme; mais dès qu'ils me virent fouiller la terre avec un couteau, ils s'enfuirent pâles et consternés. Le crâne, pensaient-ils, allait se venger de leur trahison. »

L'expédition traversa, le 17 mars, le canal Saint-George, longeant l'île Mousial, et, le lendemain, elle toucha à la charmante petite île de Cordoue, où elle admira des forêts imposantes et une végétation splendide.

« Nous trouvâmes, dit le narrateur, des naturels qui se prêtèrent complaisamment à se laisser peser et toiser, opération qui, ne durant pas moins de vingt minutes, et ne comportant pas moins de soixante-huit mesures par individu, est assez fatigante pour le patient et pour l'opérateur.

« Je prétextai une douleur rhumatismale au bras gauche, et j'engageai un docteur indigène à entreprendre ma guérison. Aussitôt il se saisit de mon bras prétendu malade, le pinça, le pressa, le comprima, le massa de toutes façons, et souffla dessus, en criant et sautant, pour forcer le mauvais esprit qui hantait mon bras à en sortir; enfin il fit un geste expressif pour le forcer à couler peu à peu jusqu'à l'extrémité des doigts; mais, fort peu assuré lui-même de la vertu de son procédé, il s'enfuit à toutes jambes dès que je lui eus jeté une pièce de cinq sous. »

Singapore.

Arrivés à Singapore, la moderne Alexandrie[1], le capitaine et ses compagnons visitèrent la colonie pénitentiaire, où se trouvaient alors plus de deux mille forçats, hommes et femmes, déportés de tous les points de l'Inde anglaise. On les occupe à des travaux de bâtiment, ou à la fabrication de câbles et de tissages divers. Ce sont eux qui ont construit tous les édifices publics de Singapore, églises, casernes, hôpitaux, bourse, dépôt de mendicité. Les prisonniers qui, pendant une captivité de seize années, se sont conduits de manière à contenter les geôliers et les chapelains, reçoivent un billet de congé, qui leur permet de séjourner dans l'île et de vaquer à leurs affaires, sous la seule condition de se présenter une fois par mois à la geôle.

« Pour mon édification d'ethnologue, dit M. Scherger, on eut l'obligeance de faire défiler devant moi, rangés par nationalité, une foule de ces malheureux ; et ce fut avec le plus vif intérêt que je passai en revue tous ces corps musculeux et ces figures énergiques de Chinois, Malabariens, Hindous, lascars et métis, gens de tout poil et de toute couleur. Dans l'intérieur de la prison, ils sont répartis par caté-

---

[1] Sincapour ou Singapour, entre la côte S.-E. de Malacca et l'île de Sumatra.

gories de crimes; on traverse ainsi la division des voleurs, les salles des meurtriers, les dortoirs des pirates, etc.; distribution fort curieuse pour un phrénologue. M. le gouverneur et M. le geôlier sont des fonctionnaires européens, nommés directement par le gouvernement; mais la presque totalité des agents subalternes sont des forçats promus aux grades d'argousins et de surveillants. Dans cette visite, nécessairement superficielle, le bagne de Singapore m'apparut comme une cité dont les conditions hygiéniques sont excellentes, où vit une population active, énergique et industrieuse, soumise à des habitudes d'ordre et de régularité, administrée par un gouvernement très-fort et très-respecté, et offrant toutes les garanties qu'on cherche encore ailleurs. »

Une année après que *la Novara* avait quitté Trieste, le 5 mai, elle entrait dans le port de Batavia. Voici la description que fait M. le capitaine W. Urtair de cette capitale de l'île de Java :

« Avec ses quatre-vingt-six mille cinq cents habitants (huit mille trois cent soixante-dix Européens, huit cents Hindous et Arabes, dix-huit mille quatre cents Chinois, et le reste Javanais), Batavia recouvre une superficie égale à celle de Paris, ses maisons étant fort éloignées les unes des autres, et entourées de vastes jardins, de champs, de prairies et de parcs. L'ancienne ville, bâtie sur un terrain marécageux et malsain, qui lui avait valu le nom de Grand-Cimetière, n'est plus habitée par les Européens. Ses beaux bâtiments, ses vastes hôtels sont transformés en bureaux, en magasins et en comptoirs, qu'on se hâte d'abandonner avant la fin du jour, pour se rendre à Weloreden, devenue, depuis dix ans, une charmante ville.

« M. Pahud, le gouverneur de l'île, avait chargé un de ses aides de camp de nous accompagner dans les différentes régences; le docteur Bleeker, un des naturalistes les plus distingués de Java, s'offrit pour être notre guide. On dressa un itinéraire pour nous montrer, en peu de temps, le plus de choses possible; on expédia des messagers pour annoncer notre arrivée, et préparer nos repas et nos logements.

« Le 13 mai, trois calèches transportaient notre société de la capitale à Buitenzarg (Sans-Souci), la résidence du gouverneur général. En trois heures et demie nous avions parcouru plus de soixante-sept kilomètres, soit vingt kilomètres à l'heure; à chaque demi-heure on prenait des chevaux frais, qui ne cessaient de galoper. Jamais chevaux ne m'ont mené si vite, même en Hongrie. Le travail humain, c'est-à-dire le travail d'esclaves, coûte si peu à Java, qu'au lieu de munir les voitures de sabots on emploie aux descentes une douzaine de pauvres diables qui s'accrochent aux roues, ou les retiennent par des cordes.

« Buitenzarg possède un des plus beaux jardins botaniques du monde; sa disposition devrait servir de modèle à nos jardins des plantes. Chaque famille étant cultivée avec toutes ses espèces dans un carré spécial, on peut apprécier d'un regard tous les caractères du groupe. Le jardin est surtout riche en palmiers; mais il n'est guère de plante importante de l'Inde ou de l'Australie qui manque à la collection. Le directeur de l'établissement s'est fait une très-belle fortune, grâce à la culture de la vanille, dont la livre se vend encore quarante florins hollandais, soit cent soixante-treize francs le kilogramme.

« A Sans-Souci, je fus mis en relation avec un jeune nègre, Acouasie Boachi, fils d'un prince de Coumasi, capitale des Achantis, sur la côte d'Or. Un Hollandais, voulant prouver à ses compatriotes que les nègres sont capables d'un développement égal à celui de la race blanche, détermina les parents d'Acouasie, qui n'avait alors que neuf ans, à lui confier cet enfant et son frère pour leur donner une éducation européenne. L'expérience a réussi parfaitement. Acouasie a appris avec succès le hollandais, l'anglais, le français et l'allemand; il a étudié la minéralogie à Freyberg, en Saxe, sous la direction du célèbre Bernh. Cotta. Il s'est converti au christianisme. Son frère voulut retourner à la côte d'Or, où il espérait introduire quelque civilisation : il y fut assassiné comme coupable de tendances révolutionnaires; les livres qu'il avait apportés d'Europe passèrent pour des grimoires, et il acheva de soulever contre lui les passions rétrogrades en essayant de faire adopter par ses compatriotes une machine à tisser.

« Le gouvernement hollandais a nommé Acouasie ingénieur des mines à Java.

« On nous présenta aussi un artiste indigène, Raden-Saleh, dont l'aptitude pour la peinture avait été remarquée de bonne heure. Le gouvernement l'envoya étudier en Europe, où il est resté vingt-trois ans. Depuis son retour à Batavia, il reçoit une pension annuelle d'une douzaine de mille francs, avec la seule obligation de peindre de temps à autre quelque tableau pour le roi des Pays-Bas. C'est un peintre de paysage; il a beaucoup de mérite, mais peut-être n'a-t-il pas surmonté toutes les difficultés matérielles de son art; aussi regrette-t-il beaucoup les séjours de Dresde et de Paris.

« Nous visitâmes Pandok-Jedeh, Godok, Typanat, Meganundoeng (ou la montagne dans les nuages), élevée de mille cinq cents mètres au-dessus de la mer. Sur notre route, les autorités nous faisaient la conduite de village en village; derrière notre voiture, galopaient dix à vingt cavaliers, revêtus de leurs plus beaux uniformes, et de shakos en papier. Plus de quarante esclaves ou domestiques nous précédaient d'une étape. Les natifs et même les fonctionnaires indigènes nous regardaient passer en se prosternant et en s'agenouillant. A Tijan-Javar, certain chef suivait à cheval notre voiture par une pluie battante; il portait un uniforme tout doré, et le nom pompeux de Roahen-Rangga-Patma-Nagara.

« Dans l'espérance d'en tirer d'énormes profits, le gouvernement a fait planter à Typoda un grand nombre d'arbres à quinquina qui ont prospéré. Plusieurs de ces arbres ont déjà donné des graines parfaitement mûres; mais on ne peut être encore assuré que les éléments chimiques de l'écorce auront toute la vertu de ceux de l'arbre du Pérou. C'est une question d'une extrême importance pour l'île et pour toutes ces contrées tropicales si malsaines.

« Après Typoda, nous passâmes devant plusieurs *pasangraham's*, ou lieux de refuge destinés aux voyageurs surpris par l'orage. Un étroit sentier, entre de minces garde-fous, nous conduisit au-dessus d'un ravin à pic, enveloppé de vapeurs brûlantes (105°); elles s'élèvent d'une source d'eau bouillante qui s'élance d'une profondeur de quelques centaines de pieds.

« A trois heures de l'après-midi, nous atteignîmes le sommet du Pandjak-Pangerango. Le thermomètre marquait huit degrés et demi seulement. Depuis longtemps nous avions laissé derrière nous la grande végétation, les massifs d'arbres avec leurs rameaux monstrueux, les dômes épais de feuillage, les fourrés obscurs, enchevêtrés d'énormes fougères, de plantes grasses, d'herbes arborescentes, de troncs et de branchages en décomposition, les lianes gigantesques entortillées autour des branches comme des serpents, ou suspendues dans les airs comme des hamacs de feuillage pleins de nids. Peu à peu les taillis, avec leurs branches couvertes de longues mousses pendantes d'un verdâtre argenté, s'étaient à leur tour éclaircis pour faire place à des bouquets isolés de basse futaie, puis à quelques arbrisseaux rabougris, dont les troncs et les branches rampaient çà et là sur le sol ou se contordaient dans les anfractuosités du rocher, pour mieux s'abriter du vent et du froid, et trouver encore quelque reste de chaleur terrestre. Après ces chétifs arbrisseaux, nous vîmes pendant longtemps une herbe courte et rude sur les pentes méridionales, puis rien, rien sinon le roc stérile et nu, couvert d'un brouillard humide. Nous étions nous-mêmes dans un nuage froid, qui bientôt s'épaissit, au point de nous empêcher de distinguer un homme à cent pas. Nous approchions du sommet.

« Nous fûmes heureux de pouvoir nous abriter, sur le vaste plateau, dans deux cabanes en bois, où nous attendaient un poêle allumé et tout ce qui nous était nécessaire.

« Le lendemain, à cinq heures du matin, nous étions tous sur pied, interrogeant avec anxiété le ciel. A sept heures, les nuages s'éclaircirent en partie, et nous aperçûmes en face de nous le cratère Gedeh, long de près de deux kilomètres, avec ses parois escarpées de six cents à sept cents pieds de haut, et si rapproché en apparence, qu'une pierre lancée du Pangerango nous semblait devoir tomber dans l'abîme igné. Le temps persista, par malheur, à nous être défavorable, et nous ne pûmes que deviner la splendide nature qui se dérobait à nous sous ses voiles de brouillards.

« Je m'isolai de l'expédition, et je me dirigeai avec un compagnon vers Bandong, où j'arrivai à minuit. J'y fus conduit dans la maison du régent Radhen-Delhipati-Wira-Naton-Kensemna, qui nous reçut splendidement, avec le confortable européen le plus recherché; on eût hésité à se croire les hôtes d'un seigneur javanais, sans les costumes orientaux, et la multitude d'esclaves qui rampaient à plat ventre en nous offrant des pipes ou du bétel.

« Le lendemain, le géologue Junghuhn, inspecteur des plantations de quinquina, aux appointements de treize mille cinq cents florins (quarante-huit mille francs par an), eut la complaisance de nous faire visiter le grand entrepôt, où les planteurs de la régence doivent livrer tous leurs cafés, ainsi que la plupart de leurs autres produits, au gouvernement, qui les revend au prix qu'il lui plaît de fixer.

...... « De Sembang à Tjangoer, où nous rejoignîmes l'expédition, nous parcourûmes cent vingt-huit kilomètres en six heures, toujours au galop, montées et descentes. De ce train, il nous fut aisé d'arriver avant le soir à la fête du premier de l'an que donnait le régent de la province. Un concours immense de population remplissait les abords et les cours du palais. Les plus proches parents de ce dignitaire avaient été installés dans la veranda, ou galerie couverte devant la maison. A voir les démonstrations d'humilité servile qu'ils prodiguaient à Son Excellence, jamais nous n'aurions deviné qu'ils fussent de sa famille. Dans les salons n'entraient que les Européens spécialement invités ; la seule Javanaise présente était madame la régente, courte, grosse et noirâtre. Autour de nous grouillaient des masses noires : c'étaient des esclaves qui offraient à la société des tabatières, du bétel et des rafraîchissements, en se traînant sur le ventre et en rampant sur les genoux ; tous ces avilissements de la nature humaine nous impressionnèrent d'une façon désagréable. On conversait comme on pouvait, l'oreille assourdie par le vacarme incessant du gamelong ou orchestre de cloches. Des bayadères, d'une laideur repoussante, exécutaient des danses sentimentales, religieuses, et ennuyeuses au superlatif. Lentes, roides et maigres, elles sautillaient comme des fourches, en s'accompagnant de gestes télégraphiques. Le gouverneur voulut bien nous expliquer que cette danse devait représenter la touchante histoire des quatre sœurs qui, égarées dans une forêt, imploraient de la Divinité le retour de leur mère. Toujours l'étourdissant gamelong. Danse guerrière par huit chenapans brandissant leurs armes. Encore l'effroyable gamelong.

« Dans la cour même musique. Des masques hideux, à pied et à cheval, circulent dans la foule.

Un prêtre musulman se met à pousser des hurlements lamentables sur des cendres brûlantes, près d'une masse de charbons ardents; quelques malheureux y sautent à pieds joints, et y dansent en rond. Enfin le prêtre se lance dans le brasier, et tous de danser et gesticuler furieusement. Cette représentation avait probablement quelque signification religieuse d'expiation; elle équivalait à tel ou tel de nos anciens mystères. Nous voyons ensuite des jongleries à faire dresser les cheveux sur la tête. De jeunes hommes, portant des toupies armées de pointes de fer fort aiguës, feignent de se transpercer le ventre, le sein, le front, les joues, les yeux. Ils tournent en cercle, le corps penché en avant, et poussent des cris effrayants, avec des mouvements toujours plus sauvages et convulsifs, et l'on respire enfin en les voyant tomber dans un coin, épuisés et sanglants. Et l'infernal gamelong recommence.

« On lance une infinité de fusées et de raquettes; on enflamme des roues tournantes; mais le bouquet de la fête est un affreux serpent de feu de plus de vingt pieds de long, que des mains invisibles font glisser et tourbillonner çà et là, en imitant, avec une précision effrayante, les mouvements, les sifflements et les ondulations de la bête.

« Enfin le gamelong cesse son vacarme. »

De Java la *Novara* se dirigea vers les îles Philippines, archipel de la Malaisie, qui se compose de plus de cent îles. Luçon est la plus grande de ces îles, et Manille en est la ville principale. « La population de cette ville, dit notre auteur, offre un spectacle varié et amusant. Les prêtres en longues soutanes noires, coiffés de feutres en forme de gouttière, circulent à l'ombre des palmiers; des frères des Écoles chrétiennes se mêlent aux congréganistes de la sainte Vierge, qui coudoient les pères de la Conception ou de la Nativité. Ils sont vêtus de frocs gris, jaunes, bruns, ou d'un blanc sale, et armés de disciplines et de fouets de corde. Çà et là des galériens enchaînés deux à deux portent tranquillement des seaux d'eau; leur physionomie a toute la sérénité des plus honnêtes gens; ce sont les Auvergnats, les Gallegos ou les Irlandais de la capitale de Luçon.

« La plupart des maisons de Manille n'ont qu'un rez-de-chaussée; les tremblements de terre trop fréquents rendent les étages supérieurs dangereux. C'est aussi par prudence que, dans les habitations riches, les vitres sont remplacées par les coquilles usées et polies de la pilocuna-placenta, qui d'ailleurs tamisent plus doucement la violente lumière des tropiques, et la transforment en un clair-obscur rafraîchissant.

« Le plus curieux établissement de Manille est sans contredit la fabrique de cigares; on y occupe de six à huit mille ouvriers et ouvrières; les femmes confectionnent les cigares, les hommes les cigarettes. C'est merveille de voir l'activité de ces femmes rassemblées jusqu'au nombre de huit cents ou mille par salle. Assises devant une petite table, les unes frappent à coups redoublés, avec une pierre ovale, sur les feuilles de tabac pour les assouplir. D'autres roulent ces feuilles, et les yeux peuvent à peine suivre l'agilité de leurs mains; chacune d'elles peut fabriquer, dit-on, jusqu'à trois à quatre mille cigares par jour. Le bruit du travail et des voix est étourdissant, et des miasmes infects s'exhalent de ces ateliers fiévreux, où la chaleur est intolérable.

« A notre passage à Manille, il faisait une chaleur de 29 à 31 degrés centigrades nuit et jour; des pluies tropicales nous inondaient chaque soir; les chemins étaient à peu près impraticables. Il fallut donc renoncer aux excursions pédestres. Nous louâmes une *lorcha*, espèce de bateau chaland, large et lourd, dans le genre de nos bacs, et nous entreprîmes une expédition sur le Passing, qui est la grande artère de Luçon, jusqu'au lac intérieur dit Laguna de Bay. La navigation sur ce canal, à travers une magnifique végétation tropicale de palmiers, bananiers, cannes et bambous gigantesques, est admirable. Le village du Puto, ou du Canard, s'étend le long du Passing sur une longueur de huit kilomètres, et n'est habité que par des éleveurs de canards et d'oies. Devant chacune de leurs cabanes, on voit une aire fort propre, balayée tous les matins, où les canards viennent, après leurs ébats aquatiques, se chauffer au soleil et recevoir leur pitance journalière, qui consiste en moules pêchées à leur intention dans la lagune voisine. On élève ainsi dans ce Patero plusieurs millions de canards par an. On nous assura que le mets favori des Tagals est un plat de poussins ou canetons à peine éclos.

« Nous avons admiré la lagune de Bay, vaste bassin d'environ cinquante kilomètres de diamètre, fort renommé dans tout l'archipel pour la qualité et la quantité des poissons qu'il nourrit. Ses rivages fertiles sont couverts de nombreux villages qui prospéreraient s'ils pouvaient seulement communiquer avec la capitale, à l'aide d'un bateau à vapeur. On parle depuis longtemps de cette grande innovation. Il est même aussi question d'ouvrir un canal du lac à l'Océan, ce qui épargnerait au commerce une longue, pénible et coûteuse circumnavigation. L'entreprise serait très-praticable; des capitalistes et des entrepreneurs se sont présentés ; il paraît aussi qu'à la fin le gouvernement s'est ému : c'est pourquoi il a nommé des commissaires qui, depuis quatorze ans et plus, écrivent de longs et éloquents rapports pour démontrer que le projet est excellent et digne en tout de l'approbation souveraine. Tout le monde en est persuadé.

« Comme nous n'avancions sur le Passing qu'en nous poussant péniblement avec des gaffes, force nous fut de passer la nuit sur notre bateau, assez désagréablement, du reste. Le lendemain seulement, nous atteignîmes le village de Los Baños, dont les sources thermales ont une température de 85°. De nombreux bains de vapeur sont situés au pied de la montagne boisée de Maquilino.

« A quelques kilomètres de Los Baños, nous atteignîmes la *Laguna Encantada*. Ce lac enchanté est une petite saline séparée de la grande lagune de Bay par une crête montagneuse fort étroite. N'y arrive pas qui veut. Les abords en sont défendus par des rochers escarpés, par un fouillis inextricable de troncs, de racines, de lianes, de fougères, de buissons, de cannes, d'arbustes épineux, et de plus par un sol mouvant et perfide. C'est un bassin circulaire qu'aura formé sans doute l'affaissement d'un cratère, car il est entouré de murailles de laves. Comme beaucoup d'autres enchantements, il est fort dangereux.

« Ses belles eaux servent de refuge à d'affreux alligators très-féroces, si bien qu'on n'ose y naviguer que sur des troncs extrêmement lourds attachés les uns aux autres. Des embarcations plus légères seraient infailliblement culbutées. Apparemment, le jour de notre visite à cet éden des Philippines, le temps était trop mauvais, même pour les crocodiles, car nous n'aperçûmes aucun de ces monstres, et si le dessinateur en a figuré un, c'est qu'il n'a pas pu résister à son imagination. A la vérité, nous n'avions pas à bord un seul chien pour les éveiller par ses aboiements; on se passe souvent le caprice barbare de jeter quelques-unes de ces pauvres bêtes domestiques à l'eau, afin de jouir du spectacle de l'avidité furieuse des alligators. Nous vîmes avec surprise des chiens volants (*pteropus*, roussette) se jouer au-dessus du lac en jetant des cris drôlatiques, et s'abattre par milliers sur les arbres, en se suspendant par énormes grappes aux rameaux.

« Le lecteur aura remarqué que jusqu'ici nous n'avons pas prodigué nos louanges à la civilisation de Manille. Citons, toutefois, un fait qui l'honore. Le préjugé de race en est presque entièrement banni. Le chef de l'administration actuelle de Manille est un métis, et des Tagals pur sang siégent dans le conseil du gouvernement, au même titre que les plus nobles hidalgos et les plus vieux chrétiens. Quelle tolérance, et que nous voilà loin des Pizarre et des Fernand Cortez! Oui, certes, et presque aussi loin que de New-York, de Washington, ou de Batavia! On a déjà constaté d'ailleurs que c'est surtout dans les contrées espagnoles que la réconciliation et la fusion des races s'opèrent avec le plus de facilité et de rapidité.

« Les Tagals que j'ai vus à Manille étaient petits et faibles de corps; mais on dit qu'ils sont d'une constitution plus vigoureuse dans les autres parties de l'archipel. Leur figure n'est nullement désagréable; leur couleur est un peu plus claire que celle des autres Malais, et leurs cheveux sont noirs sans être laineux. Les combinaisons de la race tagale avec les nègres et les Chinois sont des plus intéressantes. Il est vivement à regretter qu'il n'y ait pas eu de photographe à bord de *la Novara*; nous aurions enrichi les collections de l'Europe d'une centaine de ces types mal connus. L'ethnographie, base de l'histoire et point culminant de toute l'histoire naturelle, a été, parmi les sciences, une des dernières à naître, et même quelques hommes habiles prétendent qu'elle n'est pas encore fondée sur des faits assez positifs; raison de plus pour accueillir un très-grand nombre d'éléments d'études.

« Les Tagals qui habitent Manille parlent l'espagnol, langue fort peu répandue dans l'intérieur du pays, où l'on ne connaît que le tagala et le bisaya. Dans les montagnes de Luçon, l'on rencontre des tribus entièrement sauvages, entre autres celle des Igolotes. Elles ont un idiome tout particulier, dont M. W. Wood, négociant anglais, a bien voulu me donner un petit vocabulaire, rédigé par un curé de leur voisinage. De plus, j'ai eu la bonne chance de rencontrer un vocabulaire des mots les plus usités parmi une certaine peuplade nègre, celle des Actas ou Negritos, qui habitent quelques-unes des îles avoisinant Luçon. »

La Novara rentra à Trieste au mois d'août 1859, après avoir touché aux côtes de la Chine, à la Nouvelle-Zélande, à Otti, à Valparaiso, à Lima, aux îles Falkland, à Montevideo, à Buenos-Ayres et à Rio.

L'expédition entière avait duré deux ans trois mois et vingt-huit jours. Deux cent quatre-vingt-dix-huit jours avaient été employés en relâche et en explorations à terre, et cinq cent cinquante et un passés sous voiles. La frégate avait mouillé dans vingt-cinq ports différents, et parcouru dans son voyage de circumnavigation cinquante et un mille six cent quatre-vingt-six milles marins, ou quatre-vingt-quinze mille sept cent vingt-deux kilomètres.

PREMIER VOYAGE DU CAPITAINE JOHN ROSS

AU PÔLE ARCTIQUE

(1818)

Départ de *l'Isabelle* et de *l'Alexandre* pour la baie de Baffin. — L'interprète Sackouse. — Communication avec les Esquimaux. — Vie et mœurs de ce peuple. — Danger que court un musicien de *l'Isabelle*. — Rapports avec les indigènes. — Découverte des Highlands arctiques. — Entrée dans le détroit de Lancastre. — Découragement de John Ross. — Retour en Angleterre.

Au printemps de 1818, l'amirauté anglaise fit partir quatre navires, divisés en deux expéditions, qui devaient agir concurremment : la première ayant pour mission de chercher le passage par la baie de Baffin; la seconde, de se frayer directement un chemin vers le détroit de Behring, en cinglant droit au nord du Spitzberg.

Les noms des officiers commandant ces quatre navires sont devenus célèbres : c'étaient, pour les deux vaisseaux destinés à la baie de Baffin, John Ross et Édouard Parry; pour ceux expédiés dans la mer Glaciale, David Buchan et John Franklin.

CAPITAINE JOHN ROSS.

L'Isabelle et sa conserve *l'Alexandre* quittèrent la Tamise vers le milieu d'avril 1818, comptant quatre-vingt-quinze hommes d'équipage. Le capitaine John Ross emmenait avec lui, en qualité d'interprète, un Esquimau du nom de Sackouse, que des malheurs avaient entraîné loin du Groenland, sa patrie, et qu'un baleinier avait déposé à Londres. Un jour qu'on l'avait conduit à une ménagerie, et qu'on lui faisait remarquer avec quelle promptitude un éléphant obéissait aux ordres de son cornac : « Oh! dit Sackouse, éléphant a plus d'esprit qu'Esquimau. »

Depuis leur premier atterrage à la côte groenlandaise jusqu'aux limites boréales des établissements danois, *l'Isabelle* et *l'Alexandre* eurent de fréquentes communications avec les Esquimaux de cette catégorie. Il convient donc de faire connaître ici tout d'abord ces êtres étranges qui, liés ethnologiquement aux Tschoatchi et aux Samoyèdes du vieux monde, ont été sans doute l'avant-garde, les éclaireurs de la race américaine sur le sol américain.

Les Esquimaux sont en général au-dessus de la taille moyenne; leurs membres sont vigoureux et bien proportionnés : une tête large, des lèvres épaisses, de belles dents, un nez court et plat, un œil enfoncé, peu ouvert et fendu obliquement comme celui des Chinois, un teint couleur de cuivre gris, forment leur caractère typique. Chez les deux sexes, les cheveux sont roides, durs, luisants et noirs; les hommes les portent longs et tombant en désordre sur leurs épaules; les femmes, au contraire, les tressent en deux nattes égales, ou les relèvent en nœud sur le haut de la tête. Elles ne les laissent pendre détachés qu'en cas de maladie de leurs maris, et si elles deviennent veuves, elles les sacrifient en signe de deuil.

L'habillement des deux sexes, qui ne diffère que par quelques détails, consiste en deux jaquettes de peau de phoque, descendant à mi-cuisse; celle de dessus est munie d'un capuchon qui recouvre la tête au besoin. Leurs culottes, qui ne viennent que jusqu'au genou, y sont attachées par des courroies, et leurs bottes remontent assez haut pour en recouvrir les nœuds. Les semelles de ces chaussures, taillées dans la partie la plus forte de la peau des morses, sont, ainsi que leurs gants, impénétrables à l'eau. Le capuchon des femmes est beaucoup plus grand que celui des hommes, mais son ampleur est bien justifiée par son emploi : c'est tout à la fois le maillot et le berceau où leurs enfants vagissent et s'ébattent jusqu'à trois ans au moins.

Les Esquimaux préfèrent la viande et le poisson

crus à toute autre nourriture; l'huile de cétacé et le sang chaud des mammifères, à toute autre boisson. Ils n'ont dans leurs tanières d'hiver, comme dans leurs tentes d'été, d'autre feu que celui d'une lampe fabriquée en pierre ollaire et alimentée par une longue tranche de graisse de phoque. Ils ont importé d'Asie l'usage de l'arc et des flèches; mais l'invention de leurs embarcations de voyage leur appartient en propre, et leur a valu l'approbation des juges les plus compétents. Les unes comme les autres sont en peaux de phoque, fortement tendues sur un châssis de bois, d'os ou de fanons de baleine; mais les secondes, bien connues sous le nom de *kayaks*, ont excité l'admiration de Cook lui-même.

C'est une nacelle de cinq à six mètres de longueur, sur une largeur de soixante-cinq centimètres au plus, affectant la forme d'une navette de tisserand, et percée, dans le milieu de sa partie supérieure, d'un trou circulaire, où l'homme qui doit manœuvrer le kayak se glisse et s'assied. Une fois placé, il attache solidement autour de lui, sur les bords de l'ouverture, l'extrémité inférieure de sa tunique de peau imperméable, et, par ce moyen, ne fait plus qu'un avec sa pirogue, devenue insubmersible, même dans la mer la plus houleuse. Une seule pagaie, d'un mètre et demi à deux mètres de long, dont l'Esquimau frappe alternativement l'eau à droite et à gauche, lui suffit pour fendre la mer avec une rapidité qui égale ou dépasse peut-être celle de la barque la mieux manœuvrée. La légèreté de cette machine est telle que, lorsque celui qui la monte se trouve en danger d'être pris ou écrasé dans les glaces, il saute sur le premier glaçon, et emporte facilement tout l'appareil sur son dos ou dans ses bras. Le bord du kayak étant à fleur d'eau, le pêcheur y trouve un autre avantage : il peut approcher plus aisément, sans être aperçu, de l'objet dont il veut faire sa proie.

Tout son attirail, javeline, lance, harpon, est placé devant lui sur le canot. Derrière est une outre, qui tient au harpon par une longue courroie, et qui est destinée à indiquer à l'Esquimau la trace du veau marin qu'il a harponné, et à ralentir en même temps la fuite de l'animal blessé.

Ils ont des croyances superstitieuses, et reconnaissent en tremblant le pouvoir mystérieux des *angekoks* ou sorciers.

Dominés, au moral comme au physique, par une nature marâtre, les Esquimaux, ainsi que tous les esclaves, sont moins doux et sociables que flegmatiques et patients. On ne peut les accuser d'être méchants ; entièrement absorbés par le soin de leur nourriture quotidienne, ils n'ont guère, hélas! le loisir d'être bons. Ils valent, en tout cas, certainement mieux que les Indiens, qui les ont expulsés de l'intérieur du continent américain et des rivages de sa zone tempérée.

Mais revenons au capitaine Ross. Dans la baie de Jacob, au nord de l'île Disco, se trouvait un campement d'été, où quelques tentes en peaux de phoques abritaient une cinquantaine d'Esquimaux. Le capitaine Ross, voulant obtenir d'eux un de leurs traîneaux avec son attelage de chiens au grand complet, leur détacha Sackouse pour les inviter à venir à bord. Ils acquiescèrent sans hésitation à cette demande, et, pour un fusil rayé, fournirent le traîneau et tout son attirail.

« Ils revinrent le lendemain, dit la relation, amenant le traîneau dans une barque, que des femmes conduisaient à la rame. Cette espèce d'embarcation, qu'ils nommaient *umiack*, est construite des mêmes matériaux que leurs kayaks, c'est-à-dire de peaux de phoques tendues sur un châssis de bois; mais elle est d'une forme différente, et peut contenir dix à douze personnes. Les femmes s'y tenaient debout en ramant. Leurs vêtements ne différaient de celui des hommes que par l'extrémité inférieure. Tandis que le surtout de ceux-ci était coupé droit tout autour du corps, celui des femmes, orné de verroteries et bordé en cuir rouge, était arrondi par devant et par derrière en manière de chasuble. Les hommes étaient coiffés de bonnets en peau de chien ; mais les longs cheveux noirs des femmes formaient toute leur coiffure ; elles les portaient relevés en un seul nœud sur le haut de la tête, comme les Chinois.

« Deux d'entre elles, plus grandes que les autres, étaient filles d'un résident danois et d'une femme du pays, et auraient pu passer pour jolies, si elles eussent été vêtues à l'européenne. Le sang esquimau apparaissait sans mélange dans la large figure, les petits yeux enfoncés et le teint brun foncé de toutes les autres.

« Le capitaine les fit entrer dans la cabine, et leur fit servir le café, tandis qu'on dessinait le portrait des principaux de la bande. Mais un musicien de l'équipage ayant fait entendre quelques airs écossais sur le tillac, ils s'y précipitèrent tous, et commencèrent de joyeuses danses avec les matelots.

« On ne saurait, dit le capitaine Ross, dépeindre la joie de Sackouse à ce spectacle. Les connaissances relativement supérieures qu'il avait acquises lui donnaient une singulière importance aux yeux de ses compatriotes, et c'était vraiment avec une

certaine grâce qu'il leur faisait les honneurs du bal.
Voir un maître de cérémonies esquimau présider
à un bal sur le tillac d'un vaisseau de la marine
royale de la vieille Angleterre, n'était certes pas
une chose commune; mais combien de gens auraient
été embarrassés pour joindre, comme Sackouse,
aux qualités si variées de matelot, d'interprète, de
dessinateur et de coryphée, celles d'adroit pêcheur
de phoques et d'intrépide chasseur d'ours blancs!

« Cette scène, déjà digne d'intérêt, en puisait un
plus grand encore dans l'atmosphère sereine, dans
le ciel, les eaux, les côtes dentelées qui l'enca-
draient. L'horizon était bordé de légers nuages
étincelants de lumière, et dont l'or et la pourpre,
diminuant graduellement, venaient se fondre dans
un zénith d'azur. La mer, de son côté, offrait,
dans la variété infinie des glaces qui la couvraient,
un splendide et magique spectacle. On aurait dit
une plaine sans bornes, jonchée de blocs du plus
beau marbre de Paros, de toutes tailles et de toutes
formes. L'œil mesurait avec étonnement des montagnes de cristal, élevant leurs masses flottantes à
plus de cent pieds au-dessus de la surface des ondes,
et tout à côté se fatiguait à saisir les proportions
de mille fragments épars, qui n'étaient perceptibles
que parce que le rayon incliné à l'horizon les frap-

pait de ses rayons, et leur accordait une part de la vie et du coloris qu'il déversait sur l'ensemble de ce tableau. »

Un jour l'équipage des deux navires, étant sur la glace, traînait à l'aide de cordes l'*Isabelle* dans les sinuosités d'un archipel de glaçons; le musicien du bord marchait en tête, comme à l'ordinaire, pour animer les matelots par les sons de son instrument, quand tout à coup la musique cesse, et l'artiste disparaît : une crevasse ouverte sous ses pieds l'avait englouti; mais comme il était, ainsi que tous ses compagnons, attaché au câble de toue, on put le retirer, sans autre accident qu'un bain d'eau froide bien complet, pour lui et pour son violon, qu'il n'avait pas lâché.

Dans une autre circonstance, un immense champ de glace vint s'appuyer sur un des flancs de l'*Isabelle*, tandis que l'autre était heurté par des blocs énormes qui dérivaient en tournoyant. Il résulta une pression telle, que les poutres placées transversalement à fond de cale commencèrent à plier; la proue du navire fut soulevée et repoussée avec violence contre l'*Alexandre*, qui suivait à peu de distance. Nul effort ne put prévenir le choc des deux bâtiments; les ancres à glace et les câbles se rompirent presque instantanément, et les deux vaisseaux se heurtèrent si violemment, qu'ils broyèrent en éclats une chaloupe qui se trouvait entre eux. Dans ce moment de crise, la séparation des deux champs de glace sauva seule *l'Isabelle* et sa conserve d'une entière destruction. Aucun des hommes de leurs équipages ayant déjà servi dans ces mers n'y avait encore couru un tel danger, et tous déclarèrent qu'un bâtiment ordinaire y aurait infailliblement succombé.

Dans les premiers jours d'août, tout près de la soixante-seizième parallèle, le capitaine Ross et ses compagnons aperçurent sur la glace des êtres humains, qui semblaient héler les vaisseaux. Longtemps ces hommes contemplèrent les navires en silence; mais lorsqu'ils les virent manœuvrer et virer de bord, ils poussèrent tous ensemble une clameur bizarre, accompagnée de gestes étranges; puis ils disparurent, emportés du côté de la terre par leurs attelages de chiens, avec une incroyable rapidité.

Ayant le plus vif désir de communiquer avec ces Hyperboréens, le capitaine fit porter et ériger à terre un poteau chargé de présents, et les vaisseaux furent amarrés de manière à ce qu'on pût observer de leurs tillacs tout ce qui se passerait.

Le lendemain matin, on aperçut huit traîneaux qui s'approchaient des navires, en cachant autant que possible leur marche dans les plis des champs de glace. Arrivés à environ un mille, ils s'arrêtèrent; ceux qui les montaient en descendirent, et bien qu'ils aperçussent le poteau planté la veille, ils n'osèrent pas aller jusqu'à lui, restant irrésolus, paraissant délibérer entre eux sur la conduite à tenir en si neuve occurrence. Voyant leur indécision, Sackouse offrit d'aller seul et sans armes à leur rencontre.

Il mena, avec autant d'habileté que de résolution, son entreprise à bonne fin. Ayant emporté du vaisseau un petit pavillon blanc et quelques présents, il commença par planter son drapeau sur le bord d'une crevasse qui le séparait des naturels; puis, ôtant son chapeau, il leur fit signe de s'approcher, ce qu'ils firent lentement, et, pour ainsi dire, pas à pas. Lorsqu'ils furent à portée de la voix, et après bien des mots, des cris et des gestes échangés de part et d'autre, Sackouse reconnut qu'ils parlaient un dialecte de sa propre langue. Se servant aussitôt de ce dialecte, et leur tendant les présents : *Approchez, et prenez*, leur dit-il. Mais eux de répondre : *Non, non, allez-vous-en ;* ajoutant qu'ils espéraient qu'il n'était pas venu pour les faire mourir.

Le plus hardi de la troupe, s'étant enfin approché

jusque sur les bords de la crevasse, tira de sa botte un couteau, en répétant : « Allez-vous-en. Je puis vous tuer. » Mais Sackouse, sans se laisser intimider, lui jeta quelques rangs de verroterie et une chemise à carreaux, en ajoutant : « Je suis un homme comme vous et votre ami. » Ces paroles et ces présents ne calmant pas encore leurs craintes et leurs défiances, et leurs lèvres ne cessant de murmurer : « Allez-vous-en, ne nous tuez pas, » Sackouse leur jeta un couteau anglais, en disant : « C'est ma seule arme, prenez-la. » Ils s'approchèrent alors avec précaution, ramassèrent le couteau, puis jetèrent un grand cri, et se tirèrent solennellement le nez. Sackouse, à leur exemple, ayant crié *haiyau*, et s'étant tiré le nez avec la gravité convenable, ils commencèrent à lui accorder quelque confiance et à l'accabler de questions.

« Qu'est-ce que ces grandes créatures? lui dirent-ils vivement en désignant les vaisseaux; viennent-elles du soleil ou de la lune? donnent-elles la lumière, le jour ou la nuit?

— Ce sont des maisons faites en bois, » répondit Sackouse. Cette assertion les trouva incrédules : « Non, non, s'écrièrent-ils, elles sont vivantes, nous les avons vues agiter leurs ailes. » Sackouse ayant répété qu'il était un homme, qu'il avait comme eux un père et une mère, et qu'il venait avec les gens des vaisseaux d'un pays éloigné, dans la direction du midi, ils répliquèrent encore que cela était impossible; que de ce côté tout était glace; qu'il n'y avait des hommes que dans la direction du nord, où étaient leurs demeures, et d'où ils étaient descendus sur cette côte pour pêcher des narvals.

Tout en parlant ainsi, ils tenaient la main droite posée sur le genou, à portée du couteau qu'ils cachent dans leurs bottes; leurs traîneaux, gardés par l'un d'entre eux, semblaient toujours prêts pour la fuite; et chaque fois que, pour mieux saisir les paroles de leur interlocuteur, ils rejetaient le capuchon qui leur couvre habituellement la tête, les Européens, qui les observaient du haut des vaisseaux à l'aide du télescope, pouvaient facilement distinguer sous leurs traits brunis le profond étonnement et la vive terreur qui les dominaient, et imprimaient à tout leur être un tremblement convulsif.

Le résultat final de cet entretien fut que Sackouse traversa la coupure qui le séparait des naturels, parvint à les convaincre qu'il était comme eux une créature de chair et de sang, et que les deux chefs de l'expédition purent venir le joindre, sans jeter trop d'effroi parmi les auditeurs. Puis lorsque, sur sa recommandation, les officiers anglais se furent tiré le nez à la manière des sauvages, et que ceux-ci eurent découvert leur tête selon le mode européen, accompagnant tous ensemble ces salutations réciproques d'un immense cri d'*haïyau!* la meilleure intelligence s'établit entre les représentants des deux points extrêmes de la civilisation, et se traduisit, d'une part par des largesses et des présents, de l'autre par de formidables éclats de rire, expression primitive du contentement et de la joie chez tous les peuples enfants.

Profitant de l'explosion de ces sentiments, les commandants montèrent dans les traîneaux des naturels, et s'acheminèrent avec eux vers les navires. Mais, en approchant, l'hésitation des Esquimaux recommença. Ils ne pouvaient comprendre que ces masses, avec leurs mâts élevés, leurs câbles multipliés et leurs voiles immenses, ne fussent pas des créatures vivantes. Ils tournaient autour d'elles à pas lents, en examinaient toutes les parties avec les plus grands signes de surprise et de crainte, et les interrogeaient à haute voix, disant : « Qui êtes-vous? d'où venez-vous? Est-ce du soleil ou de la lune? » Entre chaque question, ils faisaient une pause, comme s'ils eussent attendu une réponse, et se tiraient le nez avec une solennité croissante.

Il est impossible, dit le texte, de se figurer un spectacle plus amusant et en même temps plus intéressant que celui que ces pauvres sauvages donnaient en ce moment aux Anglais groupés autour d'eux. Qui n'en a pas été témoin ne peut se faire une idée de l'étonnement, de la joie et de la crainte que révélaient successivement leurs traits, leurs gestes et leurs exclamations. Chacun cherchait à imiter leurs cris et leurs éclats de rire, et voulait accomplir à son tour la cérémonie du *nez tiré*, ce qui ne pouvait manquer d'ajouter à l'allégresse générale. Au milieu de cette explosion de clameurs joyeuses, les Esquimaux tombèrent tout à coup dans un profond silence, absorbés tout entiers dans la contemplation d'un matelot grimpant dans les haubans. Ils le suivirent des yeux jusqu'à ce qu'il fût arrivé au haut du mât, et voulurent alors connaître avec quelles *peaux* on avait fabriqué les voiles et les cordages. Les peaux et les os des animaux tués par eux étant les seules substances qui leur fussent familières, ils ne pouvaient avoir aucune idée des matières textiles, pas plus que la notion obscure de quelques masses de fer météorique, dont les fragments leur servent à orner leurs couteaux, ou que l'existence sur leur sol glacé de quelques bruyères et de saules nains, dont la tige n'excède pas en grosseur la plume de corbeau, ne pouvaient leur expliquer l'assemblage compliqué de bois et de métaux dont se compose un bâtiment de quatre à cinq cents tonneaux.

Cette peuplade, qui habite une partie de la côte occidentale du Groënland, entre le 76ᵉ et le 77ᵉ parallèle, n'a conservé aucune tradition relative à ses origines; jusqu'au moment de l'arrivée de *l'Isabelle* et de *l'Alexandre*, elle s'était crue la seule population du monde, pensant que tout le reste était une masse de glace.

Après quelques jours passés en intéressantes communications avec cette tribu, le chef de l'expédition crut devoir poursuivre, sans perdre de temps, le but principal de son voyage; et, quittant cette contrée, à laquelle il donna le nom de Highlands Arctiques, il suivit la côte dans la direction du nord-ouest.

Le 30 août, *l'Isabelle* et *l'Alexandre* pénétrèrent dans le détroit de sir James Lancaster, que Baffin n'avait fait qu'entrevoir. Déjà les équipages des deux navires, croyant avoir conquis la prime de vingt mille livres sterling que le parlement avait votée au navire qui découvrirait le passage au nord-

ouest, faisaient, par des hourras, éclater leur joie ;
mais elle ne fut pas, hélas! de longue durée. Dans
l'après-midi de ce même jour, le capitaine Ross, ne
remarquant dans le détroit ni lames venant du nord-
ouest, ni bois entraîné par les flots, ni apparence
de courant, fut pris d'un découragement subit, et
prétendant voir, seul de tous ses compagnons, une
banquise et la terre par le travers de ses navires,
il leur fit virer de bord, à la commune surprise des
états-majors et des matelots. A dater de ce jour, les
travaux de l'expédition se bornèrent à relever à la
voile et de loin les côtes de l'archipel qui, depuis
le détroit de Lancastre jusqu'à celui de Cumberland,
forme la rive occidentale de la mer de Baffin. Deux
mois après, *l'Isabelle* et *l'Alexandre* rentraient en
Angleterre.

SECOND VOYAGE DU CAPITAINE JOHN ROSS
AU PÔLE ARCTIQUE
(1829-1833)

Départ. — Le navire *la Victoria*. — Direction vers le détroit du Prince-Régent. — Premier hivernage à Felix-Harbour. — Effet solaire. — Rencontre et rapports avec les Esquimaux. — La jambe de bois. — Vols commis par les indigènes. — Soulèvement des naturels contre les voyageurs. — John Ross parvient à les apaiser. — Chasse aux bœufs musqués. — Gloutonnerie des Esquimaux. — Second hivernage. — Découverte du pôle magnétique. — Troisième hiver. — John Ross et son équipage abandonnent leur navire. — Ils atteignent la pointe de la Fury. — Nouvelles déceptions. — Encore *l'Isabelle*. — Délivrance. — Retour en Angleterre.

Le capitaine John Ross, préoccupé du désir de dissiper les nuages que le brusque achèvement de son voyage en 1818 avait fait naître sur la hardiesse de ses résolutions, partit de nouveau de la Tamise, le 23 mai 1829, dans le but de chercher le passage au nord-ouest, par le détroit du Prince-Régent. Il montait cette fois le navire à vapeur *la Victoire*, convaincu que la navigation de la mer arctique serait plus facile à un bâtiment à vapeur qu'à tout navire n'ayant que des voiles.

Il arriva, dans le mois d'août, au point le plus élevé qu'il voulait atteindre vers le nord, et il se dirigea par le détroit de Lancastre vers celui du Prince-Régent. A la fin de septembre, la machine à vapeur n'ayant pas cessé d'être une source d'ennuis et de travaux fatigants, il fut décidé qu'on allégerait le navire des portions les plus lourdes et les moins coûteuses de cette machine, en les transportant à terre, dès que le navire serait renfermé dans les glaces.

Ce moment ne tarda pas à arriver.

Le 8 octobre, on ne vit plus une seule goutte d'eau libre, et, à l'exception de la pointe d'un rocher qui s'avançait çà et là, on n'apercevait plus à l'horizon, du côté de la terre, qu'une étendue de neige sans fin. « C'était, dit Ross, une perspective vraiment terrible, une vue d'uniformité, de silence et de mort. Nous nous abandonnions à cet espoir aveugle qui soutient l'homme, même à l'approche d'un mal inévitable, à cet espoir qu'il conserve encore, alors que son navire se brise sur les écueils et que la lumière disparait à ses yeux mourants.

« Mais le fait accompli ne permettait plus d'illusion, et ce fut alors que les longs et tristes soucis d'une détention invincible se déployèrent dans ma pensée. La porte de notre prison se fermait pour la première fois. La nature même ne pouvait, pendant bien des mois, ni nous délivrer, ni nous aider, et nous ne songeâmes pas sans tristesse à cette captivité sans secours, et dont nul ne pouvait prévoir les suites.

« Alors nos réflexions se reportaient sur notre machine à vapeur. Nous nous demandions si nous n'aurions pas pu, sans les retards qu'elle nous avait occasionnés, arriver six semaines plus tôt au point où nous nous trouvions, étendre nos découvertes jusqu'à celles qui avaient été faites à l'ouest, compléter le plan des côtes de l'Amérique, et tourner le passage au nord-ouest dans une seule saison.

« Cependant ces pénibles idées étaient tempérées par d'autres plus satisfaisantes. Chacun, en tenant compte des circonstances, paraissait content des progrès qu'avait faits l'expédition. Combien de fois n'avions-nous pas désespéré de pouvoir atteindre dans cette première année même Port-Bowen! et la carte nous montrait que nous étions à deux cents milles au delà de ce havre, tout en ayant pénétré jusqu'à l'endroit où *la Fury* avait fait naufrage, et en profitant des approvisionnements qui y avaient été laissés. »

L'expédition passa l'hiver dans un port que la carte nomme Felix-Harbour. On fit au navire une toiture au moyen d'un prélart, dont les côtés descendaient assez bas pour couvrir ses flancs. On le fortifia le mieux possible ; on étendit sur le tillac une épaisse couche de neige qui, foulée aux pieds, forma un glacis qu'on couvrit ensuite de sable, ce qui lui donna l'air d'une allée de jardin, et la digue de neige qui entourait le navire s'élevant jusqu'à son plat-bord, et joignant ainsi la toile qui l'enveloppait, l'équipage se trouva à l'abri du vent.

L'hivernement commença ainsi. La relation du capitaine Ross fournit quelques détails nouveaux sur la manière dont on peut passer l'hiver au milieu des glaces de la mer Polaire.

Le déjeuner de l'expédition consistait en cacao ou en thé. On dînait à midi. Quand le temps le permettait, les hommes travaillaient hors du vaisseau jusqu'à trois à quatre heures, avec la permission laissée, bien entendu, à chacun de se faire, sur les agréments de cette promenade, toutes les illusions qui pourraient lui convenir. A cinq heures, ils prenaient le thé, après quoi ils se rendaient à une école du soir qui commençait à six heures, et se terminait à neuf. On tendait alors les hamacs, et l'on se couchait à dix heures.

Le dimanche, nul travail n'était permis. Les hommes mettaient leurs meilleurs habits. A dix heures, ils étaient passés en revue; après quoi venaient les prières et un sermon prononcé, sinon composé, par le capitaine. Pour les occuper le reste du jour, on avait une collection de petits traités religieux. A six heures, se tenait l'école du dimanche. Les hommes y lisaient quelques morceaux des saintes Écritures, et finissaient par les leçons et les psaumes indiqués dans la liturgie.

« Je ne puis douter, dit le capitaine, du bon effet de ce système d'instruction et de devoirs religieux. Nos hommes semblaient véritablement sentir qu'ils composaient une même famille. »

Le 17 novembre, au sein de cette vie polaire, le soleil se montra d'une manière fort singulière, et produisit, suivant Ross, un effet si extraordinaire, si incroyable, qu'aucun pinceau n'aurait pu le rendre. Son centre était obscurci par un nuage, et sa circonférence entourée d'une ceinture, sous laquelle il dardait ses rayons, de façon qu'il ressemblait parfaitement à l'étoile de l'ordre du Bain.

A cet effet solaire vint s'ajouter, le 21 du même mois, une aurore boréale. Elle apparut dans la soirée; sa splendeur augmenta jusqu'à minuit, et elle ne finit que dans la matinée suivante. Elle formait un arc brillant, dont les deux extrémités semblaient reposer sur deux montagnes en face l'une de l'autre. Elle avait la couleur et l'éclat de la pleine lune; un ciel sombre et bleuâtre en formait l'arrière-plan. Comme ces feux artificiels dont on embellit nos fêtes, elle varia pour devenir plus éclatante et plus remarquable encore. Tandis que la masse ou la densité de la matière lumineuse suffisait pour frapper d'obscurité la constellation du Taureau, elle continuait à faire jaillir des gerbes de rayons formant des pointes angulaires, comme on en voit dans les étoiles fabriquées par les joailliers, et qui, par leurs réverbérations, illuminaient tout sur la terre. Deux brillantes *nebulæ*, de matière semblable, se montrèrent ensuite, sous l'arc, émettant les mêmes rayons, et formant un contraste encore plus frappant avec le ciel sombre près de l'horizon. Vers une heure du matin, l'arc commença à se briser en fragments et en *nebulæ*; les réverbérations devinrent plus fréquentes et irrégulières, et à quatre heures tout s'évanouit subitement.

A la fin de novembre, le soleil disparut pour le reste de l'hiver.

Au commencement de l'année suivante, un des marins, étant allé à terre, informa le capitaine que, du haut d'un glaçon pris pour observatoire, il avait vu des hommes. Ross ne tarda pas, en effet, à apercevoir quatre Esquimaux, près d'une petite montagne de glace. A sa vue, ils se retirèrent derrière la montagne; mais comme il continua d'avancer, un assez grand nombre se montra tout à coup. On s'aborda, et la cordialité s'ensuivit.

Ces Esquimaux étaient au nombre de trente et un. Ils venaient du sud; ils avaient édifié leurs huttes à quelque distance vers le nord, et avaient aperçu le vaisseau la veille. Ils portaient sur des traîneaux un vieillard et deux d'entre eux qui étaient boiteux.

Ils étaient tous enveloppés dans une quantité de vêtements, principalement en peaux de rennes; chaussés de deux paires de bottes, et quelques-uns d'une paire de souliers en sus : ce qui, avec leur capuchon, leur donnait en hauteur et en épaisseur des dimensions très-supérieures à la réalité. Certains portaient sur leurs habits des franges faites avec des nerfs ou avec de petits os attachés ensemble. Des peaux de gloutons, d'hermines et de veaux marins gris semblaient aussi leur servir d'ornement.

Comme celles des autres tribus, leurs figures respiraient la santé et la bonne humeur. Leur peau n'était pas aussi cuivrée que celle des autres Esquimaux du Nord. Ils étaient plus propres, et, chose remarquable, leurs cheveux étaient coupés courts et arrangés avec quelque soin. Ils ne firent aucune difficulté de se rendre aux navires. Les gravures jointes aux relations des voyages précédents, et qui représentaient des Esquimaux, leur firent le plus grand plaisir. Les miroirs produisirent sur eux leur effet ordinaire, et leur surprise fut au comble quand ils se virent dans la grande glace du navire. Nos mets européens n'eurent pas le même succès. L'un d'eux, auquel on offrit un morceau de viande, la mangea, et poussa le savoir-vivre jusqu'à dire que cela était fort bon; mais, à force de questions, le commandant Ross lui fit avouer qu'il n'avait pas dit ce qu'il pensait, et ses compagnons, en ayant reçu la permission, s'empressèrent de jeter les morceaux qui leur avaient été donnés. On offrit ensuite de l'huile au même homme. Il la but avec un air de satisfaction, et la trouva excellente.

Une lutte à la course ayant été engagée entre l'un de ces enfants du Nord et un marin de l'expédition, il y eut entre les deux champions une telle réciprocité de courtoisie, qu'on ne put dire quel était le vainqueur.

Une danse au violon, à laquelle les visiteurs prirent la part la plus vive, termina cette heureuse journée.

On les reconduisit à une certaine distance, et

l'on promit d'aller les visiter le lendemain, ce qui eut lieu.

Pour le mode de construction et de distribution, les matériaux et le mobilier, leurs huttes étaient toutes pareilles à celles qu'ont décrites les capitaines Parry et Lyons.

Leurs provisions de chair de rennes et de veaux marins étaient enterrées dans la neige, suivant la coutume de ces peuples, qui amassent ces provisions pendant l'été, et les conservent ainsi pour la saison des grands froids.

Les femmes n'étaient pas des beautés; mais, par leur conduite et leur tenue, elles n'étaient pas inférieures à leurs maris. Toutes celles qui avaient dépassé treize ans semblaient être mariées. Leur taille était petite, et leurs traits pleins de douceur. Toutes étaient plus ou moins tatouées, surtout sur le front et de chaque côté de la bouche et du menton. Leurs vêtements ne différaient guère de ceux des hommes. A la différence de ceux-ci, leurs cheveux, pour l'ordre et la propreté, laissaient beaucoup à désirer. Du reste, elles parurent fort sensibles aux cadeaux de verroterie et d'aiguilles qui leur furent prodigués.

Huit de ces naturels suivirent les gens de l'expédition au vaisseau.

Pendant le trajet, un coup de vent très-froid étant parti d'une vallée, l'un d'eux s'écria que le capitaine avait une joue gelée; il fit sur-le-champ une boule de neige, l'en frotta et resta constamment auprès de lui, lui recommandant souvent de couvrir sa joue d'une main, pour prévenir le retour du même accident.

Lorsqu'on fut au vaisseau, on abandonna six des Esquimaux aux soins de l'équipage, et les autres, qui étaient des chefs, furent invités à la table du capitaine. La vue des couteaux, des fourchettes et des autres objets les émerveilla; mais, après avoir observé pendant quelques instants les mouvements de leurs convives européens, ils se servirent de ces ustensiles, si nouveaux pour eux, avec autant de dextérité que s'ils y eussent été habitués toute leur vie. Leur goût semblait même subitement amélioré. Ils parurent manger avec plaisir de la viande conservée; mais la viande salée, le riz, le fromage, ne leur causèrent que du dégoût; et ce qui fut particulièrement humiliant pour la cuisine britannique, ils n'accueillirent pas mieux un *plum-pudding*, dont on attendait pourtant le plus grand effet sur des palais qui savouraient comme des friandises de la graisse de veau marin et de l'huile rance; l'eau-de-vie ne leur parut pas moins détestable.

Les jours suivants, les communications continuèrent avec ces Esquimaux. On s'efforça d'en tirer des renseignements sur les contrées voisines, et ils ne se montrèrent pas étrangers aux éléments de la géographie. Quelques-uns firent de petites cartes où des lieux connus des voyageurs, notamment la baie et la rivière de Wager, les lacs voisins et la baie Repulse, ainsi que plusieurs criques et rivières sur la côte, étaient correctement placés.

Dès la seconde visite, on eut même la preuve que dans ces notions de géographie certaines femmes pouvaient le disputer à leurs maris. L'une d'elles, appelée *Tiriksia*, comprit fort bien ce que signifiait une carte qu'on lui montra; et quand on lui eut donné un crayon, elle en traça une autre à sa manière, qui ressemblait assez à la première, mais qui contenait beaucoup plus d'îles. Par une précaution trop justifiée par la pauvreté des régions qu'elle dessinait, elle eut même soin de marquer les points où les voyageurs devaient s'arrêter chaque soir, et ceux où l'on pouvait se procurer des vivres.

A son talent de géographe Tiriksia joignait celui d'excellente couturière en peaux de renne et de veau marin. Elle fit cadeau au capitaine d'un costume complet de femme d'Esquimau, travaillé avec soin, orné avec art, et reçut en retour un mouchoir de soie qu'elle avait distingué particulièrement parmi les objets offerts à sa vue.

A quelque jour de là, l'expédition rendit au fils de cette femme le plus précieux des services. Il s'appelait Tulluahiu. Ayant perdu depuis quelque temps une jambe, il était venu au navire sur un traîneau tiré par un de ses compagnons. Le chirurgien l'examina, et, pensant qu'il était possible de lui adapter une jambe de bois, il fit venir sur-le-champ le charpentier pour prendre la mesure. Tulluahiu, voyant ce dont il s'agissait, fut saisi d'un transport de joie inexprimable. On lui expliqua que sa nouvelle jambe serait prête dans trois jours. On lui donna, ainsi qu'à son compagnon, une des caisses d'étain qui avaient contenu les viandes conservées, et ils partirent l'un et l'autre au comble de la félicité.

« Que personne ne s'imagine connaître la valeur d'un présent, dit à ce sujet la relation, avant d'avoir appris quel bonheur peuvent produire un grain de verre bleu, un bouton jaune, une aiguille ou un fragment de vieux cercle de fer. »

Tulluahiu, comme on le pense bien, ne manqua pas de venir essayer sa jambe. En dépit d'un froid épouvantable, il arriva accompagné de son ami Ottookin, d'une vieille femme, de quatre hommes, et de deux jeunes gens qu'il avait voulu rendre témoins de sa miraculeuse transformation. On fit l'essai de la jambe; mais, comme le charpentier avait à y mettre la dernière main, Tulluahiu fut renvoyé au lendemain. Ce jour-là, aussi ponctuel que la veille, il eut la satisfaction de voir la jambe attachée au genou, et, apprenant aussitôt à en faire usage, il se mit à se promener dans la cabine avec un air d'extase où perçait une admiration des plus profondes pour le génie chirurgical du charpentier.

Sa reconnaissance et celle de ses compatriotes se manifestèrent d'une façon aussi plaisante que vive. L'armurier du vaisseau était mourant. L'ami de Tulluahiu, Ottookin, était angekok, c'est-à-dire, comme on l'a dit, sorcier et médecin en même temps; Tulluahiu et ses compagnons proposèrent aussitôt d'employer sa puissance magique à guérir le malade.

Le nom du navire fut gravé sur la jambe, et son possesseur, n'étant pas encore assez habitué à s'en servir pour entreprendre avec elle une course de deux milles sur la neige et la glace, dut se contenter, à son grand regret, de l'emporter sur son traîneau; mais, peu de jours après, on apprit qu'il avait pu aller à la chasse des veaux marins; et à cette nouvelle on répondit par une autre, de nature à l'enchanter encore plus, s'il était possible. Le charpentier avait imaginé un pied plus convenable pour marcher sur la neige. Informé de ce surcroît de bonne fortune, l'heureux Tulluahiu accourut encore, avec un grand nombre de ses compagnons et une troupe d'enfants, pour chercher son nouveau pied, et il en fut charmé à ce point, qu'on eut toutes les peines du monde à l'empêcher de repartir sur-le-champ pour en faire immédiatement l'essai. Lui et ses amis semblaient accablés du poids de la grandeur d'un tel bienfait. L'expédition ne tarda pas à le revoir; il avait fait à pied tout le trajet, environ neuf milles et demi.

« Cette jambe de bois, dit le capitaine, nous éleva plus haut dans l'esprit de cette tribu que n'auraient pu le faire toutes les merveilles de l'Europe. »

Elle amena un incident assez plaisant. Un des naturels, ayant mal à une jambe, vint demander qu'on lui en fît une par précaution; c'était un moyen de se procurer un morceau de bois; on répondit à l'astucieux Esquimau que la première chose à faire pour obtenir ce qu'il désirait, c'était de se faire couper sa mauvaise jambe. Il n'insista plus.

Cependant les voyageurs eurent le regret de se convaincre que leurs nouveaux amis n'étaient pas, comme ils l'avaient cru d'abord, des modèles d'honnêteté parfaite. Plusieurs choses avaient notoirement disparu, telles qu'un marteau, des mouchettes, un verre de lunettes, et, en dernier lieu, une loupe. Le capitaine, d'après certaines circonstances, soupçonnait l'angekok Ottookin de s'être approprié ce dernier objet. Ses soupçons se confirmèrent; étant allé visiter ce médecin sorcier, qui souffrait d'une enflure à la joue, il le trouva très-peu disposé à le laisser entrer dans sa hutte. Ross, après avoir examiné le patient, lui dit aussitôt que son mal tenait à un verre magique. Ottookin avoua sur-le-champ le vol, et promit de rapporter la loupe le lendemain. Ross le quitta en lui recommandant de ne pas oublier de le faire, l'assurant que, s'il y manquait, son autre joue enflerait indubitablement. Il fut exact, et sa terreur était si grande, qu'il remit outre la loupe, non-seulement le marteau, mais même un hameçon et un fer de harpon que le capitaine lui avait donnés en échange d'un arc, et qu'il possédait, par conséquent, à titre légitime. Ross accepta, pour lui faire plus d'impression, la punition qu'il s'infligeait lui-même, et renouvela le troc comme si le premier eût été sans valeur.

Deux jours après, Ross le revit; il était désespéré, il n'avait pu tuer un seul veau marin, et il attribuait sa mauvaise fortune au verre magique; le capitaine le consola, en l'assurant qu'il aurait meilleure chance sous deux jours.

Quant aux mouchettes et au verre de lunettes, le bruit public apprit aux voyageurs qu'une vieille femme les possédait, et bientôt un incident leur donna la preuve qu'ils avaient été plus volés qu'ils ne le pensaient.

On avait tiré des coups de fusil pour faire des expériences sur la rapidité du son. Un Esquimau, qui avait accompagné le commandant Ross à l'observatoire, lui demanda ce que disaient les fusils. « Ils disent, répondit le commandant, les noms de tous ceux qui nous ont pris quelque chose. »

Cette réponse ayant été rapportée à la tribu, une assemblée générale eut lieu immédiatement, et il y fut décidé qu'on rendrait tout ce qu'on avait pris.

Grâce à cette circonstance, l'expédition, en sus des objets dont la disparition avait été remarquée, rentra en possession d'un morceau de fer, d'un fragment de cercle de même métal, et d'un rouet de poulie.

Pendant le troisième voyage du capitaine Ross, une terrible rupture faillit éclater entre les voyageurs et les naturels. Se proposant d'aller visiter dans le Nord un endroit dont la connaissance pouvait être importante, Ross avait profité d'une visite qu'avait faite un navire, la veille du jour fixé pour son départ, à une troupe nombreuse d'Esquimaux, pour engager l'un d'entre eux à lui servir de guide. Mais quelles ne furent pas sa surprise et celle de sa suite, en arrivant le lendemain au village de leurs bons amis de la veille ?

Un profond silence a remplacé les cris de joie par lesquels on les accueillait habituellement.

Bientôt ils aperçoivent les Esquimaux sombres, courroucés, armés de leurs couteaux. Les femmes, les enfants ont été mis à l'écart, ce qui est le signe de la guerre. Tout à coup un vieillard se précipite hors d'une hutte, agitant en l'air un de ces couteaux dont ils se servent pour attaquer les ours. Des larmes coulent sur son visage ridé, et ses yeux égarés semblent chercher les objets de sa fureur; le commandant, et le chirurgien qui l'accompagne, s'approchent pour connaître la cause de tout ce mouvement; le vieillard lève son arme pour la lancer contre eux; mais le soleil qui l'éblouit lui fait suspendre un moment son coup, et son fils lui saisit le bras.

Le commandant e son compagnon, se perdant en conjectures pour deviner la cause d'une animosité si soudaine, se mettent cependant en défense.

Le vieillard furieux est alors saisi par ses deux

fils, qui le retiennent et lui lient les bras derrière le dos, en dépit des efforts qu'il ne cesse de faire pour se dégager de ses liens; mais les autres paraissent prêts à le seconder dans ses attaques.

Néanmoins, d'après la conduite de ses deux enfants, on peut conjecturer qu'il y a divergence entre eux. Tous ne sont donc pas également hostiles, et les pourparlers sont possibles.

Sur ces entrefaites, les Esquimaux se consultent, délibèrent et se mettent en marche des deux côtés pour entourer les voyageurs. Ross, ne voulant pas se laisser couper le chemin du vaisseau, les avertit de ne pas approcher davantage; ils s'arrêtent un instant, mais presque aussitôt continuent d'avancer, brandissant toujours leurs couteaux avec un air de menace. Se voyant à la veille d'être enveloppé, le commandant les met en joue... il va faire feu... Heureusement ce seul geste les arrête. Ceux qui étaient les plus prêts s'enfuient; les autres les suivent.

Il est longtemps impossible d'en faire approcher un seul. Pourtant une femme se dévoue; elle crie au commandant de ne pas tirer, et s'avance avec confiance.

Enfin les voyageurs apprennent d'elle la cause de tout ce tumulte. Le soir précédent, un des fils adoptifs du vieillard, bel enfant de sept à huit ans, avait été tué par une pierre qui lui était tombée sur la tête, et les hommes blancs étaient accusés d'avoir causé ce malheur, au moyen des pouvoirs surnaturels qu'on leur supposait.

Le *commander* parvint à persuader les Esquimaux de l'injustice de leurs soupçons, et ils ne parurent plus occupés qu'à effacer l'impression que leur conduite pouvait avoir produite.

Ils insistèrent, toutefois, pour que Ross différât son voyage, disant qu'ils ne pouvaient se servir de leurs chiens avant que trois jours se fussent écoulés depuis la mort d'un membre de la famille; mais le *commander* parvint à décider l'un d'entre eux, nommé Poo-Yet-Tah, à l'accompagner, à la condition de prendre avec lui deux de ses compatriotes.

En chemin, Poo-Yet-Tah ne manqua pas de faire à l'Européen des questions sur ce qui l'intéressait le plus : « A l'aide des fusils, pourrait-on trouver des bœufs musqués, ou en apercevoir sur les montagnes, au moyen de ces tubes à travers lesquels regardaient toujours les hommes blancs? »

Ross, qui, depuis l'aventure à laquelle il venait d'échapper, ne se souciait nullement de passer pour sorcier, lui déclara qu'il était incapable de lui rien dire relativement aux bœufs musqués, ce qui parut le désappointer beaucoup. Le pauvre Esquimau ne comprenait pas que l'expédition, en se rendant dans les régions arctiques, eût d'autre but que d'y venir faire de bons repas avec la chair de ces animaux.

Après deux heures d'une marche pénible, voyant que les traces des chiens ne suivaient plus celles des bœufs, l'Esquimau en conclut que le gibier était trouvé et tenu en arrêt. Sa conjecture se vérifia. Comme ils tournaient le coin d'une montagne, un superbe bœuf musqué, arrêté devant les trois chiens, se présenta à leur vue. A ce moment, Poo-Yet-Tah prend l'avance; il a déjà décoché deux flèches à l'animal; la seconde, le frappant sur une côte, est retombée à terre, et ne l'a pas seulement distrait de l'attention qu'il prête aux attaques des chiens. Ceux-ci le harcèlent en tournant autour de lui, battant en retraite quand il leur fait face, et lui mordant les jambes quand il se retourne pour leur échapper. Le bœuf, tremblant de rage, s'efforce de les atteindre; mais leur agilité et leur expérience déjouent ses efforts. L'Esquimau continue à tirer sans produire aucun effet, ayant beaucoup de peine à trouver une occasion favorable pour décocher ses flèches, et perdant beaucoup de temps à les ramasser.

Il était aisé de voir que ses armes étaient insuffisantes pour un tel combat, ou du moins qu'il lui faudrait plusieurs heures pour remporter la victoire.

Indépendamment du prix qu'il attachait à la proie, Ross tenait à prouver à son compagnon la supériorité des armes européennes. A la distance d'environ quatre mètres, il fait feu sur le bœuf avec deux balles. Le coup porte, et l'animal tombe; mais, se relevant à l'instant même, il court sur les deux chasseurs, qui se réfugient derrière une pierre énorme. En les poursuivant, le bœuf s'y frappe la tête, et tombe de nouveau avec un bruit qui fait retentir la terre. L'Esquimau prend alors son couteau pour l'en percer; mais le bœuf se relève encore, et force son trop prompt adversaire à se réfugier derrière les chiens qui recommencent leurs attaques. L'animal perd tant de sang, que ses longs poils en sont couverts; mais il semble conserver toute sa force et sa rage, et s'avance avec la même férocité.

Cependant, derrière la pierre, Ross a rechargé son fusil, et il se prépare à tirer son second coup, quand le bœuf se précipite sur lui. Poo-Yet-Tah, vivement alarmé, lui crie de se replacer derrière la pierre; mais il a eu le temps d'ajuster : deux coups partent, et le terrible quadrupède tombe pour ne plus se relever. Une balle lui avait traversé le cœur, et l'autre lui avait fracassé l'épaule.

A la vue de son ennemi terrassé, le premier mouvement de l'Esquimau fut de crier et de danser de joie. Saisi d'étonnement en voyant cet effet des armes à feu, il se mit à examiner soigneusement les trous que les balles avaient faites à la peau de l'animal, et fit remarquer au commandant que le corps avait été traversé de part en part; mais, ce qui lui causa le plus de surprise, ce fut l'épaule fracassée. « Je n'oublierai jamais, dit John Ross, l'air de terreur avec lequel il me dit, en me regardant en face : *Now ek poke!* Elle est brisée! »

Il y avait alors dix-huit heures qu'ils n'avaient rien pris. Ross s'attendait à voir son Esquimau songer immédiatement à se préparer un dîner avec sa proie; mais ce dernier avait encore plus de prudence que de gourmandise. Il savait que la violence du froid, en gelant le corps du bœuf, allait en faire une masse qui défierait dents et couteaux, s'il n'était dépecé à l'instant, et l'écorcher fut son premier soin; il se contenta pour le moment de mêler le sang chaud du bœuf avec de la neige, pour la faire fondre et en étancher sa soif. Par la même raison, il le divisa en quatre parties, et, ne pouvant les emporter, il les couvrit d'une petite hutte de neige, pour être sûr de les retrouver au retour, en ayant soin, bien entendu, d'en distraire ce qui était nécessaire pour le repas du soir.

Chemin faisant, ils découvrirent un autre bœuf musqué; mais ils étaient trop fatigués pour le poursuivre. L'Esquimau assura que cela importait peu, que l'animal resterait dans cet endroit pendant quelque temps, et qu'il serait facile de le retrouver le lendemain matin.

Un bon souper ou plutôt un bon déjeuner, car ils n'arrivèrent à la hutte qu'à cinq heures du matin, fut le prix de leurs fatigues. Le bœuf était excellent; mais Ross avait à peine dormi quatre ou cinq heures, qu'il fut réveillé par les cris de Poo-Yet-Tah et les aboiements des chiens. Le bœuf musqué vu la veille avait agité le sommeil du sauvage. Parti depuis plus d'une heure pour courir après cette nouvelle proie, il avait trouvé l'animal sur le haut d'une montagne escarpée, l'avait gravie avec ses chiens, et le bœuf, en cherchant à s'échapper, était tombé du haut du rocher et s'était tué.

On se rendit sur la place. La chute du bœuf, d'une hauteur de dix mètres sur un bloc de granit, lui avait brisé tous les os. Le guide s'empressa de lui faire subir les mêmes opérations qu'au premier.

Le lendemain, les trois Esquimaux ne s'occupèrent, pendant toute la journée, qu'à tailler la chair du bœuf en aiguillettes longues et étroites et à les avaler. Le cou, le dos, les côtes disparurent successivement, ces mangeurs insatiables se reposant parfois pour prendre haleine, se plaignant de ne pouvoir plus manger, se couchant alors sur le dos, mais recommençant dès qu'ils se retrouvaient en état d'engloutir de nouveaux morceaux.

À la vue d'un tel appétit, le *commander*, à la fois stupéfait et humilié pour notre nature : « Brutes dégoûtantes! s'écrie-t-il : l'hyène même une fois repue se serait reposée; et l'impossibilité absolue de faire entrer une bouchée de plus dans leur estomac pouvait seule arrêter la gloutonnerie de ces créatures, qui avaient reçu du Ciel le don de raison! » Il passa la main sur l'estomac de Poo-Yet-Tah; sa dilatation était prodigieuse. Le plus rude mangeur de l'Europe en serait mort dix fois.

Pendant le second hiver que l'expédition fut condamnée à passer si près du lieu où elle avait subi le premier, le capitaine Ross se livra à une suite d'observations, et réussit à fixer la situation du pôle magnétique d'une manière qui lui parut plus exacte qu'on ne l'avait fait jusqu'alors. L'inclinaison de l'aiguille, dans le lieu où il fit ses observations, excédait 89°, ce qui était effectivement une approximation de distance plus voisine de la vérité que toutes celles qui avaient été obtenues avant lui.

Le 27 mai, il partit donc plein d'espoir; et le 1ᵉʳ juin, à huit heures du matin, il avait atteint, sur la côte sud-ouest de la Boothia-Felix, un emplacement où il faisait les expériences suivantes.

L'inclinaison indiquée par l'aiguille était à une seule minute de la position verticale. Les aiguilles horizontales se montraient complétement immobiles. Suspendues de la manière la plus délicate possible, il n'y en avait pas une seule qui fît le moindre effort pour se mouvoir et changer de position.

Ces phénomènes indiquaient que le centre d'attraction était à une très-faible distance horizontale, sinon immédiatement au-dessous. L'observateur était donc sur le pôle magnétique.

« Je crois, dit le commandant, que je dois laisser aux lecteurs le soin de se figurer les transports que nous éprouvâmes alors. Périls, fatigues passés ou futurs, tout fut oublié. Il nous sembla que nous n'avions plus qu'à retourner dans notre patrie, pour y être heureux le reste de nos jours. »

La prise de possession de ce lieu et du terrain environnant, au nom de la Grande-Bretagne et de Sa Majesté Guillaume IV, n'en fut pas moins solennelle. Ross y planta le pavillon britannique, et, rassemblant quelques pierres à chaux qui couvraient le rivage, il y éleva un monticule, faible monument destiné à disparaître bientôt, sans doute, sous les assauts du temps et sous les pieds des Esquimaux.

Le second hivernement durait depuis deux mois, et pendant tout ce temps les voyageurs n'avaient eu sous les yeux, comme dans l'hiver précédent, qu'une succession d'énormes rochers de glace qui, s'ils se mettaient à flot, étaient perpétuellement remplacés par d'autres; « car, dit Ross, l'entrepôt qui les fournissait était inépuisable. »

Ainsi s'étaient passés la fin de 1830 et sept à huit mois de 1831.

Ce ne fut qu'au mois d'avril 1832 que les Anglais purent songer de nouveau à sortir de leur captivité.

Ils entreprirent donc de mettre ce projet à exécution, et alors commencèrent pour eux des fatigues qu'il faut renoncer à décrire.

Barques, provisions, traîneaux, attirails de toute espèce, il fallut tout transporter, traîner, échelonner à des stations successives; et par quelles voies! à travers quels obstacles! sous quelle température!... Le lecteur connaît le milieu qu'ils avaient à vaincre. Les retours forcés étaient multipliés à ce

John Ross et son équipage gagnent la mer Polaire.

point, que vers la fin de ce même mois d'avril, pour ne citer que ce dernier résultat, les voyageurs avaient parcouru un espace de cent dix milles, et n'avaient avancé que de dix-huit : force était de revenir sans cesse au vaisseau.

Le dernier départ n'eut lieu que le 28 mai.

« Nous bûmes, dit Ross, un dernier verre de grog, pour prendre congé de notre pauvre vaisseau. C'était le premier que j'eusse jamais été forcé d'abandonner, après avoir servi, pendant quarante-deux ans, à bord de trente-six bâtiments divers. J'éprouvais la sensation qu'on éprouve à se séparer d'un ancien ami, et je ne tournai pas la pointe, où il cessa d'être visible, sans m'arrêter pour prendre une esquisse de ce désert, où je le quittais solitaire, abandonné dans ces glaces dont il nous avait si longtemps préservés, et où il devait rester jusqu'à ce que le temps eût produit sur lui son effet inévitable. »

A la fin du mois de mai, seize milles les séparaient encore du havre d'Élisabeth.

A cette époque avancée de la saison, l'état de la glace leur démontrait du moins qu'ils n'avaient pas mis trop de précipitation à abandonner le vaisseau.

La mer, aussi loin que la vue pouvait s'étendre

en tout sens, n'était qu'une masse solide d'énormes pièces de glace soudées ensemble. Tout était rocher.

Enfin ils peuvent atteindre la pointe de la Fury. Ils s'y établissent le 1ᵉʳ juillet.

Ross et ses compagnons sont-ils enfin dans la voie du salut? Le mois d'août, revenant pour la troisième fois, semble les bercer de cet espoir... Les glaces se sont inopinément séparées; un espace d'eau navigable se montre; ils se remettent à l'œuvre; peut-être ils pourront gagner la baie de Baffin avant le départ des bâtiments baleiniers... Nouvelle déception! les glaces trompent à ce point leur attente, qu'après leur avoir donné une succession continuelle d'espérances et de désappointements, elles les forcent à retourner à la pointe de la Fury pour y passer un quatrième hiver. Celui-ci ne se termina qu'en juillet.

Ils purent cependant quitter une seconde fois la pointe de la Fury. Le cap septentrional de la baie de Batty est doublé, la baie d'Edwin traversée.

Cette terrible mer Polaire semble vouloir cette fois lâcher sa proie. Le canal d'eau libre a augmenté de largeur... Ils avancent, et, après avoir dépassé leur ancienne position près du cap nord-est de l'Amérique, ils se voient à la pointe orientale du détroit.

« C'était, dit la relation, c'était pour nous comme un miracle de voir tout à coup convertie en eau navigable cette glace qui avait couvert tout le détroit, et dont la solidité semblait éternelle. A peine pouvions-nous le croire, et celui qui s'assoupissait avait besoin, en s'éveillant, de quelques instants pour se convaincre que sa barque s'élevait sur des vagues. »

Le 25 août, à quatre heures du matin, tandis qu'ils dormaient tous, l'homme qui était en vigie crut apercevoir une voile en mer. C'était en effet un navire, et de plus, un autre se montrait au nord : celui-là a mis en panne... Sans doute il les a vus. Mais non ! il déploie sa voilure et s'éloigne avec rapidité.

« Nous n'avions pas encore passé un moment aussi cruel, dit le capitaine. Nous voir entre deux navires, et songer que probablement nous ne pourrions atteindre ni l'un ni l'autre, c'était là un supplice d'un genre nouveau.

« Je soutenais le courage de mes gens, en les assurant de temps en temps que nous approchions de l'un des navires; assertion un peu hardie, mais que tout à coup un calme providentiel changea en réalité. Nos progrès sont manifestes; le navire nous a aperçus, et une barque s'en détache pour se diriger vers les nôtres. »

Elle a bientôt joint celle où se trouve le capitaine.

« Vous avez sans doute perdu votre bâtiment? lui dit en l'abordant l'officier du vaisseau.

— Oui, répond Ross, et nous vous prions de nous recevoir à votre bord. Quel est le nom de votre navire?

— *L'Isabelle*, réplique l'officier, autrefois commandée par le capitaine Ross.

— Je suis moi-même le capitaine Ross, répond ce dernier, et ces hommes qui m'accompagnent formaient l'équipage de *la Victoire*.

— Le capitaine Ross? répond le marin; mais il y a deux ans qu'il est mort... »

Heureusement il était facile à celui-ci de lui prouver le contraire.

Peu de temps après, l'équipage de *l'Isabelle*, réuni en une minute sur le pont, saluait Ross et ses compagnons de ses acclamations enthousiastes, et l'intrépide explorateur des régions arctiques montait à bord de son ancien vaisseau, où le capitaine Humphreys, qui le commandait, lui faisait un accueil des plus fraternels.

« La seule charité nous l'aurait accordé, dit l'illustre voyageur. Il était impossible de voir une réunion d'êtres humains d'un aspect plus misérable. Nos barbes n'avaient pas été faites depuis je ne sais combien de temps ; nos vêtements n'étaient que de sales fragments de peaux d'animaux sauvages ; notre maigreur, notre pâleur, nous rendaient semblables à des spectres. Nous formions un tel contraste avec les hommes qui nous entouraient, que nous sentîmes tous, pour la première fois peut-être, ce que nous étions réellement, et ce que nous devions paraître aux autres.

« Mais le côté plaisant de notre situation nous fit bientôt oublier tout le reste, la joie qui nous transportait nous disposant d'ailleurs à nous amuser du spectacle que nous donnions à nos hôtes. Chacun de nous se levait, s'habillait, se rasait et mangeait en même temps ; et tout ce qui était nécessaire à ces différentes opérations se mêlant dans une inexprimable confusion, il en résultait la scène la plus grotesque. Les questions étaient interminables de part et d'autre. On nous interrogeait avidement sur nos aventures, sur nos fatigues, sur nos souffrances, et nous n'étions pas moins empressés de notre côté à demander des nouvelles d'Angleterre, dont nous étions privés depuis quatre ans. L'ordre pourtant s'établit. On prit soin des malades, on assigna à chacun de nous sa place, en l'entourant de toutes les attentions que la bienveillance peut imaginer. La nuit amena enfin le repos et des pensées sérieuses; j'aime à croire que pas un de nous n'oublia de rendre des actions de grâces à cette providence divine qui, nous ramenant des bords d'une tombe entr'ouverte, venait de nous rendre à nos amis et au monde. »

Le 19 octobre, le capitaine Ross recevait à Londres les félicitations de ses amis et des sociétés savantes. Tous ceux qui avaient pris part à cette merveilleuse expédition furent récompensés, bien que le gouvernement ne l'eût pas patronnée. Le neveu de Ross fut nommé capitaine de vaisseau, et lui-même élevé au grade de contre-amiral, avec une indemnité de cinq mille livres sterling.

VOYAGE DU CAPITAINE BACK A LA RECHERCHE DE JOHN ROSS

(1833-1835)

Départ de Back pour aller à la recherche du capitaine Ross. — Arrivée à Cumberland-House. — Privation d'eau. — Souffrances occasionnées par les moustiques. — Le lac de l'Esclave et le fort de la Résolution. — Remonte du Hoar-Frost. — Encore le supplice des moustiques. — Retour au lac de l'Esclave. — Le lac de l'Artillerie. — Destruction du canot de Back. — Paysage arctique. — Hivernage. — Affluence des Indiens ou Peaux-Rouges. — Le missionnaire. — Chant de mort. — Les souverains anthropophages. — Légendes sanglantes. — L'Indien cannibale. — Rigueurs de l'hiver. — Deux corbeaux, compagnons de la réclusion des voyageurs. — Nouvelle du retour de Ross. — Reprise du voyage vers le nord. — Trajet sur la glace. — Arrivée à la mer polaire. — Back prend possession de ces régions au nom de l'Angleterre. — Retour vers les établissements.

Le 17 février 1833, le capitaine Back, accompagné du docteur Richard King et de trois hommes qui, comme lui, avaient fait partie de l'expédition de Franklin, quittaient Liverpool, se rendaient à Montréal, au Canada, et de là à Norway-House, premier poste de la compagnie, sur la rivière

Jacques, dans le but de compléter le personnel d'une expédition chargée d'aller à la recherche du capitaine Ross.

Le projet de Back était de gagner la mer Polaire, à l'occident du cap Turnagain, et de suivre, pour y arriver, le cours d'un fleuve vaguement indiqué dans cette direction par les chasseurs indiens; son existence paraissait certaine, mais sa source et son cours étaient inconnus des Européens et des Canadiens. Ce fleuve était le *Thlew-ee-Chock* ou grande rivière du Poisson.

Après avoir dépassé successivement le Grand-Rapide, le lac Cédar, plus connu sous le nom de lac Bourbon, la rivière Saskatchawan, le lac de l'île aux Pins, l'expédition arriva à Cumberland-House. Elle abordait le 17 juillet au fort Labrosse où, toujours grâce aux soins de la compagnie, elle trouva un ravitaillement considérable. Bientôt après, les voyageurs ayant pris terre au portage de Loche, et cheminant à travers les bois, l'eau leur manqua pour apaiser leur soif, excitée par une chaleur de 20° centigrades, et par des fardeaux de quatre-vingt-onze kilogrammes pour chaque homme.

Une souffrance plus cruelle encore, et qui devait malheureusement se reproduire souvent, vient s'ajouter aux autres. Des myriades de moustiques, et de ces insatiables diptères que nous appelons *taons*, et auxquels les Anglais ont donné le nom expressif de bouledogues, ravis de pouvoir s'abattre sur des créatures humaines, se livrent avec une telle ardeur à ce festin inaccoutumé, que tous les visages en sont ensanglantés.

Le 8 août, l'expédition atteignit le grand lac de l'Esclave et le fort de la Résolution.

En traversant le chenal qui conduit à la rivière de l'Esclave, Back rencontra des Indiens qu'il avait déjà vus à la rivière Salée. Ils lui crièrent de loin : « Eh quoi! le grand chef passe sans nous offrir une pipe de tabac! » Mais d'autres soins le préoccupaient, et il ne répondit qu'en continuant sa route à cet appel fait à son amour-propre et à sa générosité.

Redescendus sur la rive de l'Hoar-Frost, torrent glacé, que les voyageurs avaient été forcés de remonter à travers d'effroyables précipices, à peine y ont-ils placé leur tente, qu'un supplice déjà éprouvé se renouvelle pour eux. Les moustiques et les maringouins arrivent.

« Parmi les nombreuses misères inhérentes à la vie aventureuse de voyageur, dit Back, il n'en est point de plus insupportable et de plus humiliante que la torture que vous fait subir cette peste ailée.

En vain essayez-vous de vous défendre contre ces petits buveurs de sang ; en vain en abattez-vous des milliers, d'autres milliers arrivent aussitôt pour venger la mort de leurs compagnons, et vous ne tardez pas à vous convaincre que vous avez engagé un combat où votre défaite est certaine. La peine et la fatigue que vous éprouvez à chasser ces innombrables assaillants deviennent à la fin si grandes, qu'à moitié suffoqué, vous n'avez d'autre ressource que de vous envelopper d'une couverture et de vous jeter la face contre terre, pour tâcher d'obtenir quelques minutes de répit.

« Les vigoureuses et incessantes attaques de ces insectes montrent bien toute l'impuissance de l'homme, puisque, avec toutes ses forces si vantées, il ne peut venir à bout de repousser ces faibles atomes de la création. »

Cependant la mauvaise saison approchant, Back se détermina à revenir sur ses pas, pour aller passer l'hiver sur le lac de l'Esclave.

Les rapides les conduisirent à un lac qu'ils avaient traversé le 25 août de l'année précédente. Back le nomma le lac de *l'Artillerie*. Mais déjà presque brisé par un tourbillon, comme le canot que montaient l'intrépide capitaine et ses compagnons glissait d'un premier rapide sur un second, de ce second sur un troisième, un quatrième se présenta, et il y fut jeté sur une roche aiguë qui lui donna le coup de grâce.

On fut donc forcé d'achever le reste du voyage à pied, et chaque homme, chargé d'un poids de soixante kilogrammes, se mit à gravir les montagnes de granit, s'échelonnant à travers des gorges et des ravins épouvantables.

« Quand j'arrivai, dit Back, au sommet de la montagne, d'où l'on peut voir le lac de l'Artillerie s'étendre au loin sur l'horizon, ce fut un spectacle nouveau pour moi. Ce n'était ni la beauté sévère d'une scène des Alpes, ni la variété d'un paysage européen. L'œil errait sans prise sur ces lignes infinies de rochers imposants, dont les flancs déchirés offraient des formes extraordinaires et impossibles à décrire. On eût dit une mer en courroux subitement pétrifiée. Le feu, dont on ne peut dans ces contrées connaître précisément la cause, avait tout dévoré. Sauf les restes de verdure de quelques lichens brûlés, rien ne tempérait l'horreur des perspectives. Les pins, renversés dans une lugubre confusion, couvraient au loin les montagnes, comme de noirs cadavres de cette végétation disparue. C'était un tableau hideux de désastres et d'incendie.

« Mais comment décrire, ajoute-t-il quelques

lignes plus bas, comment décrire les souffrances que nous causèrent dans ce trajet les moustiques et leurs alliés les maringouins!... Soit qu'il nous fallût descendre dans des abîmes où la chaleur nous suffoquait, ou passer à gué des terrains marécageux, ces persécuteurs s'élevaient en nuages et obscurcissaient l'air. Parler et voir était également difficile; car ils s'élançaient sur chaque point de notre corps qui n'était pas défendu, et y enfonçaient en un instant leurs dards empoisonnés. Nos figures ruisselaient de sang, comme si on y eût appliqué les sangsues. La cuisante et irritante douleur que nous éprouvions, immédiatement suivie d'inflammation et de vertige, nous rendait presque fous. Toutes les fois que nous nous arrêtions, et nous y étions souvent forcés, nos hommes, même les Indiens, se jetaient la face contre terre, en poussant des gémissements semblables à ceux de l'agonie.

« Comme mes bras avaient moins souffert, je cherchai à me garantir moi-même en faisant tournoyer un bâton dans chaque main; mais, en dépit de cette précaution, et malgré les gros gants de peau et le voile que j'avais pris, je fus horriblement piqué. »

Les voyageurs purent enfin regagner le bord

oriental du lac de l'Esclave. Un poste n'y fut pas plutôt établi, que les Indiens y affluèrent. C'est ici le lieu de faire connaître à nos lecteurs les Indiens ou Peaux-Rouges des contrées arctiques. Nous ne pouvons mieux commencer ce récit qu'en empruntant au P. Laverlochère, — missionnaire de la baie de James, un de ces hommes de foi et de sacrifice qui portent aux extrémités du monde la *bonne nouvelle*, — des pages extraites des *Annales de la Propagation de la Foi*, et dont l'éloquente simplicité met admirablement en relief les horreurs de la vie sauvage.

« Vers la fin de l'hiver de 1850, un beau jeune Indien se présenta à la mission; il pouvait avoir dix-huit à vingt ans; sa physionomie portait l'empreinte d'une profonde tristesse. La vue d'une robe noire parut l'interdire un instant; mais quand je lui eus fait signe de s'asseoir, il se rassura, et je le priai de me raconter le sujet de son affliction. Il poussa un long soupir et commença ainsi :

« Je ne veux pas trahir ma pensée; le mensonge
« ne souillera pas mes lèvres. On m'a dit que tu
« étais l'envoyé du Grand-Esprit, et je sais que tu
« me comprends; je vais tout te dire. Nous cam-
« pions, l'hiver dernier, deux familles ensemble.
« Mon père, mon frère aîné, un autre homme et

« moi allions tous les jours à la chasse. Il faisait
« très-froid; nous ne pouvions rien tuer, et nous
« revenions le soir dans notre wigwam, où nous
« attendait ma mère avec plusieurs enfants et une
« autre femme. Celle-ci disait toujours : *Je veux*
« *manger de la viande fraîche; j'en mangerai!...*
« Nous n'avions que de l'ours boucané à lui offrir;
« nous en mangeâmes, et nous nous endormîmes.
« On n'aurait pas eu le temps de fumer trois fois le
« calumet depuis que nous étions couchés, lors-
« qu'un bruit sourd et voisin me réveilla tout à
« coup. Je vis une main qui assenait un coup de
« massue sur la tête de mon père. Croyant que
« c'était le *windigo*, ou génie du mal, je me levai
« à la hâte et m'enfuis saisi d'effroi. J'errai pendant
« deux jours sans savoir où j'allais; à la fin, je me
« retrouvai sur le lieu même où ma famille entière
« avait péri : des membres épars, des morceaux de
« chair dépecée étaient tout ce qui restait de dix
« personnes ! J'eus peur, et je m'enfuis de nouveau.
« J'aperçus sur un monticule la femme terrible;
« elle disait toujours : *Je veux manger de la viande*
« *fraîche; oui, j'en mangerai!...* J'ai encore long-
« temps marché sans rencontrer personne. A la fin,
« je suis arrivé auprès d'un campement d'Indiens,
« auxquels j'ai raconté mes malheurs. Avec eux je

« suis retourné au lieu du massacre, mais nous
« n'avons plus retrouvé la femme; elle s'était ca-
« chée. Des loups rongeaient les cadavres de mon
« père, de ma mère, de tous les miens!... Je suis
« bien malheureux! On m'a dit que la robe noire
« devait se rendre ici : voilà pourquoi je suis venu.
« Je veux faire la prière de la robe noire. »

« L'ardeur que ce malheureux orphelin mit à s'instruire fut admirable, et ses progrès non moins étonnants. Tandis que les autres, quoique plus âgés que lui, se livraient à une joie enfantine, jamais je ne le vis sourire... Lorsqu'il eut reçu les deux grâces du baptême et de la communion, sa mélancolie, sans se dissiper entièrement, laissa entrevoir sur les traits de son visage que le calme et la paix étaient rentrés dans son âme. Prêt à retourner au désert, il vint avec moi au pied de la croix de la mission, la baisa avec amour, me pria de le bénir, et me dit : « Lorsque j'eus vu toute ma famille
« massacrée, et que j'errais çà et là dans les bois,
« je me disais : *Tout est fini pour moi; seul, aban-*
« *donné de tous, je n'ai plus qu'à mourir.* Oh! je
« sais bien que je me trompais, puisque c'est depuis
« mes malheurs que je t'ai rencontré, mon Père, et
« que j'ai appris la sainte prière du Grand-Esprit!...
« C'est que nous sommes si malheureux dans nos

« déserts! Ensevelis dans une profonde nuit mo-
« rale, nous naissons, nous grandissons, et puis
« nous cessons de vivre comme les animaux de nos
« forêts. Maintenant, ô mon Père! je puis retourner
« dans les bois, je n'y serai plus seul! souvent,
« dans mes souffrances, je baiserai mon petit ca-
« davre de bois¹, je contemplerai l'image de Marie,
« je compterai les saintes graines de la prière², et
« je planterai une croix sur ma terre de chasse.
« C'est là que j'irai prier le Grand-Esprit. Je regar-
« derai le ciel, les forêts et les eaux, et je dirai :
« Le Grand-Esprit a fait tout cela pour moi;
« qu'il est bon, le Grand-Esprit! Du sein de sa
« lumière infinie, il veille sur les Peaux-Rouges
« comme sur les visages pâles; car tous les hommes
« sont ses enfants. »

« Restes attardés de toutes les migrations qui se
sont écoulées sur le sol du nouveau monde avant
sa découverte, ou débris dispersés de groupes sociaux brisés sans avoir atteint leur développement
normal, les Peaux-Rouges des contrées arctiques,
disent MM. Hervé et F. de Lanoye, dans leurs
Voyages dans les glaces du pôle arctique, forment

---

1. Le crucifix.
2. Le chapelet.

une des pires variétés qui puissent résulter, dans la race humaine, d'une dégénérescence prolongée de siècle en siècle, et d'une léthargie absolue de la conscience. »

Les Indiens, assez nombreux, qui habitent entre le haut Missouri et le Saskatchawan, ont recours à chaque instant aux sacrifices sanglants, et se soumettent à d'affreuses pénitences. On en voit se taillader les bras et les cuisses d'incisions qui y laissent d'horribles cicatrices. D'autres, après avoir passé sous la peau de leurs épaules une forte corde de cuir, attachent à cet étrange séton une ou plusieurs têtes de bison, et traînent derrière eux ces lourds fardeaux, en psalmodiant des invocations à leur *manitou*, pour obtenir sa protection dans les combats.

« La férocité des Indiens, exercée sur eux-mêmes, disent plus loin les estimables auteurs que nous avons cités, ne doit donc pas étonner, à l'égard des ennemis qui tombent vivants entre leurs mains; les tortures qui attendent le captif au poteau de la guerre ne sont pour lui, comme pour ses bourreaux, que les conséquences de sa défaite. A cette heure suprême, il n'a plus qu'une pensée : enflammer la rage de ses ennemis, et les défier de lui infliger autant de douleurs qu'il peut en supporter. »
Ainsi il va jusqu'à dire à son vainqueur, d'après

M. de Castelnau (*Vues et Souvenirs de l'Amérique du Nord*) :

« C'est moi qui ai tué ton père; il était vieux et infirme, et en tout semblable à un vieux chien. Je lui ai coupé le nez et les oreilles, et je lui ai arraché les yeux, afin qu'il ne pût ni voir ni entendre le Grand-Esprit. Je lui ai ensuite ouvert le ventre, et me suis chauffé les pieds dans ses entrailles fumantes. Toi, tu n'es qu'une vieille femme, le fils d'un chien; et moi, je suis un grand, un grand guerrier. Ta femme était jeune et belle; je l'ai vue à mes genoux, me demandant sa vie et celle de son enfant; mais, prenant celui-ci par les pieds, j'ai fait jaillir sa cervelle contre un arbre, et, en le rendant à sa mère, j'ai ri de ses traits bouleversés par l'effroi et le désespoir. Alors, saisissant ses longues et belles tresses, je l'ai envoyée elle-même chercher l'âme de son enfant sur les terres de chasse des morts, et tu pourrais voir encore sa chevelure flotter au-dessus de mon wigwam. Tu n'es qu'un chien, et moi je suis un grand, un grand guerrier!

« Tu ne sais pas tourmenter tes prisonniers; tu n'es qu'un novice et un enfant. Quand tu seras attaché au poteau de mon village, tu y verras des hommes qui ne connaissent pas la pitié; car mon peuple est un grand, grand peuple! »

Les Mandayes, les Pieds-Noirs, les Assiniboins sont encore loin de la démence furieuse dont font preuve, à l'ouest des montagnes Rocheuses, certaines peuplades, au sein desquelles semblent s'être perpétuées les incohérentes atrocités des temps mythologiques de l'antique Orient.

« Chez les Bollabollas, suivant un témoin oculaire, sir George Simpson, gouverneur général des établissements de la baie d'Hudson [1], les chefs possèdent un tel pouvoir, que nul n'ose résister à leur volonté, si abominable qu'elle soit, et que tous leurs sujets sont prêts à souffrir les plus cruelles douleurs et même la mort pour satisfaire leurs barbares caprices. Un jour le chef actuel, se sentant dangereusement malade, fit fusiller un de ses sujets, et ce puissant remède lui rendit aussitôt sa santé et ses forces perdues. D'autres fois ils appellent la religion à leur aide, et, sous prétexte de démence sacrée, commettent les plus hideuses atrocités. Ils rôdent alors dans les bois, broutant l'herbe comme Nabuchodonosor, ou rongeant quelques ossements humains. Obéissant à toutes les impulsions de leurs imaginations dépravées, ils se précipitent au milieu de leurs sujets, enlevant à belles dents, sur les

---

[1] *Voyage continental autour du monde*: 1845-46.

jambes et les bras des premiers venus, de grosses bouchées de chair qu'ils avalent gloutonnement. Les malheureuses victimes de ces attentats n'y opposent jamais la moindre résistance; seulement on conçoit que la crainte d'être ainsi dépecé vivant porte tout Bollabolla à détaler au plus vite, dès qu'il aperçoit son souverain. Un de ces cannibales couronnés, venant un jour d'exercer sa prérogative royale à la porte même du fort Vancouver, le malheureux auquel il venait d'enlever d'un coup de dent une portion des muscles de l'avant-bras eut l'irrévérence de ne pouvoir étouffer un grand cri de douleur. A ce cri, un *new-found-land*, appartenant au fort, s'élança dehors, et, peu soucieux des droits de la royauté bollabollienne, prit le parti de l'opprimé, saisit le mollet de sa majesté et lui fit subir la peine du talion. De ce moment Néron (qu'on ne s'y trompe pas, c'est le chien et non le roi que ce nom désigne) devint un objet de vénération profonde parmi les Bollabollas; car ils supposèrent que cet honnête animal avait éprouvé le même besoin, cédé à la même impulsion divine que leur chef.

« Toutes les tribus qui errent à l'ouest de Mackenzie et au grand lac de l'Esclave, disent MM. Hervé et de Lannoy, sont continuellement occupées à se faire une guerre d'extermination et à exercer des représailles l'une contre l'autre. La soif de la vengeance est la passion dominante de ces sauvages. Il y a une trentaine d'années, des Gros-Ventres et des Pieds-Noirs s'étaient réunis pour chasser le bison pendant l'été au nord-ouest de la rivière Rouge. Mais, fatigués d'une occupation si paisible et trop peu honorable à leurs yeux, les plus jeunes guerriers de ces deux tribus alliées résolurent de faire une incursion sur le territoire des Assiniboins. Après avoir conjuré le grand manitou par tous les exorcismes les plus puissants, ils partirent, laissant dans leur camp les vieillards, les femmes et les enfants. Leur expédition réussit au gré de leurs désirs. Ils revinrent bientôt en triomphe, chargés de chevelures et d'autres dépouilles opimes; puis, en arrivant au haut de la colline qui dominait leur campement, ils entonnèrent un chant de victoire pour annoncer leur heureux retour à leurs pères, à leurs épouses et à leurs fils. Mais, du sein des huttes, nulle voix ne répondait à leurs chants, nul être ne sortait pour accourir à leur rencontre. Le calme et le silence du tombeau planaient sur tout le camp. Ils n'osent se communiquer leurs impressions et leurs craintes; ils précipitent leur marche, ils courent en chantant de plus fort en plus fort... Ils n'avaient pas atteint les huttes que leurs chants avaient cessé. A travers les portes ouvertes gisaient les cadavres mutilés de tous les habitants du camp. Les Assiniboins, guidés par la même infernale pensée qui avait inspiré leurs ennemis, s'étaient déjà vengés. A la vue de cet affreux spectacle, les Gros-Ventres et les Pieds-Noirs jetèrent sur le sol dépouilles, armes et vêtements; puis, revêtant leurs robes de cuir et couvrant leur tête de boue, ils se retirèrent dans les montagnes, où, selon la coutume des anciens Juifs, ils passèrent trois jours et trois nuits à gémir, à pleurer et à se lacérer les chairs.

« Dans une autre occasion, un parti d'Assiniboins, ayant attaqué une tribu de Crees, tua un certain nombre de guerriers et emmena captive une de ses femmes. La prisonnière se résigna facilement à son sort, et partagea la couche de son nouveau maître, qui, du reste, se conduisit envers elle en bon mari. Deux à trois ans après, une nouvelle rencontre eut lieu entre des Assiniboins et des Crees. Parmi ces derniers était le Wolverenne, premier époux de la femme enlevée, qui elle-même se trouvait dans la troupe des Assiniboins. Le combat fut acharné et le succès longtemps disputé. Au nombre des combattants les plus furieux, on remarqua l'Hélène sauvage; au plus fort de la mêlée, le tomahawk à la main, elle cherchait, appelait, poursuivait son premier époux. Mais le Wolverenne parvint à éviter ses coups; et lorsque, après avoir vaillamment combattu, il vit les siens en déroute, et les Assiniboins triomphants occupés à scalper les Crees morts ou blessés étendus sur le champ de bataille, il s'enfuit seul dans une direction opposée à celle que prenait le gros des vaincus. Pendant tout un jour le couvert des bois ou des hautes herbes protégea sa course rapide; enfin, le soir venu, brisé de fatigue et de besoin, il se laissa tomber dans une caverne des montagnes, où il s'endormit d'un profond sommeil qui ne devait jamais finir. Quelques instants après sa femme était debout à ses côtés, et le contemplait avec une joie féroce. Depuis le matin elle s'était attachée à ses pas, et avait suivi sa piste avec la patience implacable de la haine. Elle tendit lentement son arc, visa longtemps comme pour mieux savourer le meurtre, et enfin décocha une flèche dans la tête du malheureux dormeur. Avant qu'un bref et dernier cri se fût éteint sur ses lèvres, avant que la suprême convulsion de l'agonie eût rendu ses traits à l'immobilité, sa femme s'était précipitée sur lui, l'avait scalpé, et, l'abandonnant sans sépulture aux oiseaux et aux bêtes féroces, elle retournait en toute hâte, au camp des Assiniboins, étaler aux yeux de son nouvel époux le hideux trophée arraché au cadavre de celui qui avait été le compagnon de sa jeunesse. Depuis cette époque, disent les Indiens qui racontent cette sanglante légende, la colline où s'est passée cette scène de meurtre s'appelle la colline du Wolverenne; et bien souvent, lorsque la lune épanche ses lueurs diffuses à travers les brouillards d'automne, on voit de loin les spectres de la femme coupable et de sa victime lutter ensemble au sommet de la montagne.

« Si des scènes de ce genre pèsent perpétuellement sur l'esprit des Indiens comme souvenirs du passé ou menaces de l'avenir, comment s'étonner que ceux d'entre eux qui vivent isolés ne puisent dans la rencontre de leurs semblables que des appréhensions? » Un soir, dit un voyageur moderne,
« dans notre trajet de la rivière Rouge aux sources
« du Saskatchawan, étant venu camper en vue
« d'une hutte d'indigènes, j'envoyai un de nos
« hommes en reconnaissance. Dans tous les envi-
« rons il n'aperçut qu'une hutte, et encore était-
« elle déserte; l'intérieur, dans le plus complet
« désordre, témoignait de la fuite rapide de ses
« habitants. Des vêtements, des ustensiles, des
« débris de toutes sortes, jonchaient confusément

« la terre, avec des morceaux de bison préparés
« pour un repas qu'une terreur subite avait visi-
« blement interrompu. Après avoir cherché et ap-
« pelé à grands cris les fugitifs, notre émissaire,
« voyant ses démarches vaines, prit un morceau
« d'écorce fraîche et y traça à la pointe du couteau
« une sorte de carte de visite pour les maîtres de la
« hutte. Il dessina d'abord un homme avec un cha-
« peau sur la tête et une pipe à la bouche; ce qui,
« parmi tous les Indiens, signifie un Européen
« venu avec des intentions pacifiques; et quelques
« autres hiéroglyphes non moins mystérieux, qui
« pouvaient se traduire par : *Pourquoi fuir et vous
« cacher? nous sommes vos amis!* Cette épître pro-
« duisit l'effet attendu; le propriétaire de la hutte,
« s'étant hasardé à venir chez lui au milieu de
« la nuit, n'eut pas plutôt déchiffré le lambeau
« d'écorce, qu'il accourut à notre camp et nous
« raconta que, nous ayant pris pour un parti de
« guerriers ennemis, il s'était enfui dans les bois,
« avec sa famille, dans un état presque complet de
« nudité. Ainsi ces malheureux sauvages, condam-
« nés à ne pas vivre en commun, afin de pouvoir
« se procurer des moyens suffisants d'existence,
« sont obligés de fuir à l'aspect de l'homme, comme
« la brebis devant le loup. »

A ces faits, déjà si déplorables, viennent se mêler parfois d'inexcusables atrocités.

Malgré le dégoût et l'effroi qu'elles inspirent, nous en citerons un exemple rapporté par le capitaine Back, en le laissant parler lui-même.

« Au mois de novembre 1832, un Indien nommé Pepper, qui avait longtemps habité les environs de Chippawan en qualité de chasseur, arriva à ce fort, après une absence de quelque temps; lorsqu'il eut allumé sa pipe, il se mit à raconter les calamités dont il venait d'être accablé pendant l'hiver. Après avoir décrit les horreurs de la famine au milieu des forêts désertes et ses efforts inutiles pour les éviter, il ajouta qu'à la fin, épuisée par la faim et le froid, sa femme, la mère de ses enfants, était tombée dans un engourdissement que la mort avait terminé; que sa fille n'avait pas tardé à la suivre, et que deux fils dans la fleur de l'âge, qui lui promettaient un soutien pour sa vieillesse, avaient aussi péri... Ses enfants en bas âge qui lui restaient, trop faibles pour résister à tant de souffrances, s'étaient endormis près de leurs frères dans le sommeil de la mort, malgré tous ses soins à les nourrir des rognures de leurs vêtements.

« Que pouvais-je faire, s'écria-t-il alors avec un
« regard égaré qui faisait dresser les cheveux sur
« la tête? Pouvais-je implorer le Grand-Esprit? Je

« n'en avais plus la force. Un seul enfant me restait ;
« je le pris avec moi, et je courus chercher du se-
« cours ; mais, hélas ! les bois étaient silencieux...
« et quel silence !... Enfin je suis venu ici. »

« L'enfant dont il parlait, âgé de onze ans environ, n'avait cessé de contempler d'un œil fixe le
feu près duquel il était assis, et son père ayant cessé
de parler, il semblait écouter encore, comme s'il
attendait de nouveaux détails. A la voix de son père,
qui lui demandait une braise pour rallumer sa pipe,
il tressaillit, puis retomba dans son état morne et
hébété.

« Mais pas un mot, pas un geste n'avait échappé
aux oreilles attentives ni aux regards perçants de
quelques autres Indiens, arrivés au moment où il
avait commencé à parler ; jamais homme n'avait été
plus patiemment écouté, et ses gémissements avaient
seuls interrompu les longues pauses dont il avait
entrecoupé son récit. Mais, lorsqu'il eut terminé, un
murmure sourd s'éleva parmi le groupe des Indiens.
Un d'eux prit la parole d'un ton lugubre ; il parla
bas en commençant ; puis, élevant peu à peu la voix
avec la véhémence d'un homme fortement convaincu,
il finit par dénoncer l'Indien comme assassin et cannibale. L'accusé, surpris, hésita quelques instants ;
puis, tirant machinalement des bouffées de sa pipe,

totalement consumée, il m'a le fait avec un calme effrayant.

« Mais dès cet instant son ambition disparut, et son agitation, lorsque son fils s'éloignait, semblait trahir une conscience coupable. Il ne pouvait soutenir en face le regard de ses compagnons.

« Ceux-ci s'éloignèrent de lui comme d'un reptile venimeux, et, ayant obtenu les articles dont ils avaient besoin, ils poursuivirent leur chasse.

« Pepper rôda autour du fort pendant quelque temps, puis, suivi de son fils, il s'éloigna d'un air sombre; mais telles sont les voies mystérieuses de la Providence, qu'au lieu de chercher un lieu solitaire il retourna à la cabane de ceux qui le fuyaient.

« On lui accorda l'hospitalité; mais le dégoût, mêlé d'effroi, qu'il inspirait, détermina ses compatriotes à le prier de partir. Après une légère hésitation, non-seulement il refusa de s'en aller, mais, prenant un ton de défi, il proféra de telles menaces, que la patience des Indiens fut poussée à bout; ils l'abattirent d'un coup de fusil. Plusieurs avaient fait feu. Le fils fut blessé au bras, et se réfugia derrière un arbre, où, implorant miséricorde, il promit de raconter tout ce qu'il avait vu. On entendit alors d'épouvantables détails. Le monstre avait, en effet, assassiné sa femme et ses enfants pour se repaître ensuite de leurs cadavres palpitants. Le jeune enfant n'avait échappé à la cruauté de son père ni par pitié ni par affection, mais par suite de leur heureuse arrivée au fort; vingt-quatre heures plus tard son arrêt de mort aurait été prononcé. »

Mais revenons au capitaine Back et à ses compagnons. Ils purent, le 5 novembre, échanger leurs froides tentes contre leur nouvelle habitation, qu'ils appelèrent le fort *Reliance*.

Le froid parvint bientôt à une intensité inouïe. Le 17 janvier, le thermomètre descendit à 56° centigrades au-dessous de zéro. Il y avait dans l'atmosphère une telle abstraction de chaleur, qu'il fut impossible, même en jetant au feu du bois sec à profusion, de faire remonter le mercure plus haut que 12° au-dessus du même point. L'encre, la peinture, gelaient; tous les bois, même travaillés, se fendaient. La peau des mains se séchait, s'ouvrait en coupures aussi douloureuses qu'elles étaient désagréables à la vue, et il fallait les adoucir avec de la graisse. Un jour que Back se lavait la figure à un mètre tout au plus du feu, sa barbe se hérissa de glace avant qu'il eût le temps de l'essuyer.

Au milieu de leur triste solitude, deux hôtes inattendus arrivèrent aux voyageurs. Ils ne semblaient pas de nature à les égayer beaucoup : c'étaient deux corbeaux; mais ils formaient, comme dit Back, le seul chaînon vivant entre les pauvres isolés et la nature déserte et silencieuse qui les enveloppait. Ils furent accueillis avec joie. Le capitaine défendit expressément de leur faire aucun mal, et les nouveaux venus ne tardèrent pas à se montrer très-familiers. On prenait plaisir à les voir s'ébattre sur la neige, à observer le contraste que faisait avec son éclatante blancheur leur plumage noir et lustré. Malheureusement un maudit Iroquois, arrivant de nuit, et ignorant la défense du capitaine, aperçut les deux corbeaux, et les tua. « C'était, dit Back avec une vivacité sérieuse, une sorte de trahison à l'égard de ces pauvres oiseaux, habitués à nous considérer comme leurs amis. On souffrait volontiers leurs petits larcins, et leurs croassements aigus, si fatigants ailleurs, interrompaient ici la monotonie du silence. Leur perte fut un véritable chagrin. »

Mais une grande émotion effaça bientôt toutes les autres. Un jour, comme ils s'entretenaient de leurs amis absents, un violent coup se fait entendre à la porte; un homme tout essoufflé se présente au capitaine, et, lui remettant un paquet, lui dit: « *Il est de retour!* — Augustus? Dieu soit loué! s'écrie Back. — Non, Monsieur, répond le messager; le capitaine Ross. — Le capitaine Ross!... Est-ce possible! comment le sait-on? » A l'ouverture du paquet que lui faisait tenir la compagnie de la baie d'Hudson, Back ne put douter. Deux articles du *Times* et du *Herald*, et des lettres officielles et privées, lui confirmaient l'heureuse nouvelle.

Le premier mouvement des voyageurs fut de rendre grâces à cette Providence divine qui a dit elle-même : « Les miens, fussent-ils au fond des « abîmes, ma main peut aller les y chercher. »

La nouvelle du retour de Ross et de ses compagnons ôtait heureusement à Back son but principal; mais l'amour des découvertes lui restait, et c'en était assez pour que son ardeur ne fût pas éteinte.

Le 7 juillet, Back, accompagné de M. King, reprit le chemin des déserts arctiques.

« J'avais échappé, dit-il, à la misère d'un hiver rigoureux, au spectacle et aux récits des souffrances et de la mort, aux longs ennuis d'une vie monotone et inactive, aux désappointements les plus cruels et aux plus terribles soucis; mais une carrière nouvelle s'ouvrait enfin devant moi; j'étais soutenu par l'espérance, la curiosité, et l'amour des aventures. La perspective même des dangers et des obstacles que je devais rencontrer, jointe à la responsabilité inséparable du commandement, loin de diminuer mon zèle, ne faisait que l'accroître. En tournant le dos au fort Reliance, je sentis ma poitrine allégée et mon cœur battre avec plus de chaleur; on eût dit un prisonnier quittant son cachot. M. King, mon compagnon, partageait mes émotions. »

Back, vers les premiers jours du mois d'août, après un long trajet sur la glace, marqué par des péripéties sans nombre, atteignit enfin avec sa suite l'embouchure de la grande rivière du Poisson, et put constater que ce fleuve, après avoir précipité sa course torrentueuse et sinueuse sur une longueur de cinq cent trente milles géographiques à travers un sol de fer que pas un arbre n'égaie; après s'être parfois épanché en vastes lacs, dont l'horizon de ciel et d'eaux laisse le navigateur incertain de sa route; après avoir franchi des chutes, des cascades et des rapides dont le nombre ne s'élève pas à moins de quatre-vingt-trois, se déverse enfin dans la mer polaire.

Back s'efforça de pénétrer dans ces glaces. Il s'y avança assez pour courir risque d'être broyé ou invinciblement emprisonné entre leurs masses. Il parvint néanmoins à reconnaître et à décrire cette partie des régions arctiques dont il était le premier explorateur, et les noms de Cockburn, de Beaufort, de Barrow, de Richardson, qui entourent le nom royal de *Victoria*, donné au promontoire le plus remarquable de ces parages, y sont devenus les monuments géographiques de son passage.

Son dessein était de se diriger vers l'ouest pour relever les côtes du continent jusqu'à la pointe Turnagain, et de compléter ainsi les découvertes de Franklin; mais l'état des glaces, l'épuisement absolu de ses ressources, celui de ses hommes, qui commençaient à s'avouer à bout de forces; enfin la perspective des difficultés d'un retour qu'un plus grand éloignement eût probablement rendu impossible, le déterminèrent, ou plutôt le contraignirent à s'arrêter.

Il l'annonça à l'équipage. Le pavillon fut déployé, salué de trois acclamations en l'honneur du roi d'Angleterre, dont le nom fut donné à cette partie extrême de l'Amérique, et ils se préparèrent à un retour qui devait naturellement reproduire des épreuves plus ou moins semblables à celles qu'ils avaient déjà traversées.

Quand ils parvinrent au lac Clinton-Colden, le froid était si intense, que l'eau gelait sur les avirons, et qu'un des chronomètres s'arrêta.

A la fin de l'hiver, Back se rendit au fort Resolution, d'où, reprenant la route du Canada, il regagna New-York, et le 8 septembre, après une absence de près de trois ans, il revoyait l'Angleterre.

« Le trajet qu'il avait parcouru sur le continent américain, disent MM. Hervé et de Lanoye, depuis New-York jusqu'à l'embouchure de la rivière qui porte aujourd'hui son nom, équivaudrait en Europe à celui que décrirait un voyageur qui, s'embarquant, par exemple, à Naples dans un canot, remontant ou descendant des rivières, faisant des portages, franchissant des montagnes, se rendrait à Arkhangel, sur la mer Blanche. »

VOYAGES D'ÉDOUARD PARRY

(1819-1825)

Départ de *l'Hécla* et du *Griper* pour la baie de Baffin. — L'archipel de Parry. — Hivernage à l'île Melville. — Précautions contre la famine et les maladies. — Un incendie. — Effets du froid. — Le printemps polaire. — Vaines tentatives pour pénétrer à l'Ouest. — Retour dans la baie de Baffin. — Retour en Angleterre. — Second voyage. — Entrée dans la baie d'Hudson. — Blocus dans les glaces. — Ours monstrueux. — La baie de Repulse. — Hivernage à l'île Winter. — Relations avec les Esquimaux. — Leurs usages funéraires. — La *fumée du froid*. — Reprise de la navigation. — Chasse aux morses. — Second hivernage à l'île d'Igloulik. — La presqu'île Melville. — Retour en Angleterre.

Au nombre des quatre navires que l'amirauté anglaise se décida, en 1818, à envoyer dans les mers polaires, deux d'entre eux, *l'Hécla* et *le Griper*, sous le commandement d'Édouard Parry, furent destinés à la baie de Baffin.

Après une traversée de 12° à 15° de longitude, l'expédition arriva, par le détroit de Barrow, dans un vaste bassin bordé de nombreuses et vertes îles, que les géographes modernes ont à bon droit appelées l'archipel de Parry, et dont les principales reçurent de ce navigateur les noms de Cornwallis, de Bathurst, de Melville.

On hiverna dans cette dernière île; mais à peine les vaisseaux étaient-ils amarrés à l'abri de tout danger dans le havre, que le thermomètre tomba à 48° centigrades au-dessous de zéro.

« En prévision de l'avenir, dit Parry, je fus obligé de réduire d'un tiers la ration ordinaire de pain. Mais, chaque semaine, je remplaçai une livre de bœuf salé par une égale quantité de conserve de viande, et j'y joignis une pinte de bouillon concentré; la bière et le vin remplacèrent les liqueurs alcoolisées, et je fis faire, à des intervalles réguliers, une distribution de légumes confits au vinaigre et d'autres condiments. Enfin tous les jours chaque homme de l'équipage buvait, devant un officier, une certaine quantité de jus de citron mêlé d'eau et de sucre. Ceux qui regarderaient la présence d'un officier en cette circonstance comme superflue ne connaîtraient pas le caractère des matelots, vrais enfants dans tout ce qui concerne le soin de leur santé. Le gibier, quand on pouvait s'en procurer, remplaçait la ration ordinaire de viande; mais, excepté dans de bien rares occasions, nulle préférence n'était accordée aux officiers, ni pour la qualité, ni pour la quantité des aliments. »

Le 24 février au matin, tandis que tout l'équipage prenait son exercice habituel en courant autour du tillac, les cris : « Au feu ! au feu ! » se firent entendre ; la hutte qui servait d'observatoire était en flammes. Chacun y courut, et, ayant réussi, non sans effort, à abattre le toit de la hutte et une partie de ses murs de planches rembourrés de mousse, on parvint à étouffer les flammes sous la neige avant qu'elles eussent atteint les instruments les plus précieux.

« L'instant d'après, dit Parry, nous offrions un spectacle curieux à voir. Il n'y avait aucun de nous qui n'eût le nez et le visage couverts de taches blanches causées par la gelée ; de sorte que les chirurgiens et leurs aides n'étaient occupés qu'à courir de l'un à l'autre, frottant avec de la neige les parties attaquées pour y rétablir la circulation. Malgré cette précaution, qui prévint probablement de graves accidents, seize hommes grossirent la liste de nos malades par suite de cet événement, et l'un d'eux, John Smith, soldat d'artillerie, attaché au service du capitaine Sabine, ne s'en tira pas à bon marché. Il se trouvait dans la hutte au moment où le feu se déclara, et, voulant sauver un instrument dont il connaissait la valeur, il le saisit, pour le transporter sur le vaisseau, sans prendre le temps de mettre ses gants. En arrivant à bord de *l'Hécla*, ses mains étaient si complétement gelées, que, les chirurgiens les lui ayant fait plonger dans l'eau froide, celle-ci se congela immédiatement à ce seul contact. Malgré tous les soins qu'on lui prodigua, il fut obligé, quelque temps après, de subir l'amputation de la plus grande partie de ses doigts. »

Le mois de juin fut employé en excursions de chasse ou d'exploration sur l'île Melville. Bien que le soleil accomplît alors sa révolution diurne tout entière au-dessus de l'horizon, la neige couvrait encore presque partout la terre; une couche de glace de plusieurs pieds d'épaisseur masquait les lacs et les cours d'eau, et toutes les baies demeuraient encombrées de masses immobiles de glace marine. Dans une de ces expéditions, dirigées par le capitaine Parry lui-même, on remarqua cependant, sur une ligne de plus de vingt-quatre myriamètres, parcourue dans l'intérieur de l'île, quelques endroits isolés qui, grâce à une disposition privilégiée, s'étaient revêtus de mousse, de gazon, de saxifrages et de pavots. C'étaient comme des tables dressées au désert par la Providence pour toutes les créatures dont elle a peuplé ces régions. Le bœuf musqué, aux épaules voûtées, au pelage laineux, couvert d'un long poil balayant la terre, y paissait à côté de grands troupeaux de rennes; des multitudes de lièvres venaient s'y tapir au milieu de bandes innombrables d'oies boréales, de pluviers dorés, de gelinottes blanches, et d'autres volatiles sans nom. Autour de tous ces êtres se refaisant, dans un pâturage d'été, des misères de leur exil hivernal, rôdaient cauteleusement ou se tenaient à l'affût le loup et le renard polaires. Parry appela cet endroit *Bushnan-Cove*.

Ce fut seulement le 1er août que les navires, regréés et rééquipés depuis bien des semaines, purent mettre à la voile et reprendre la route de l'ouest.

Au delà du cap Dundas, qui termine l'île Melville du même côté, l'œil n'apercevant qu'une plaine de glace solide et compacte, l'intrépide Parry dut reconnaître, bien à regret, que toute tentative pour pénétrer par cette voie jusqu'au détroit de Behring serait rendue vaine par le seul fait de la courte durée de l'été, et qu'un second hivernage dans ces parages serait de la dernière imprudence. Il résolut donc immédiatement de se rapprocher des rivages du continent américain par un chemin plus méridional.

Rentrés dans la mer de Baffin, le *Griper* et l'*Hécla* en longèrent les côtes occidentales, et, pendant que les officiers en relevaient les contours, ils communiquèrent, pour la première et seule fois de tout ce voyage, avec une tribu d'Esquimaux.

Dans la partie étroite du détroit de Davis, l'expédition retrouva de nouveau la glace compacte. Étant parvenue à s'en dégager, elle reprit la route de l'Angleterre, où elle rentra vers la fin d'octobre.

Au printemps suivant, Parry tenta de pénétrer dans les parages inexplorés qui séparent l'Atlantique de la mer d'Hudson, et de se frayer, droit à l'ouest, une route vers les rivages vus par Hearne et Mackenzie.

Il mit son pavillon sur *la Fury*, l'un des deux navires que le gouvernement anglais lui confia (l'autre, l'*Hécla*, eut pour commandant le capitaine Lyon), et six semaines après son départ, le 14 juillet, il rencontra la première montagne de glace, par le travers du détroit de Davis.

A peine entrée dans la baie d'Hudson, l'expédition se vit bloquée par les glaces. Pendant ce repos forcé, l'équipage de l'*Hécla*, ayant aperçu sur un glaçon un ours blanc d'une monstrueuse grandeur, lui donna la chasse, et parvint à le tuer. Son poids dépassait sept cent cinquante kilogrammes, et telle

Havenage à l'île Winter.

était l'énergie organique de ce colossal carnassier, que son cœur, retiré du corps, fut agité trois heures encore de mouvements convulsifs.

Les glaces ayant fini par se disjoindre, les vaisseaux de Parry, sortant enfin des parties pratiquées de la mer d'Hudson, entrèrent dans le détroit de Fox, et se dirigèrent, en longeant par l'est et le nord la grande île de Southampton, vers la baie Repulse, pour constater, dans cette échancrure du continent américain, la vérité ou le néant de l'hypothèse géographique qui depuis longtemps voulait y voir une issue de l'océan Polaire. L'examen qu'en fit l'expédition prouva l'exactitude des observations du capitaine Middleton, qui le premier avait découvert cette baie, et qui y avait bien vu une *baie*, et non un *détroit*.

Sept semaines d'une navigation continue n'avaient pas porté l'expédition à plus de quarante myriamètres vers le nord, lorsqu'il lui fallut songer à hiverner sur une île voisine du continent, et qui depuis cette époque est connue sous le nom d'île Winter. Les vaisseaux, dégréés, furent recouverts de grandes et fortes tentes. Une petite maison et un observatoire confortable furent élevés sur le rivage, et leurs doubles murs de planches reçurent intérieurement une chaude couche de sable bien tassée.

Le 1ᵉʳ février, la vie de reclusion des équipages de *la Fury* et de *l'Hécla* fut rompue par ces cris, partis du pont de ce premier navire : « Des Esquimaux! des Esquimaux! » Effectivement on en voyait un certain nombre s'avançant lentement vers les vaisseaux, et, sur une hauteur, à environ deux milles du rivage, on distinguait quelque chose comme des huttes nouvellement construites.

Les deux commandants Parry et Lyon, s'étant immédiatement portés à la rencontre des étrangers, distinguèrent bientôt une troupe d'environ vingt-cinq Esquimaux, qu'ils n'hésitèrent pas à aborder.

Ceux-ci les accueillirent avec cordialité, et les conduisirent à leur habitation.

« Petits et grands nous reçurent bien, dit le capitaine Lyon, comme on peut croire. Les jeunes femmes auraient pu passer pour jolies si elles avaient possédé le premier de tous les charmes, la propreté. Elles avaient en général de vives couleurs, et des yeux brillants et expressifs. Le seul ornement qu'elles portaient était un petit bracelet d'os ou d'ivoire; aussi les miroirs, les boutons, les grains de rassade, et autres brimborions semblables, étaient-ils reçus de ces pauvres filles du Nord avec des transports qui prouvaient que l'amour de la parure n'était pas moins inné chez elles que chez les plus fières beautés de nos heureux climats.

« Au nombre de leurs ornements, je ne dois pourtant pas omettre le *kakkine* ou tatouage, qui couvre leur visage, leurs cuisses et leur poitrine. La curiosité me porta à vouloir connaître comment se confectionnait ce dessin, et en conséquence je me mis entre les mains de mistress Nakkakhiou, que j'avais adoptée pour *amenna* ou mère. Je lui fournis une aiguille, qu'elle enfila d'un fil de nerf de renne préparé à belles dents; puis passant sa main, sans crainte d'en altérer la couleur, sous le pot suspendu sur la flamme de sa lampe, elle prit un peu de suie, la délaya avec une goutte d'huile et de salive, et se servant d'un morceau ténu de fanon de baleine en guise de pinceau, elle esquissa sur mon bras diverses figures différentes, comme je le vis bien, de celles qu'elle portait elle-même, mais ayant sans doute une signification aussi comique que saisissable; car toutes les femmes présentes partirent d'un grand éclat de rire en les apercevant.

« Mais une grande partie de sa composition devait être perdue, car j'étais bien résolu à ne lui laisser faire que quelques points. Elle commença par noircir son fil à la suie; puis elle fit dans ma peau des points très-courts, mais assez profonds, en ayant soin d'appuyer le pouce sur chacun d'eux, aussitôt que le fil avait passé. Elle en avait fait ainsi une quarantaine, couvrant environ deux pouces carrés, quand son aiguille vint à casser; et je lui signifiai que j'en avais assez. Elle termina donc son opération, en frottant d'huile la partie opérée, pour étancher quelques gouttes de sang qui s'en échappaient. Je pus dès lors apprécier ce qu'il en coûte à ces femmes pour s'*embellir*; car l'opération, qui n'est pas sans douleur, est toujours suivie d'une légère inflammation. Quand la peau est guérie, la couleur du kakkine devient d'un bleu pâle.

« Nous terminâmes notre journée en partageant nos provisions de table avec la famille Nakkakhiou, et les nombreux visiteurs que notre présence avait attirés dans la hutte. Tous les Esquimaux firent honneur aux mets que nous avions apportés: le vin seul ne put leur plaire. On conçoit que, pour des palais habitués aux *parfums* de l'huile de poisson, le montant et le bouquet du jus de la treille soient bien fades. »

À ces curieux renseignements nous croyons devoir ajouter, comme complément, quelques détails sur le mode particulier aux Esquimaux de payer à la mort le tribut que lui doivent tous les hommes. Nous empruntons ces détails à la relation de

W. Graah, qui, de 1828 à 1830, fit, par ordre du gouvernement danois, une expédition à la côte orientale du Groenland.

« Un Esquimau de mon campement d'hiver s'était fait au bras une blessure, que le défaut de repos, de propreté, et peut-être le voisinage de l'artère recouvrirent en peu de temps d'une énorme tumeur; le membre blessé devint le siége d'intolérables douleurs, que le peu de ressources pharmaceutiques dont je disposais ne put parvenir à calmer, et bientôt la médecine européenne discréditée dut faire place à celle des angekoks. Une vieille sorcière fut appelée auprès du malade, dont elle commença à lier la tête avec un cordon mystérieux; puis elle la souleva la trouvant lourde, et, d'après ce symptôme, déclara que le patient devait mourir. Dès lors, persuadé de l'infaillibilité de l'oracle, il résolut d'abréger ses souffrances par la faim, et sa femme me fit la même déclaration, en repoussant avec une sorte d'irritation le bol de bouillon que j'apportais à son mari pour le détourner de son dessein.

« Y aurait-il persévéré fermement? je ne puis l'affirmer; car trois jours après, à neuf heures du soir, quelques membres de sa famille se précipitèrent dans ma hutte, en criant : « Il meurt, il « meurt, il perd tout son sang! »

« M'étant rendu en toute hâte auprès de lui, je fus témoin d'une scène que je ne puis qu'imparfaitement décrire, mais que je n'oublierai jamais.

« Le malade était assis sur sa couche de peaux, soutenant d'une main son bras, dont le sang jaillissait à flots. Personne ne lui prêtait la moindre assistance ; les femmes, criant, gémissant, jetaient hors de la hutte ustensiles, habits, literie, pelleteries, mobilier, provisions de bouche, comme s'il se fût agi d'un incendie. Les hommes se précipitaient tour à tour sur le patient, en poussant de véritables hurlements. Les lamentations des femmes, les larmes et les clameurs des enfants, les gestes de tous, la terreur imprimée sur tous les visages, formaient un ensemble dont on ne pourrait se faire une idée, même en se reportant devant le *Jugement dernier* de Michel-Ange, mais qui fit sur moi une telle impression, que longtemps après j'en frissonnais encore.

« Lorsqu'un Esquimau est tellement pris de la mort qu'il ne peut plus distinguer ce qui se passe autour de lui, on procède immédiatement aux préparatifs des funérailles. La femme du moribond venait, en conséquence, à chaque instant lui demander : « Entends-tu ? comprends-tu ? » Puis, comme il répondait affirmativement d'une voix très-distincte, elle l'accablait d'obsessions pour qu'il consentît à se laisser enterrer dans la neige plutôt que dans la mer, où il avait chargé son fils aîné de le déposer après sa mort. Elle lui objectait que la glace, rompue et mouvante, n'était pas praticable pour un traîneau; et lui de répondre : « On me « portera dans une barque. »

« Le temps, cependant, s'écoulait et commençait visiblement à paraître long à la femme du patient; bien que celui-ci conservât toute sa présence d'esprit, qu'il vît et observât tout ce qui se passait autour de lui, qu'il comprît très-bien le sens de chaque phrase, elle n'en commença pas moins les apprêts des funérailles, et ordonna à deux jeunes filles, ses enfants adoptifs, de décrocher des parois de la muraille la tenture de peaux qui devait servir de linceul à son mari. Cet ordre fut donné et exécuté avec un terrible sang-froid. Avec non moins de calme, le malade regardait faire ces dispositions pour son départ de ce monde; plongé dans de graves pensées, ou épuisé de sang et de forces, il ne laissait échapper aucun signe d'appréhension ou d'effroi, et se laissa revêtir de ses meilleurs habits sans observations, sans la moindre résistance.

« Déjà, soit qu'on l'eût enfin décidé à mourir, soit que, fatigués de lui prodiguer plus longtemps des soins superflus, ses parents se préparassent à l'arracher, encore vivant, de son lit d'agonie, on venait d'étaler sur le sol les peaux dans lesquelles il devait être cousu; déjà l'on avait enlevé du plafond le vitrage, ou vessie de poisson, à travers lequel, suivant l'usage, le cadavre devait passer, quand tout à coup le moribond, recouvrant la parole, pria les assistants de patienter un peu, vu qu'il se sentait beaucoup mieux. Il m'appela, me témoigna ses remercîments pour les soins que je lui avais donnés, ses regrets pour la mauvaise nuit qu'il m'avait fait passer; me laissa bander sa plaie, et, dans un verre de porto coupé d'eau et de quelques gouttes de citron, puisa tellement de forces que sa famille dut replier son bagage funéraire. Quelques jours après, il était hors de tout danger; mais il n'avait pas tenu aux usages et coutumes de sa race qu'il ne fût enterré tout vivant. »

Revenons à l'expédition de Parry. Ce fut dans le cours de l'hiver qu'il passa à l'île Winter, qu'on vit plusieurs fois ce qu'on appelle *la fumée du froid*. Ce phénomène a lieu chaque fois qu'une fissure soudaine se formant dans la glace met à découvert une portion quelconque de la mer. Il s'en échappe alors une vapeur semblable à celle qui s'élève d'une chaudière en ébullition; mais, congelée presque instantanément, cette vapeur retombe en poudre impalpable sur les bords de la crevasse.

L'hiver de 1822 se prolongea longtemps sous le cercle polaire; à peine au commencement de juin voyait-on bourgeonner les premiers boutons du saxifrage, et quelques mouvements de disjonctions s'opérer dans les glaces. Il fallut ouvrir à la scie un chenal pour faire sortir les navires du havre d'hivernage. Le 2 juillet, grâce à un coup de vent qui poussa les glaces au large de la baie, les vaisseaux purent mettre enfin à la voile et reprendre la direction du nord.

Le 14, comme les vaisseaux venaient de doubler le cap Penrhyn, la vue d'un grand nombre de morses engagea les chasseurs du bord à poursuivre ces animaux. Si apathiques, si lourds qu'ils soient en apparence, ceux qu'on attaqua opposèrent aux assaillants une résistance inattendue. Une femelle ayant été tuée, le mâle qui l'accompagnait continua de lutter, comme pour protéger son cadavre. Bien qu'il eût été atteint de trois coups de feu, qu'il portât trois lances enfoncées dans son corps, et qu'il reçût un coup de baïonnette chaque fois qu'il venait à portée de la chaloupe, il ne s'en jetait pas moins sur la proue de l'embarcation pour la démolir avec ses crocs puissants, et il parvint même à en percer plusieurs planches. Il ne succomba qu'après dix minutes au moins de combat. La chair de cet animal fut trouvée fort bonne par tous ceux qui purent surmonter le dégoût qu'inspirait sa couleur noire.

Peu après, ayant doublé la presqu'île Amitioki, un des grands rendez-vous de pêche des Esquimaux, et le petit groupe d'îlots qu'ils désignent sous le nom d'Ouglits, Parry atteignit l'île Igloulik, autre station de ces sauvages.

On y passa l'hiver de 1823, qui se prolongea au delà de toute prévision. A la fin de juillet, *la Furie* et *l'Hécla* étaient aussi étroitement renfermés dans la glace que pendant la nuit de quarante-deux fois vingt-quatre heures qui forme le cœur de l'hiver par 70° de latitude nord.

Parry et Lyon, reconnaissant l'impossibilité absolue de pénétrer plus avant, se décidèrent à mettre à la voile pour l'Europe dans le courant du mois d'août, après avoir donné le nom de Melville à la grande péninsule dont ils avaient en deux campagnes relevé les côtes occidentales, et qui s'étend entre le canal de Fox et les eaux entrevues dans l'ouest.

PREMIER VOYAGE DE JOHN FRANKLIN

(1819-1822)

Le capitaine John Franklin. — Ses premiers débuts. — Départ pour la baie d'Hudson. — Le fort Chipéwyan. — Le chef indien Akaïtcho. — Tradition indienne à propos de la rivière de la Coppermine. — Vaines tentatives de Franklin pour amener les Esquimaux et les Indiens à une conférence. — Tableau de l'antagonisme de ces deux races par Hearne. — Direction à l'orient de la Coppermine. — Le cap Turnagain. — Misères du retour. — Dévouement du docteur Richardson. — Horrible nourriture. — Le fort l'Entreprise. — Retour inattendu de Richardson. — L'hiver au fort l'Élan. — Fin du voyage à la factorerie d'York.

Nous avons dit qu'au nombre des quatre navires que fit partir l'amirauté anglaise en 1818, deux, commandés par David Buchan et John Franklin, avaient eu pour mission de se frayer un chemin vers le détroit de Behring, en cinglant droit au nord du Spitzberg. Mais, avant de raconter la terrible carrière de Franklin, le célèbre explorateur des régions polaires, il convient de le faire quelque peu connaître. Né en 1786, il avait débuté, dès l'âge de quatorze ans, par cette rude école du bord, où se sont formés les premiers marins de l'Angleterre. Comme Cook et Nelson, Franklin avait commencé par être mousse. Il s'était distingué aux combats de Copenhague, de Trafalgar, de la Nouvelle-Orléans, et, dans l'intervalle de ces actions célèbres, il s'était signalé dans le voyage de découvertes entrepris par le capitaine Flinder autour de la Nouvelle-Hollande.

Tels étaient les services qui avaient valu à Franklin, jeune encore, le grade de lieutenant et le commandement d'un des navires de l'expédition de Buchan.

Nous ferons connaître à nos lecteurs par la relation du capitaine Beechey, qui fut lieutenant de Franklin, par quelles épreuves celui-ci débuta dans la périlleuse carrière de navigateur dans les mers polaires.

« Il n'est pas, j'en suis convaincu, dit cet officier, de langage humain qui puisse peindre la terrifiante grandeur des effets produits par la collision des glaces de ce tempêtueux océan. C'est à la fois un spectacle solennel et sublime de voir la mer, violemment agitée, rouler ses vagues comme des montagnes contre ces corps résistants; mais, quand elle vient se heurter à ces masses qu'elle a mises en mouvement avec une violence égale à la sienne, l'effet devient prodigieux. Par moments elle déferle sur ces blocs de glace, et l'instant d'après ces mêmes blocs, s'efforçant de remonter à sa surface, font retomber les flots autour d'eux en cataractes fumantes, pendant que chaque masse individuelle, se roulant dans son lit bouleversé, se heurte à sa voisine, et lutte avec elle jusqu'à ce que l'une des deux soit brisée ou se soit superposée à l'autre. Ce n'est pas sur un espace restreint qu'éclate ce spectacle : il se développe aussi loin que la vue peut s'étendre. Et quand, se détournant de ces scènes convulsives, l'œil se reporte à l'aspect étrange que la réverbération des glaces donne au ciel, où dans le calme d'une atmosphère argentée semble briller une clarté surnaturelle; lorsqu'il voit (ainsi que nous le voyons nous-mêmes en ce moment au-dessus de nos mâts) cette voûte lumineuse bordée de toutes parts par un large horizon d'épaisses ténèbres et de nuées orageuses, comme par un rempart qu'il n'est pas donné à l'homme de franchir, on comprend facilement quelles sensations de respect et de crainte imprime à l'âme une telle grandeur.

« Si jamais la force morale de l'homme de mer a été mise à une rude épreuve, c'est assurément dans de semblables circonstances, et je ne puis cacher l'orgueil que j'éprouvai en entendant, au milieu de ces formidables manifestations de la nature, le ton calme et décidé avec lequel le commandant de notre petit navire, sir John Franklin, donna les ordres, et en voyant avec quelle promptitude et quelle précision l'équipage les exécuta.

« Chacun de nous, comptant sur lui-même, et les yeux fixés sur les mâts, attendait avec une anxiété palpitante le moment du choc.

« Il arriva cependant. Le brick *Trent*, pénétrant dans la banquise, donna violemment contre la glace fixe. Au même instant nous perdîmes l'équilibre; les mâts plièrent sous le coup, et la membrure du navire craqua sous une pression faite pour nous donner les appréhensions les plus sérieuses. Le vaisseau chancelant sembla un moment reculer; mais, soulevé par une première lame, il fut jeté à la bande sur les bords du champ de glace, où il s'échouait en roulant, lorsque la lame suivante, le reprenant presque aussitôt, lui fit courir une bordée sur le vent, et, battant avec fureur son arrière, le laissa à bâbord en contact avec le champ de glace, et exposé à tribord aux atteintes d'un bloc dont la masse était environ triple de la sienne.

« Cette malheureuse circonstance ne lui permit pas de pénétrer dans les glaces assez avant pour échapper aux effets du vent, et le plaça dans cette situation, qu'il semblait, pour ainsi dire, assailli de tous côtés par une batterie de béliers, dont chacun lui disputait l'étroit espace qu'il occupait, et dont les coups incessants ne permettaient pas même d'entrevoir la possibilité de le sauver de la destruction. En le voyant attaqué littéralement pièce à pièce, nous n'avions qu'à attendre patiemment l'issue d'une telle crise, car nous pouvions à peine nous soutenir sur nos pieds, loin d'être en état de lui porter un secours quelconque. Il était secoué avec une telle violence, que la cloche, qui, par les plus gros temps, n'avait jamais sonné d'elle-même, se mit à carillonner continuellement; et l'on ordonna de l'envelopper, afin de couper court à la sinistre association d'idées que faisait naître un pareil concert. »

Ce tableau suffit pour donner une idée des épreuves que soutinrent pendant trois mois les commandants du *Trent* et de *la Dorothée*.

Lors donc que le gouvernement anglais expédia, en 1819, le capitaine Parry dans le détroit de Lancastre pour y reprendre la recherche du passage nord-ouest au point où Ross l'avait abandonnée, et qu'il voulut faire concourir à cette tentative une expédition se dirigeant par la voie de terre, il en confia le commandement à John Franklin, bien que son exploration dans les mers du Spitzberg n'eût pas atteint son but, et qu'elle n'eût pu franchir cette barrière de glace qui avait aussi arrêté les navigateurs du siècle précédent.

Au mois de mai 1819, John Franklin s'embarqua pour la baie d'Hudson, accompagné, entre autres officiers de la marine royale, du docteur Richardson et de l'enseigne Back, noms devenus célèbres sur ses traces. La mission de l'infatigable navigateur, outre le concours qu'il devait donner, s'il était possible, à l'expédition de Parry, consistait à relever les côtes du continent à l'est de la rivière Coppermine, et à déterminer exactement les latitudes et les longitudes de ces régions.

La première station de Franklin était le fort Chipewyan, situé sur la rive nord du lac Athopescâ. Mais il se hâta de le quitter, dès qu'il eut été rejoint par tous ses compagnons européens. Il descendit ensuite par la rivière de la Paix et le grand lac de l'Esclave, jusqu'au fort de la Providence, où il prit des guides et sept chasseurs dans la tribu des Indiens-Cuivrés dont Akaïtcho était le chef.

A la fin d'août, Franklin atteignait les bords d'un lac formant l'une des sources du fleuve de la Coppermine, qui doit son nom à une chaîne de montagnes courant du nord-ouest au sud-ouest sur sa rive occidentale, et présentant quelques affleurements de cuivre natif. Les Indiens-Cuivres ont conservé à ce sujet une tradition qu'ils répétèrent à Franklin et qui prouve l'universalité des légendes.

« Les Esquimaux, dit le récit, habitaient autrefois une terre séparée du continent américain par la mer. Un parti de ces sauvages, à une époque très-reculée, débarqua sur la côte, alors occupée par les Indiens, et enleva une jeune femme. Devenue l'esclave de ses ravisseurs, elle réussit à s'échapper après plusieurs années de captivité, erra à l'aventure, et parvint enfin au bord de la mer. A la vue des flots qui s'étendaient entre elle et sa patrie, elle désespéra de la revoir jamais, et, s'étant affaissée sur la rive, elle se mit à pleurer.

« Tandis qu'elle s'abandonnait ainsi à l'affliction, un loup s'approcha d'elle, la caressa, et lécha les larmes qui coulaient de ses yeux. Elle le vit ensuite entrer dans la mer, et, s'apercevant qu'il la franchissait à gué, elle l'y suivit sans crainte. Après cinq jours de cette marche miraculeuse, elle regagna sa terre natale.

« C'était alors le printemps ; l'air était pur, à l'horizon s'élevait une éminence dont les pentes étincelaient au soleil. S'en étant approchée, la jeune femme reconnut que la montagne était entièrement formée d'une masse de cuivre vierge. Réfléchissant que ce métal pouvait être utile à ses compatriotes, si elle parvenait à les rejoindre, elle en détacha autant de fragments qu'elle put en porter, et, se dirigeant ensuite vers le sud, retrouva ainsi sa tribu.

« Quelques-uns des siens, enchantés de sa découverte, se firent guider par elle vers la précieuse montagne. Mais c'étaient de jeunes guerriers, au sang bouillant, à la tête légère. A la vue des trésors étalés sous leurs yeux, l'ivresse de la joie les saisit, et, perdant toute retenue, ils voulurent outrager leur bienfaitrice. Celle-ci gagna en courant le sommet de la montagne ; là elle tomba épuisée de forces. Au moment où ses persécuteurs allaient la saisir, la terre s'entr'ouvrit et la reçut dans son sein, engloutissant avec elle la masse métallifère. Depuis ce jour, on ne trouva plus dans ce canton que des fragments de minerai épars sur la surface de la terre. »

Vers le milieu de juin 1821, la rupture des glaces sur le lac Winter ayant averti Franklin de l'approche de la courte saison où les eaux de ces régions sont navigables, il descendit avec tout son monde le cours de la Coppermine. A un mois de là, après un voyage de trois cent trente-quatre milles, dont cent vingt au moins avaient exigé le partage des canots, il put enfin contempler, du haut d'une colline, les eaux de l'océan Polaire, qui lui apparurent encombrées d'îles et de glaces.

Cependant la vue des Indiens éveillait des alarmes parmi les groupes d'Esquimaux que rencontrait l'expédition, et les efforts du capitaine Franklin, pour amener ces deux races hostiles à une conférence, furent rendus vains par la terreur que chacune d'elles inspirait à l'autre. Le souvenir d'une scène de sang, dont un grand nombre d'ossements humains et de crânes, portant la trace du tomahawk, indiquait encore le théâtre à l'embouchure de la Coppermine, pesait sur ces malheureuses peuplades et entretenait leur méfiance mutuelle.

Voici, du reste, le récit que Hearne, le célèbre voyageur, qui en 1771 tenta vainement d'atteindre l'océan polaire, a laissé de cette lutte suprême entre les Esquimaux et les Indiens-Cuivrés.

« Après s'être approchés, à la faveur des ténèbres, des rochers et des plis de terrain jusqu'à une certaine distance des Esquimaux, les Indiens se mirent en embuscade pour épier les mouvements de ces malheureux. En ce moment, ils me conseillèrent de me tenir à l'écart jusqu'à ce que tout fût fini. Je craignais de me trouver ainsi exposé à rencontrer quelque fuyard qui me prendrait pour un ennemi, et me traiterait comme tel; je répondis aux Indiens que je les suivrais; mais en même temps je les prévins que je ne lèverais pas la main sur un seul Esquimau, à moins que le soin de ma conservation personnelle ne m'y forçât. Ils comprirent mon objection, et, sans plus songer à moi, achevèrent leurs préparatifs de guerre. Ils se barbouillèrent le visage, les uns en noir, les autres en rouge, et même quelques-uns employèrent un mélange de ces deux couleurs. Pour ne pas être gênés par leurs cheveux, ils les relevèrent sur leur crâne en un nœud très-serré, et les coupèrent très-court tout autour de la tête. Par une autre mesure de prudence, et afin d'être plus agiles, ils se dépouillèrent de leurs guêtres et rognèrent les manches de leurs vêtements.

« Il était une heure du matin avant que les Indiens eussent terminé leur toilette de combat. Rien ne remuait chez les Esquimaux, en proie à une fatale sécurité. Alors les meurtriers sortirent de leur embuscade, et, parvenant inaperçus jusqu'aux tentes où dormaient leurs victimes désignées, ils s'y précipitèrent en poussant leur infernal hurlement de guerre.

« Les premiers Esquimaux, surpris dans le sommeil, nus et désarmés, étaient hors d'état d'opposer la moindre résistance. Hommes, femmes et enfants, se précipitant hors des tentes et cherchant leur salut dans la fuite, tombèrent sous la lance et sous la massue de leurs ennemis.

« Ce que j'ai souffert alors ne peut se décrire, les clameurs déchirantes de ces malheureux me perçaient l'âme. Pour comble d'horreur, une jeune fille de dix-huit ans au plus vint tomber à mes pieds, le flanc percé d'un coup de lance, et, saisissant mes jambes, s'y accrocha dans les convulsions de l'agonie. En vain je suppliai deux Indiens acharnés à sa poursuite d'épargner cette infortunée. Ils ne me répondirent qu'en lui passant à plusieurs reprises leurs armes à travers le corps. Ne pouvant la sauver, je fus réduit à prier ses bourreaux d'abréger ses souffrances en la frappant au cœur.

« J'ignore si mes traits, si ma contenance, exprimèrent toute l'indignation, tout le désespoir dont j'étais pénétré. Vingt ans ont passé entre ce moment et celui où j'écris, et je sens encore mes pleurs couler au souvenir de cette lamentable nuit. »

Franklin, après s'être assuré à grand'peine quinze jours de vivres pour tout son monde, composé de trente personnes, s'embarqua dans de frêles canots, imités des umiakes des Esquimaux, sur ces flots qui n'avaient encore porté aucun Européen, et se dirigea à l'orient du fleuve Coppermine, avec l'intention de déboucher, s'il était possible, et suivant les hypothèses d'alors, dans quelqu'un des recoins septentrionaux de la baie d'Hudson. Mais, après avoir relevé en cinq semaines six cents milles géographiques de côtes, découvert des archipels, des détroits et des golfes, qui conserveront dans l'avenir, avec sa mémoire, les noms qu'il leur imposa, la disette, les prodromes de l'hiver, et surtout l'absence absolue dans ces parages de tribus d'Esquimaux qui eussent pu pourvoir à l'approvisionnement de l'expédition, obligèrent l'intrépide explorateur à rebrousser chemin. Le point extrême qui fut de ce côté la limite de ses efforts est bien connu en géographie sous le nom de cap *Turnagain*. Le 22 août commencèrent les misères du retour.

Les longues privations et les fatigues sans repos frappèrent de leur résultat ordinaire les moins bien trempés des compagnons de Franklin. Atteints d'une apathique insouciance, ils se débarrassèrent des bateaux qui retardaient leur marche ou aggravaient leur état de faiblesse. Ainsi furent abandonnés tour à tour les canots, leurs seuls moyens de transport sur les lacs et les rivières qu'ils pouvaient avoir à traverser, les filets de pêche, qui dans une heure opportune auraient pu pourvoir à leur subsistance; ainsi leurs traîneaux, dernier espoir des malades et des blessés, furent dépecés et brûlés.

L'expédition atteignit les bords de la rivière Coppermine, qui devint pour elle un infranchissable obstacle.

C'est alors que le docteur Richardson, toujours dévoué, résolut de tenter à la nage la traversée du courant, pour aller fixer sur l'autre bord une corde qui pût servir à haler, d'une rive à l'autre, un chétif radeau de ramilles de saule et de bouleau. Le docteur était à peine au milieu de la rivière, que la rigueur du froid lui enleva l'usage de ses bras; sans se décourager, il se tourna sur le dos, et continua de nager dans cette position; mais, avant de gagner la rive, il se sentit aussi paralysé des deux jambes. Ses compagnons, qui le suivaient des yeux avec un intérêt qu'on peut aisément se figurer, le voyant tout à coup disparaître sous l'eau, se hâtèrent de le ramener à eux au moyen de la corde, heureusement fixée autour de ses reins. Retiré de l'eau, glacé, presque sans connaissance, on l'enveloppa de couvertures, on alluma à ses côtés un grand feu de branches de saule, et au bout de quelques heures il put retrouver la parole, et indiquer la manière dont on devait le traiter. La peau de la partie de son corps qui avait été placée du côté du feu perdit toute sensibilité, et ne reprit son état naturel que l'été suivant. Ses jambes enflèrent et restèrent douloureuses, également jusqu'au retour de la belle saison.

Cependant les voyageurs, après huit jours d'efforts inouïs, parvinrent à conduire un radeau sur la rive opposée; chacun d'eux put ainsi traverser successivement la rivière.

Calcinant au feu des ossements de daims morts dans ces solitudes, ils en composèrent une bouillie qu'ils assaisonnaient avec des fragments de peau ou des morceaux de leurs vieux souliers. Ils se nourrissaient aussi de la mousse des rochers, s'estimant heureux quand ils n'en manquaient pas.

Après deux semaines de luttes contre une nature maudite, Franklin et ses compagnons atteignirent enfin la hutte de l'Entreprise : ils ne restaient plus que cinq, de vingt-trois qu'ils avaient été en quittant les bords de l'océan Glacial.

« Un soir, comme nous étions, dit Franklin, réunis autour du feu, devisant sur nos tristes chances de salut, des voix se font entendre autour de nous... Grande joie!... Sans doute ce sont les Indiens... Mais qu'on imagine notre désappointement, quand nous vîmes paraître à la porte les figures hâves et décharnées du docteur Richardson et d'Hepburn, l'un de ceux que nous avions laissés en route. Nous eûmes assurément un grand plaisir à nous revoir, bien que nos traits se révélassent mutuellement les ravages qu'avaient faits sur chacun de nous les fatigues, les anxiétés et la famine. Le docteur, particulièrement, fut saisi du son sépulcral de ma voix, et nous exhorta aussitôt à faire meilleure figure, sans se douter de celle qu'il faisait lui-même, et qui était frappée au même coin que les nôtres.

Une perdrix apportée par Hepburn fut plumée par le docteur, exposée au feu pendant quelques minutes, et divisée en six parts. Franklin et ses compagnons se jetèrent avidement sur cette chair, la seule qui eût approché de leurs lèvres depuis trente et un jours.

Leurs grandes souffrances finirent à partir de cette rencontre, et peu de temps après ils furent délivrés de leur isolement par l'arrivée des Indiens.

Le 11 décembre, sous la conduite de leurs guides indigènes, ils atteignirent le fort Providence, d'où ils gagnèrent le fort l'Élan, où ils passèrent l'hiver. Enfin ces hommes héroïques terminèrent, en juillet 1822, à la factorerie d'York, leur dramatique voyage.

VOYAGES SIMULTANÉS DE FRANKLIN ET DE BEECHEY

(1825-1827)

Retour de Franklin au fort Chipéwyan. — Descente vers la mer Polaire. — Retour au fort Franklin. — Séjour pendant l'hiver par delà le cercle polaire. — Retour de Franklin en Angleterre. — Le commandant Beechey. — L'île Chamisso. — Rapports avec les Esquimaux. — Retour de Beechey.

En 1825, l'amirauté anglaise décida que Parry reprendrait avec deux navires la voie du détroit de Barrow, tandis qu'un vaisseau, sous le commandement du capitaine Beechey, contournerait les deux Amériques et tenterait d'aller à sa rencontre par le détroit de Behring, et qu'une expédition venant du Canada, et descendant le fleuve Mackenzie, irait faire l'hydrographie des frontières encore inconnues des côtes arctiques du continent, et s'efforcerait de donner la main à l'une ou l'autre des deux expéditions navales.

Franklin fut encore chargé cette fois de diriger l'expédition continentale.

Le mois de juillet 1825 le revit au fort Chipéwyan, avec les anciens et fidèles compagnons de ses périls et de ses travaux, le docteur Richardson et le lieutenant Back. L'expédition quitta, le 28 juin 1826, les bords occidentaux du grand lac de l'Ours, que les compagnons de Franklin baptisèrent de son nom, et, portée sur les eaux du Mackenzie, descendit avec elles vers la mer Polaire.

A l'embouchure du Mackenzie, qu'il atteignit le 7 juillet, Franklin rencontra une nombreuse tribu de féroces Esquimaux; ils pillèrent ses embarcations, dont les équipages n'échappèrent à un massacre général que grâce à la prudence et à la patiente fermeté de leur chef.

A partir de ce point, une navigation d'un mois entier, semée d'ennuis et de difficultés de toutes sortes, le conduisit le long des côtes américaines, jusqu'à près de quatre cents milles à l'occident du Mackenzie; mais comme il touchait au 150e degré à l'ouest de Greenwich, l'état des glaces, du vent et des courants, joint à l'absence de tout indice du vaisseau du capitaine Beechey, destiné au détroit de Behring, le força, sous peine d'imprudence, de songer au retour. L'expédition reprit donc le chemin du fort Franklin, qu'elle atteignit sans trop d'encombres le 11 septembre.

Franklin fut obligé de passer l'hiver tout entier par delà le cercle polaire, dans l'établissement qui a gardé son nom. Renfermés pendant plusieurs mois dans un milieu homicide, sous une hutte de fange et de glace, perdus dans les tempêtes et les nuits du pôle, Franklin et ses courageux compagnons demandèrent à la science des distractions et des jouissances. Le docteur Richardson leur fit un cours complet de géologie, et M. Drumwood, naturaliste de l'expédition, leur découvrit plus de quinze cents plantes et deux mille variétés d'oiseaux et de mammifères.

Franklin revint en Angleterre en automne 1827.

Le commandant de la frégate de guerre *le Blossom*, Beechey, l'ancien lieutenant de Franklin, dans le temps même où celui-ci se dirigeait à l'occident du Mackenzie, s'efforçait de son côté de s'avancer à sa rencontre, par le détroit de Behring. Ayant jeté l'ancre sur l'île Chamisso, Beechey équipa une allége qui devait servir à l'exploration minutieuse de la côte. La frégate et sa petite conserve mirent alors ensemble à la voile pour s'élever vers le nord, et opérer, s'il était possible, leur jonction avec Franklin.

« La côte d'Amérique que nous longions, dit Beechey, était plus peuplée que nous ne l'avions supposé, et, parmi les tribus que nous avions déjà visitées, peu de gens s'entendaient mieux à trafiquer que les Esquimaux que nous y rencontrâmes. Ils ne nous laissèrent en paix que lorsque nous leur eûmes acheté tout ce qu'ils avaient à nous vendre : pelleteries, poissons, instruments de pêche et de chasse, petites poupées d'ivoire de trois pouces de hauteur, habillées exactement de leur costume national; enfin un vase de bois d'une forme bizarre, dont nous fûmes longtemps à deviner l'usage. Ils parvinrent pourtant à nous faire comprendre qu'il leur servait à boire le sang chaud des animaux expirants, et l'expression de plaisir qui rayonnait dans leurs yeux pendant qu'ils nous donnaient cette explication nous convainquit que cette boisson était leur nectar de prédilection. Sur cet instrument, ainsi que sur les autres ustensiles, étaient gravées diverses figures d'hommes, de bêtes et d'oiseaux, avec un naturel et une vérité qui annonçaient que l'art de la ciselure leur était connu.

« C'étaient, en somme, de bonnes et paisibles gens, ayant tous les traits caractéristiques de leur race : de larges et grasses figures rondes, les pommettes saillantes, les yeux petits, bruns et obliques comme ceux des Chinois, et de grandes bouches. Leur langage ne diffère pas radicalement de celui des tribus observées au nord de la baie d'Hudson, et, comme chez celles-ci, leur mode de salutation consistait à mettre leur nez en contact avec les nôtres, et à passer leurs mains sur nos visages. Ils ne différaient de leurs frères de l'est que par l'adoption de la *botoque*, cet inqualifiable usage pratiqué sur presque toute la côte nord-ouest de l'Amérique, adopté par les sauvages de l'intérieur du Brésil, et que Denham a retrouvé jusqu'au centre de l'Afrique. C'est un ornement taillé en ivoire, en pierre ou en verre, muni d'une double tête, comme un bouton de chemise, et qu'on insère dans la lèvre inférieure, au moyen d'un trou qu'on y pratique au sortir de l'enfance. Il n'est alors que du diamètre d'un tuyau de plume; mais à mesure qu'ils vieillissent, les sauvages agrandissent l'orifice, et augmentent dans les mêmes proportions l'ornement qu'ils y maintiennent. Chez les adultes, il n'a jamais moins d'un demi-pouce de diamètre, et quelquefois plus. On voit même des petits-maîtres flanquer la botoque principale de deux autres incisées au-dessus des coins de la bouche. Ils n'hésitaient jamais à retirer de leurs lèvres ces affreux bijoux pour nous les vendre, s'inquiétant très-peu que leur salive coulât à travers l'orifice béant et inondât leur menton. Ils se moquaient même du dégoût que cette vue nous faisait éprouver, et profitaient de la circonstance pour se livrer à d'horribles grimaces.

« Le 1ᵉʳ août 1826, nous trouvant par le travers d'un cap élevé de quatre cent cinquante pieds, je jugeai la position propre à l'érection d'un *poteau-signal* pour le capitaine Franklin. Nous allâmes donc à terre, et nous y fûmes reçus par des Esquimaux, semblables en tout à ceux que nous avions déjà rencontrés; mais la curiosité enfantine qu'ils nous témoignèrent, et leur épouvante au bruit de la détonation d'un fusil, à la vue d'un oiseau frappé d'une balle et tombant à leurs pieds, nous firent présumer qu'ils n'avaient encore eu que des relations très-bornées avec les Européens. Le plus vieux de la troupe, âgé d'environ cinquante ans, était estropié; les autres étaient robustes et plus grands en général que les Esquimaux de l'est. Nous remarquâmes parmi eux un homme de cinq pieds quatre à cinq pouces, et une femme de cinq pieds. Toutes les femmes avaient trois petites lignes tatouées sur le menton, ce qui est la marque distinctive du beau sexe sur toute cette côte. Nous observâmes aussi parmi elles l'usage si répandu parmi les belles musulmanes, de se noircir les paupières. La lèvre de tous les hommes était munie de la botoque obligée, et les deux sexes avaient les dents en mauvais état, par suite sans doute de l'habitude qu'ils ont de s'en servir comme de ciseaux.

« Leurs tentes consistaient en quelques peaux tendues sur des pieux mal équilibrés, et ne les garantissaient guère de la pluie ni du vent. Toutes étaient, en outre, comme à l'ordinaire, fort sales, mais appropriées sans doute au goût de leurs habitants, qui nous y reçurent avec un plaisir évident. Ils nous invitèrent à un banquet hospitalier, où, entre autres échantillons de leur cuisine, figuraient des entrailles de phoque et une jatte de sang coagulé. Malgré tout notre désir de leur être agréable, nul de nous n'osa toucher à ces friandises, pas plus qu'à un poisson cru qu'ils nous servirent ensuite, et dont les tranches, proprement découpées, étaient revêtues de couches alternatives de graisse blanche et de graisse noire. Voyant notre peu d'appétit, ils nous régalèrent, par forme de compensation, d'une danse nationale, exécutée au son d'un tambourin, accompagné en chœur par les voix des danseurs eux-mêmes.

« Le 15 août, nous étions devant le cap Glacé de Cook, limite extrême des découvertes de ce grand navigateur; à l'époque de son passage, ce promontoire était environné de glace, circonstance d'où dériva son appellation. Nous le doublâmes sans difficulté, et fûmes assez favorisés pour ne rencontrer la banquise qu'à une vingtaine de lieues, plus au nord-ouest que le point où elle avait arrêté, en 1777, notre illustre devancier. Laissant donc l'allège poursuivre seule sa route entre la glace et le continent, le *Blossom* reprit la direction du golfe Kotzebue.

« Ayant, dans le trajet, pris terre entre le cap Glacé et le cap Beaufort, nous trouvâmes à cette région un tel aspect de désolation, qu'il semblait impossible d'y rencontrer un être humain. Nous ne tardâmes pourtant pas à voir une baïdare pleine de monde aborder à peu de distance de nous. Elle mit à terre trois hommes, quatre femmes et deux enfants. Ces naturels se montrèrent aussi empressés qu'aucun de leurs voisins à trafiquer avec les *Kablounas*, estimant nos vieux boutons de cuivre à l'égal de nos meilleurs couteaux. Les hommes portaient tous de larges botoques, qu'ils s'amusaient à tourner dans leurs lèvres comme de vieux grognards tortillent leurs moustaches. Les enfants étaient heureusement encore exemptés de cette espèce de parure. Une petite fille de onze ans portait les trois lignes d'usage. Cette dernière, encore assez jolie, avait consenti à ce qu'on fît son portrait, et s'était d'abord soumise patiemment à l'indispensable examen de l'artiste; mais tout à coup elle se voila la tête avec une certaine grâce pudique, qui aurait fait honneur à une beauté plus civilisée. Quand je voulus découvrir sa figure, elle jeta un regard interrogateur sur son mari, et, celui-ci ayant approuvé ses scrupules, le portrait resta inachevé.

« En rentrant au mouillage de l'île Chamisso, nous trouvâmes les habitants que nous y avions laissés, occupés à transporter vers leurs habitations d'hiver les provisions de saumon salé, d'huile de phoque, et les pelleteries qu'ils avaient rassemblées pendant leurs chasses et leurs pêches de la belle saison. Tous se réunirent pour prendre congé de nous, et, comme il n'était guère probable que nous dussions jamais nous retrouver ici-bas, nos adieux furent plus tendres que nous ne l'aurions souhaité : ils nous saluèrent tous individuellement, les uns après les autres, de la manière la plus cordiale qu'ils purent imaginer, c'est-à-dire en se léchant les mains et en les passant sur leur corps et sur leur figure, pour les repasser ensuite sur les nôtres. Un d'entre eux, d'un âge mûr, et qui semblait leur chef, nous recommanda de ne pas rester plus longtemps dans ces parages ; et, comme je lui fis comprendre que mon intention était d'y passer encore au moins vingt jours, il se mit à grelotter, rentra ses bras dans ses manches, et serra en frissonnant ses vêtements autour de lui ; manière éloquente de nous annoncer l'approche de l'hiver. Je le remerciai de son avis, et ne quittai pas ces affectueuses créatures sans laisser un petit cadeau à chacune. Le lendemain, leurs baïdares, chargées de toutes leurs richesses, se dirigeaient vers le fond de la baie d'Escnoltz.

« Peu de jours après, nous aperçûmes deux baïdares pagayant vers le campement abandonné, et ce ne fut pas sans surprise que nous vîmes avec quelle rapidité ceux qui montaient ces embarcations en descendirent, dressèrent leurs tentes, y transportèrent toute la cargaison de leurs barques, tirèrent celles-ci hors de l'eau, et les tournèrent la quille en l'air.

« Quand nous allâmes les visiter, une heure à peine après leur arrivée, tout était rangé dans leurs modestes demeures comme si leur établissement eût daté d'un mois et plus. Rien n'y manquait de ce qui pouvait contribuer à leur bien-être; rien aussi ne pouvait, mieux que cette circonstance, nous donner une idée de la facilité et de l'indépendance absolue avec lesquelles ces peuplades errent de lieux en lieux, transportant avec elles leurs foyers et tout ce qui leur est nécessaire.

« La multitude d'objets qu'ils parviennent à faire entrer dans leurs légères embarcations fut pour nous un autre sujet d'étonnement. Outre les quatorze individus qui formaient ce clan nomade, les deux baïdares avaient apporté huit piliers de tente, quarante peaux de daims, trois à quatre cents livres de poisson, une énorme quantité de baleine, de nombreuses outres d'huile et des vases de terre pour la cuisine, deux renards vivants, dix gros chiens, des faisceaux de lances, de harpons, d'arcs et de flèches, des paquets d'habits, d'immenses filets de cuir pour la pêche des baleines et des marsouins, huit grandes planches, des mâts, des voiles, des pagaies, des peaux et des défenses de morses; enfin une infinité de choses sans nom, que les Esquimaux traînent avec eux.

« Ceux-ci vinrent, comme leurs devanciers, à bord du *Blossom*, et comme toujours, après un peu de timidité de leur part, la meilleure intelligence s'établit entre nous. Ils ressemblaient, hommes et femmes, à tous ceux que nous avions déjà rencontrés sur cette côte; seulement deux jeunes beautés de la tribu avaient adopté une mode qui, dès que nous pûmes l'analyser, éveilla parmi nous ce rire inextinguible dont Homère fait le partage des dieux. Chaque mouvement de ces dames était accompagné d'un tintement métallique fort provoquant pour notre curiosité. Nous finîmes par apprendre qu'elles portaient sous leurs vêtements, autour de la ceinture et des hanches, un certain nombre de petites clochettes, et qu'un de ces instruments mélodieux avait la force d'une sonnette d'appartement.

« Au poli du cuivre et à la solidité des nœuds d'attache, on devinait facilement que ces ornements bizarres étaient depuis longtemps au poste qu'ils occupaient; mais quel motif avait pu les y fixer? Était-ce la coquetterie ou quelques pudiques préjugés? Ce n'était certes pas la commodité.

« Chaque entrevue nous révélait quelque nouvelle coutume de ces peuplades. Un jour, nous surprîmes tout le clan, hommes, femmes et enfants, assis silencieusement en cercle et fumant avec componction un atroce mélange de tabac et de poussière de bois pilé : usage qu'ils doivent sans doute aux Eschutschis, leurs frères d'Asie, qui emploient de cette manière l'écorce du bouleau. Une seule pipe servait à toute l'assistance, et encore le fourneau en était si petit, qu'il ne pouvait guère contenir de poudre narcotique que pour une bouffée. La première aspiration revenait de droit au doyen de l'assemblée, qui passait gravement la pipe à son voisin; celui-ci la vidait, la remplissait, et la passait de même à un autre, chacun enflant tour à tour ses joues autant que possible, et lâchant peu à peu la fumée par le nez, avec autant de majesté que déploierait en pareille occasion l'habitué le plus distingué du meilleur estaminet de Londres ou de Paris. L'âcreté de cette fumée causait une toux horrible à la plupart d'entre eux, mais ne semblait que troubler bien peu les jouissances qu'ils trouvaient à changer les parois de leur gorge en tuyaux de cheminée. De nos jours, que de civilisés d'Europe sont Esquimaux en ce point!

« Le 10 septembre, nous vîmes enfin l'allége revenir vers nous, toutes voiles déployées, et j'eus bientôt la satisfaction d'apprendre du lieutenant Elson, son commandant, qu'il avait découvert une assez grande étendue de côte au delà du cap Franklin, point le plus oriental que le vaisseau eût reconnu pendant le mois précédent. M. Elson s'était avancé jusqu'à un promontoire, qui porte depuis lors le nom de l'illustre géographe Barrow. C'est une langue de terre basse, étroite, et au delà de laquelle on ne put pénétrer; car elle servait, pour ainsi dire, de base à la banquise. En cherchant à se dégager de cette impasse, la frêle embarcation eut à lutter à la fois et contre un vent du sud-est qui la poussait sur la banquise, et contre un courant qui précipitait sur elle de vastes fragments de glaces flottantes, avec une vitesse de près de quatre milles à l'heure. Elle fut bientôt si étroitement pressée entre la glace et la terre, qu'elle fut jetée à la côte, et y demeura plusieurs jours échouée sur le flanc. Sa situation était d'autant plus critique, que les dispositions des naturels, fort nombreux et très-farouches dans ces parages, leur insolence et leurs rapines continuelles ne devait laisser aucun doute sur le sort qui attendait le faible équipage de l'allége, s'il tombait en leur pouvoir. Déjà M. Elson songeait à couler bas son petit navire pour le soustraire au pillage, quand tout à coup un changement de vent entr'ouvrit la glace, et l'allége échappa au naufrage et à la rapacité des Esquimaux.

« Le séjour du *Blossom* dans le golfe Kotzebue se prolongea encore après le retour de l'allége; mais, en octobre, le départ de tous les Esquimaux pour leurs stations d'hiver, la migration des oiseaux, la congélation des lacs et le refroidissement graduel de la mer nous annoncèrent qu'il fallait quitter le mouillage, si nous ne voulions pas être emprisonnés pendant six à sept mois. N'ayant plus d'ailleurs de provisions à bord que pour cinq semaines, je me déterminai à aller hiverner dans l'océan Pacifique. »

L'année suivante, la saison trop avancée ne laissant à Beechey nul espoir d'être rejoint par le capitaine Franklin, et ses instructions limitant d'ailleurs la durée de son voyage, il quitta pour la dernière fois le golfe Kotzebue et reprit le chemin de l'Angleterre. Il y retrouva — on devine avec quel bonheur — le capitaine Franklin. A la même époque, Parry, leur collègue et leur émule, remettait, lui aussi, le pied sur le sol britannique, après deux tentatives infructueuses pour pénétrer dans le bassin polaire.

DERNIÈRE EXPÉDITION DE SIR JOHN FRANKLIN

ET RECHERCHES QUI ONT SUIVI

(1845-1859)

Départ de Franklin avec l'*Érèbe* et *la Terreur*. — Deux années sans nouvelles. — L'Angleterre se décide à envoyer des navires à la recherche de Franklin. — Départ du docteur Richardson. — Son rapport à l'amirauté. — Rapports du capitaine James Clerk Ross. — Le navire le *Prince-Albert*. — Le lieutenant Bellot. — Sa mort.

Franklin voulut couronner sa carrière en allant chercher, sur le trajet du détroit de Barrow à celui de Behring, non la passe la plus directe, mais celle qui était le plus longtemps ouverte, et la plus favorisée des vents et des courants.

Le gouvernement anglais lui confia deux navires construits spécialement pour la navigation des mers glaciales : c'étaient l'*Érèbe* et *la Terreur*.

L'expédition mit à la voile le 26 mai 1845. Le 12 juillet suivant, Franklin jetait l'ancre devant l'île groënlandaise de Disco, où les Danois ont un de leurs établissements. De ce point il écrivit à l'amirauté ; sa lettre respirait la satisfaction et la confiance.

Quelques semaines plus tard, l'*Érèbe* et la *Terreur* étaient aperçus par les baleiniers dans les parages opposés de la baie de Baffin, non loin du détroit de Lancastre. C'est à dater de ces renseignements qu'un silence de mort vint faire reconnaître à l'Angleterre la nécessité d'envoyer à la recherche de sir John Franklin.

C'est alors que le vieil ami de ce grand homme, le fidèle compagnon de ses premiers voyages, le docteur Richardson, âgé de soixante-deux ans, courut au Canada prendre la direction d'une expédition destinée non-seulement à parcourir encore une fois les rives du continent entre les fleuves Mackenzie et Coppermine, mais même à franchir les détroits qui les séparent de la grande île de Wollaston et des autres archipels voisins, pour s'assurer si ces parages, découvertes communes de Franklin et du docteur, ne recelaient pas sur leurs écueils quelques indices d'un passage récent et des débris du naufrage.

Nous croyons devoir insérer quelques extraits textuels, empruntés au rapport du dévoué et digne ami de Franklin.

« Le 3 août, j'atteignis la mer à l'embouchure de la branche orientale du fleuve Mackenzie, avec les bateaux et le détachement que l'amirauté a mis sous mes ordres. Le lendemain, nous eûmes une entrevue avec trois cents Esquimaux, qui, instruits de notre arrivée par des signaux de feux allumés par ceux de leurs chasseurs qui battaient les montagnes des bords du fleuve, s'étaient réunis pour nous attendre. D'après la manière amicale avec laquelle ils nous ont traités, je ne doute pas qu'ils n'aient accueilli avec humanité les Européens qu'ils auraient pu voir dans la détresse.

« De la pointe Encounter, où nous rencontrâmes ce parti, jusqu'à la rivière Coppermine, la distance, y compris les grands détours de la ligne de côte, est de plus de huit cents milles. Nous ne pûmes faire ce trajet que bien lentement, ayant constamment le vent debout. Nous glissant le long de la côte, nous mettions à terre au moins deux fois par jour, pour faire la cuisine, quelquefois pour chasser, presque toutes les nuits pour dormir, et souvent pour explorer le pays du haut des caps élevés. Nous eûmes de fréquentes entrevues avec des partis d'Esquimaux assemblés sur les caps pour chasser la baleine, ou dispersés le long de la côte en groupes de deux ou trois, allant à la poursuite des rennes et des oiseaux de mer. Ils vinrent à nous avec confiance, et, grâce à notre excellent Esquimau Albert, qui parle bien anglais, nous pûmes échanger quelques paroles avec eux. Tous nous dirent qu'ils n'avaient vu passer aucun navire, et ils parurent satisfaits d'apprendre, d'après nos questions, qu'ils devaient s'attendre à voir plus fréquemment des hommes blancs sur leurs côtes. À la hauteur du cap Bathurst, environ au tiers de la distance du Mackenzie au Coppermine, les Esquimaux nous apprirent que, pendant six semaines de l'été, ou, suivant leurs expressions, pendant la plus grande partie des deux lunaisons durant lesquelles ils s'occupent spécialement de poursuivre les baleines, ils n'avaient jamais vu de glace.

« Nous trouvâmes une famille d'Esquimaux campés à l'extrémité du cap Bathurst; mais aussi près de ce point qu'il nous fut possible de débarquer sans être vus, nous érigeâmes un signal, et nous y enfouîmes une cache de pemmican; nous fîmes un dépôt semblable sur l'extrémité du cap Parry, et nous l'indiquâmes par un tas de pierres peintes.

« Après avoir doublé ce cap, nous aperçûmes pour la première fois des amas de glaces flottantes, dont le nombre augmenta à mesure que nous approchions des détroits du Dolphin et de l'Union; mais sur cette partie de la côte nous ne vîmes plus d'Esquimaux, quoique nous eussions aperçu quelques traces récentes de leurs détachements de chasseurs.

« Le 22 août, nous eûmes un fort coup de vent d'ouest, à l'aide duquel nous courûmes à la voile pendant quelques heures; mais la brise ayant rapidement augmenté, de manière à devenir une violente tempête, nous fûmes forcés, pour la sûreté des canots, de les faire passer au milieu des glaces éparses, formant une banquise auprès de la pointe Cockburn. Pendant la nuit, il passa beaucoup de glaces flottantes, et le lendemain matin nous nous trouvâmes enfermés dans une banquise épaisse, qui s'étendait aussi loin que la vue pouvait porter. Jusqu'à ce moment nous avions eu la température habituelle des étés de cette région; mais l'air devint très-froid, et nous eûmes continuellement de la gelée, et fréquemment des tempêtes de neige pendant toute la durée de notre séjour à la côte. En nous tenant près de la plage, dans les endroits où le peu de profondeur de l'eau empêchait d'arriver les plus grandes masses de glaces; en coupant des passages pour les bateaux là où les glaces s'étaient amoncelées contre les rochers; en halant les bateaux par-dessus les glaces les moins élevées; en faisant des partages le long de la côte, lorsque les circonstances l'exigeaient; enfin, en profitant de quelques espaces de mer libres que nous rencontrâmes, nous parvînmes avec beaucoup de peine à arriver, vers la fin du mois, dans une baie comprise entre les caps Hearne et Kendall. J'avais déjà jugé convenable, pour dominer la fatigue de l'équipage, de laisser un des canots, avec sa charge de pemmican, sous le côté nord du cap Krusenstern; et pendant le temps qu'il fallut pour nous rendre près du cap Kendall, les deux autres bateaux furent presque mis hors de service par les angles coupants de la nouvelle glace, qui maintenant soudait les grosses masses entre elles. La terre était couverte de neige; aucun espace de mer libre n'était visible du sommet des caps les plus élevés, et déjà l'hiver se faisait sentir dans toute sa rigueur. Je me vis donc, bien malgré moi, forcé d'abandonner les canots, et de continuer par terre notre voyage vers notre résidence d'hiver, sur le lac du Grand-Ours. Le pemmican et les munitions furent soigneusement cachés pour treize jours ; ustensiles de cuisine, haches, instruments astronomiques, quelques livres, les munitions, deux filets et quelques lignes, le bateau portatif d'Halkett, un paquet de plantes desséchées, mon lit et quelques hardes furent distribués par lots. Chaque homme avait à porter, outre la charge qui lui avait été assignée, sa couverture, ses mocassins et quelques vêtements de rechange. Tous étaient munis de chaussures pour marcher dans la neige. M. Rae portait lui-même la majeure partie de ses effets de literie et d'habillement. On se mit en route le 3 septembre, et le lendemain nous rencontrâmes un camp d'Esquimaux ; ils mirent le plus grand empressement à nous faire passer une large rivière, à laquelle j'ai donné le nom de Rae. Nous traversâmes ensuite le Richardson à l'aide du bateau en caoutchouc inventé par le lieutenant Halkett, et, suivant les rives du Coppermine et du Kendall, son tributaire, nous atteignîmes une des branches de la rivière de Deate ; enfin, le treizième jour, nous arrivions à notre destination, le fort Confidence.

« Notre marche à travers les marais à demi glacés ou sur des montagnes couvertes de neige a nécessairement été pénible ; mais en ayant soin, autant que possible, de nous tenir dans les vallées des rivières, nous n'eûmes qu'une seule nuit à passer sans feu et sans repos. Pendant une brume épaisse, à travers laquelle cependant nous pûmes continuer notre route dans la bonne direction, à l'aide de la boussole, un métis et son compagnon indien, envoyés du fort Confidence à notre rencontre, perdirent leur chemin et nous manquèrent ; mais, ayant reconnu les traces de notre marche sur le Kendall, ils jugèrent que nous avions passé, et nous rejoignirent deux jours après notre arrivée.

« Pendant tout le cours de ce voyage, je me suis scrupuleusement conformé aux instructions de l'amirauté concernant l'examen de la côte, et de cet examen il est résulté pour moi la conviction qu'aucun navire n'a passé en vue du continent. Il est, en effet, impossible qu'ils aient pu le faire sans être vus par les nombreux partis d'Esquimaux occupés à explorer la mer pour chasser les baleines. Nous avons de plus appris des Esquimaux de l'entrée de Back, que les glaces avaient envahi leurs côtes pendant presque tout l'été, et l'état d'agglomération dans lequel nous les avons laissées le 4 septembre rendait tout à fait improbable qu'elles dussent encore s'ouvrir à cette époque avancée de la saison, pour offrir un passage à des navires.

« J'éprouve un vif regret que les glaces m'aient empêché de traverser jusqu'à la terre de Wollaston, et de compléter ainsi en une saison le programme tracé par les instructions de l'amirauté. Dès les premiers beaux jours de l'année prochaine, le docteur Rae, dont je ne saurais trop louer le zèle et l'activité, ira reprendre la suite de nos recherches communes. Des caches de pemmican et l'attirail d'armement des bateaux sont déjà échelonnés en avant sur la route qu'il doit suivre.

« Aux ressources dont il peut disposer il est nécessaire d'ajouter celles qu'il peut tirer des contrées mêmes qu'il va traverser. De nombreux troupeaux de daims émigrent au printemps, des rivages du continent aux terres de Victoria et de Wollaston, en franchissant les détroits gelés, et ils reviennent en automne. Les côtes, peuplées de veaux marins, servent aussi de lieux de pâture à de grandes troupes d'oies de neige. La chasse et la pêche peuvent donc venir en aide à l'expédition Franklin, et nous avons un exemple récent des ressources qu'on peut tirer de ces climats dans M. Rae lui-même, qui a passé un hiver rigoureux sur les rives désolées de la baie Repulse, sans autre combustible que les tiges desséchées d'une espèce d'andromède herbacée, et sans autres provisions, pour nourrir un nombreux détachement pendant toute une année, que celles que lui fournissait la chasse.

« De pareils exemples nous interdisent de perdre tout espoir relativement aux amis que nous cherchons. »

L'amirauté recevait, à l'époque même où lui parvenait le rapport du docteur Richardson, celui du capitaine James Clerk Ross, qui, avec deux vaisseaux, était allé demander aux eaux occidentales des détroits de Davis et de Lancastre les traces des navires de Franklin.

« Les bâtiments de Sa Majesté, *l'Entreprise* et *l'Investigateur*, retenus à l'orient de la baie de Baffin par une accumulation de glaces sans antécédents dans cette saison, n'ont pu appareiller que le 13 juin 1848, de l'établissement danois d'Uppernavick.

« Après avoir contourné l'obstacle par le nord, au milieu de difficultés telles, que nous n'atteignîmes la mer ouverte que le 20 août seulement, nous nous dirigeâmes directement sur la baie de Pond, où j'avais l'espoir de rencontrer des baleiniers, si quelques-uns avaient pu pénétrer jusque-là, et peut-être d'apprendre d'eux si *l'Érèbe* et *la Terreur*, ou des détachements envoyés de ces bâtiments dans les embarcations, avaient passé le long de la côte; j'avais aussi en vue de communiquer avec les Esquimaux qui visitent annuellement ces rivages, et d'obtenir d'eux peut-être quelques renseignements sur le sort de nos amis absents.

« Le 23, nous reconnûmes la terre à environ deux milles au sud de la baie de Pond, et nous pûmes suivre la ligne de la grande banquise qui s'appuyait contre la côte, à une distance de quatre à cinq milles dans le sud. Elle était tellement pressée du côté de terre, qu'il ne restait plus assez de place pour que des navires ou des embarcations pussent passer entre elle et le rivage, où l'on sait que les Esquimaux établissent leur résidence d'été; nous tirions un coup de canon toutes les demi-heures, et nous examinions, avec nos lunettes de longue-vue, tous les points de la côte, mais nous ne parvînmes à découvrir aucun être humain.

« A partir de là, nous remontâmes vers le nord-ouest, en rangeant la terre de si près, que rien sur la côte, homme ou embarcation, n'eût pu échapper à notre minutieux examen. Dans le même but, je fis explorer la baie Possession. On n'y trouva que le papier que sir Edward Parry y avait laissé, en 1819, en souvenir de son expédition. Ce papier était très-endommagé; mais en le lavant soigneusement, et en réunissant les morceaux, presque tous les mots purent être déchiffrés. Nous l'avons conservé.

« A partir de ce point, nous continuâmes l'étude de la côte avec le même soin; car nous nous attendions à chaque instant à voir ceux que nous cherchions; et des vigies, placées dans les mâts et sur le pont, exploraient l'horizon avec l'attention la plus vigilante.

« Le 1er septembre, nous arrivâmes devant le cap York; j'envoyai un détachement à terre, pour chercher si nos camarades s'y trouvaient, et pour fixer, sur ce point remarquable, une marque facile à reconnaître, et à laquelle fut jointe un papier, pour servir d'instruction à ceux qui le trouveraient. Cette mission fut accomplie avec beaucoup d'intelligence par le lieutenant M'Clintock, malgré la difficulté des circonstances.

« Chaque jour nous jetions à la mer, de chacun des deux navires, un baril contenant des papiers, pour faire connaître notre situation; quand il y avait de la brume, on tirait le canon; pendant les heures de la nuit, on brûlait des feux de Bengale et des fusées; les navires étaient d'ailleurs tenus sous une petite voilure, de sorte qu'une embarcation qui aurait vu les signaux aurait pu facilement nous atteindre.

« Le but général des informations ainsi distribuées le long de la côte était de faire savoir à sir John Franklin, ou à toute personne faisant partie de l'expédition, que les baleiniers n'ayant pu pénétrer jusqu'à l'ouest de la baie de Baffin, il n'y avait à attendre d'eux aucun secours; il leur était ensuite recommandé de se diriger vers le port Léopold, où mon intention était de former un dépôt de provisions, et peut-être de faire hiverner l'*Investigateur*.

« Cet engagement pris, il fallait le tenir; mais déjà chaque nuit le thermomètre tombait de 9° à 10°

centigrades sous zéro, et la glace nouvelle se formait si rapidement dans les interstices de la vieille banquise, qu'il nous fallut plusieurs jours d'efforts pour gagner le port. Nous étions déjà au 11 septembre, et, si nous n'avions pas atteint le mouillage ce jour-là, il nous eût été impossible d'y pénétrer plus tard; car, pendant la nuit, la grande banquise venant se réunir à la terre, ferma hermétiquement l'entrée du port, et nous força à y prendre nos quartiers d'hiver.

« Quoique je ne pusse être qu'extrêmement contrarié du peu de progrès que nous avions faits dans cette première saison, cependant nous devions remercier la Providence de nous avoir permis d'atteindre des quartiers d'hiver sûrs, dans le port Léopold; cette position était, de toutes, la plus convenable, si l'on en avait eu une à choisir pour cet objet: car, se trouvant à la jonction de quatre grands canaux, le détroit de Barrow, le détroit de Lancastre, celui du Prince-Régent et le canal de Wellington, il était presque impossible que des équipages, après avoir abandonné leurs navires, longeassent les côtes d'aucun de ces bras de mer sans trouver des indices du voisinage de notre expédition.

« L'hiver se passa comme tous les hivers de ces climats; mais une longue expérience et l'esprit libéral qui avaient présidé à l'expédition, nous avaient pourvus de bien des ressources de bien-être dont n'avait jamais joui aucune autre expédition; et pourtant il est à remarquer que la santé de l'équipage eut plus à souffrir durant cet hiver qu'en aucune autre circonstance. Le peu de succès de nos tentatives a pu contribuer à abattre l'ardeur de nos hommes, et malheureusement les froids de l'hiver se sont prolongés, d'une manière inaccoutumée, fort avant dans le printemps, avant qu'on ait pu diriger cette ardeur vers de nouveaux efforts.

« Pendant l'hiver, nous prîmes une grande quantité de renards blancs vivants, dans des piéges faits exprès; on sait que ces animaux traversent d'immenses étendues de pays pour chercher leur nourriture. Je fis river à leur cou des colliers de cuivre, sur lesquels on avait gravé l'indication de la position des navires et des dépôts de vivres, et je les fis mettre en liberté, dans l'espoir que ces messagers d'une nouvelle espèce iraient porter ces renseignements à *l'Érèbe* et à *la Terreur*; car il n'y avait pas à douter que les équipages de ces navires fussent très-empressés à prendre ces animaux, s'ils les voyaient.

« Après quelques courses préliminaires faites en avril et dans les premiers jours du mois suivant, pour aller former de petits dépôts de vivres à l'ouest et au sud de notre position, je quittai les navires le 15 mai, avec un détachement composé du lieutenant M'Clintock et de douze hommes. Nous avions pris pour quarante jours de vivres, qui furent attachés, ainsi que des tentes, des vêtements, des couvertures et d'autres objets nécessaires, sur deux traîneaux.

« La côte septentrionale du North-Somerset borde au sud le détroit de Barrow jusqu'au cap Bunny, où elle tourne brusquement vers le sud. Des hautes falaises qui avoisinent ce cap élevé, la vue s'étend à l'ouest jusqu'au cap Walker, au nord jusqu'au canal de Wellington. Tout cet espace, au moment où je le contemplai, était occupé par un amas effrayant de montagnes et de masses de glaces amoncelées, tandis que, du côté du midi, la mer gelée offrait une surface comparativement unie, et plus favorable pour voyager. Je me décidai, en conséquence, à ne pas diviser ma troupe, comme j'en avais eu d'abord l'intention, et à suivre les sinuosités de la côte, dans la direction du sud, avec tous mes hommes réunis. Bien nous prit de cette résolution ; car bientôt beaucoup d'entre eux, estropiés et affaiblis, ne purent plus nous être de la moindre utilité, et la nécessité où nous fûmes de porter les plus malades sur les traîneaux, et de nous priver des services de plusieurs autres, qui avaient à peine la force de nous suivre, ajouta outre mesure à la fatigue de ceux qui étaient encore en état de travailler.

« Cette circonstance, jointe à la diminution de nos provisions, plus qu'à moitié consommées, mit un terme à notre exploration de la côte. Nous étions alors au 5 juin.

« Donnant un jour de repos au gros de ma troupe, je m'avançai avec les deux plus dispos de mes hommes, jusqu'au promontoire le plus méridional qui fût en vue de notre campement. Il est situé par 72° 38′ de latitude nord, et 98° de longitude ouest de Paris. L'état de l'atmosphère était on ne peut plus favorable, et l'œil eût facilement distingué à cent milles une hauteur un peu considérable. Le cap le plus élevé que nous eussions en vue dans le sud n'était pourtant pas à plus de la moitié de cette distance, et plus loin la côte se dirigeait vers le cap Nicolas Ier, point le plus septentrional que j'aie atteint, en 1832, lorsque j'accompagnais sir John Ross sur la *Victory*. Certes il fallait que mon escorte fût tout à fait hors de service pour que je renonçasse à visiter de nouveau ce cap, ainsi que le pôle magnétique qui en est voisin. Nous érigeâmes ensuite un *cairn* ou grand tas de pierres, sur un mamelon situé juste au-dessus de nos tentes, et l'on y plaça un cylindre de cuivre contenant le détail de nos opérations et tous les renseignements nécessaires pour guider ceux des hommes de sir John Franklin qui pourraient arriver sur cette partie de la côte.

« Quoique nos ressources ne nous permissent pas de prolonger davantage nos investigations, nous eûmes du moins la satisfaction d'être sûrs que, si ceux que nous cherchions avaient jamais paru sur la côte nord ou sur la côte ouest du North-Somerset, nous en aurions trouvé quelques traces. S'ils avaient abandonné leurs navires dans les parages de l'île Melville, ils auraient dû arriver sur ces côtes longtemps avant cette époque; et là ils nous auraient trouvés dans la position la plus favorable pour leur prêter assistance et les conduire à nos bâtiments.

« Nous nous étions mis en route pour retourner à nos quartiers d'hiver, dans la soirée du 6 juin. Après avoir surmonté une foule de difficultés inhérentes au sol et au climat, nous rejoignîmes les navires le 23 du même mois. Le détachement était tellement accablé de fatigue, que chacun des hommes qui le composaient resta entre les mains du docteur pendant trois semaines, pour un motif ou pour un autre; et j'ai le regret d'ajouter que deux d'entre eux ne sont pas encore rétablis au moment où j'écris.

« En mon absence, le capitaine Bird et le lieutenant M'Clure avaient fait explorer quelques points des deux côtes de l'entrée du Régent et des rivages nord du détroit de Barrow. Tous ceux qui faisaient partie de ces détachements revinrent, comme nous, affectés d'ophthalmies, d'entorses ou de courbatures, mais sans avoir trouvé la moindre trace de l'expédition perdue.

« Le temps s'écoula sans amener de résultats satisfaisants; nos équipages, affaiblis par des efforts incessants, étaient dans une situation peu favorable pour entreprendre les pénibles travaux qu'ils avaient encore à accomplir. La saison était tellement arriérée, qu'on pouvait à peine apercevoir une flaque d'eau sur toute la surface de glace qui couvrait le port, si ce n'est le long de la ligne de gravier qui avait été entraînée vers l'entrée, pendant l'hiver. Aussi y avait-il peu d'apparence que nous pussions nous dégager pendant l'été, dans lequel nous entrions.

« Tous les hommes valides commencèrent à scier la glace pour augmenter la largeur du canal, de manière à permettre aux navires d'y passer vers la pointe du port, qui était à une distance de plus de deux milles.

« Ces travaux se poursuivirent jusqu'au 15 août;

le canal était alors presque terminé, et la glace du havre se rompit dans sa direction en deux parties presque égales, ce qui nous épargna quelques jours de travail. La glace du large paraissait encore aussi solidement fixe que pendant l'hiver, mais nous pûmes voir qu'elle diminuait le long des côtes, et, le 28 août, nous réussîmes à nous dégager du port. Nous y laissâmes une cabane solidement construite, avec nos espars de rechange, des vivres pour douze mois, des combustibles, et la chaloupe de *l'Investigateur*, que j'avais fait allonger de sept pieds.

« Dans la prévision du passage en ce lieu de l'expédition de sir John Franklin, ces ressources devaient lui servir à atteindre les établissements danois du Groënland, ou nous procurer le même secours, dans le cas où quelque malheur arriverait à nos navires, sur la route de l'ouest.

« Nous nous efforçâmes donc de pénétrer dans cette direction; mon but était d'atteindre l'île Melville; mais, après un pénible trajet, nous nous heurtâmes à la glace, qui barrait le détroit d'un bord à l'autre et n'avait pas bougé de la saison. Nous nous débattions vainement dans la première ligne de la banquise, lorsque, le 1ᵉʳ septembre, une forte brise, s'élevant tout à coup, la poussa sur nous et la souda autour de nos navires, dont les coques furent mises à la plus rude épreuve par une épouvantable pression. Du haut des mâts on n'apercevait qu'une seule nappe continue de glaces agglutinées, et les montagnes flottantes qui s'y étaient superposées formaient autour de nous une véritable chaîne.

« Nous fûmes alors pleinement convaincus que les navires étaient arrêtés pour tout l'hiver, et, quelque affreuse que fût cette perspective, elle était de beaucoup préférable à celle d'être entraînés le long de la côte ouest de la baie de Baffin; car les montagnes de glace échouées sont en si grand nombre sur les bancs qui s'étendent le long de cette côte, qu'il y serait presque impossible à des navires enveloppés dans une banquise d'échapper à une destruction complète.

« Ce fut donc avec plus d'inquiétude que d'espoir que nous vîmes toute la masse de glace dériver vers l'est, avec une vitesse de huit à dix milles par jour. Tout effort de notre part était devenu inutile, car aucune puissance humaine n'aurait pu faire dévier les navires d'un seul pouce; ils étaient ainsi complétement soustraits à notre action, et, fixés au milieu d'un champ de glace de plus de cinquante milles de circonférence, ils étaient entraînés le long de la côte sud du détroit de Lancastre.

« Après avoir dépassé l'entrée de ce détroit, la

glace nous emporta plus au sud le long de la côte occidentale de la baie de Baffin, jusque par le travers de la baie de Pond, au sud de laquelle étaient amoncelées des montagnes de glace sans nombre, placées de manière à nous barrer le passage, et nous offrant la triste perspective de voir se réaliser nos plus affreuses prévisions. Mais, au moment où nous nous y attendions le moins, nous fûmes dégagés presque miraculeusement. L'immense champ de glace qui nous enveloppait se rompit en mille pièces, comme par l'effet d'un pouvoir inconnu.

« L'espérance était revenue dans nos cœurs; tout le monde travailla avec énergie, et des remorques furent établies de chaque côté des navires pour leur faire dépasser les grosses masses de glaces. L'*Investigateur* atteignit un espace libre dans la soirée du 14, et le lendemain l'*Entreprise* le rallia. Il est impossible de se faire une idée de la sensation que nous éprouvâmes en nous voyant encore une fois libres; plus d'un cœur reconnaissant adressa ses actions de grâces au Dieu tout-puissant pour cette délivrance inattendue.

« Les approches de l'hiver nous avaient alors fermé tous les ports à notre portée, et il nous était impossible de pénétrer dans l'ouest, à travers la banquise d'où nous venions de nous dégager; je signalai donc à *l'Investigateur* mon intention de retourner en Angleterre. »

Au nombre des courageux explorateurs qui se sont immortalisés dans la grande croisade entreprise par la marine anglaise contre « le sombre et mystérieux génie du pôle », il en est deux que nous ne saurions oublier : l'un est le capitaine Kennedy, l'autre est un jeune officier français, le lieutenant Bellot, qui avait sollicité et obtenu du gouvernement français l'autorisation de prendre part, en qualité de second, à l'expédition dirigée par Kennedy (1851-1852). Tous deux montaient un excellent petit navire, *le Prince-Albert*, auquel, suivant l'expression de Kennedy, « il ne manquait que la parole. » Doué d'une rare intelligence développée par de fortes études, et animé de cette généreuse ardeur qui fait les héros et les martyrs, Bellot contribua puissamment aux résultats importants de cette expédition, une des plus brillantes et des plus fructueuses de la dernière période.

Les glaces accumulées dans le détroit de Barrow avaient empêché *le Prince-Albert* de rejoindre les capitaines Penny et Austin, et l'avaient forcé de s'engager immédiatement dans l'entrée du Régent. Il trouva un bon mouillage pour l'hiver, dans la baie de Batty, sur la côte orientale du North-Somerset, qui devint dès lors le point de départ des recherches de Kennedy et de Bellot. Ces recherches, exécutées avec une hardiesse et une patience admirables, dans un périmètre de près de quatre-vingts myriamètres, ne leur firent découvrir, à la vérité, aucune trace de l'*Érèbe* ni de *la Terreur;* mais elles leur révélèrent l'existence d'un canal qui avait échappé, en 1830 et en 1848, aux deux capitaines Ross, et qui unit les eaux de la passe du Régent à celles de l'ouest. Ce canal a conservé le nom de canal Bellot.

Il est à remarquer que les excursions de Kennedy et de Bellot s'effectuèrent au plus fort de l'hiver, c'est-à-dire à cette époque de l'année où, pour les régions arctiques, le soleil demeure constamment caché derrière l'horizon. C'était à travers ces ténèbres glacées que les intrépides voyageurs s'aventuraient sur un sol pétrifié par le froid, dans des régions où rien de vivant n'avait jamais paru avant eux.

« Notre petite troupe, a écrit à ce sujet le capitaine Kennedy, se composait seulement de cinq ou six marins. De légers traîneaux indiens, que des chiens esquimaux aidaient à tirer, portaient les provisions et les bagages...

« A six heures, ordinairement, j'éveillais tout mon monde, et les préparatifs de la marche de jour commençaient aussitôt. D'abord le déjeuner; ensuite venait l'empaquetage de notre literie et de nos ustensiles de cuisine; puis le chargement des traîneaux, l'attelage des chiens, et enfin le départ. J'ouvrais la marche, et M. Bellot, avec le reste de la troupe, et les quatre traîneaux à la file, suivait exactement ma trace. Après chaque heure écoulée, une halte de cinq minutes était accordée pour reposer les hommes et laisser respirer les chiens. Toutes les fois que le temps le permettait, on observait les chronomètres, pour déterminer la longitude et la latitude... La construction de la hutte de neige et les préparatifs du souper achevaient notre tâche quotidienne, qui rarement était terminée avant dix heures du soir.

« Nous ne tardâmes pas à devenir tous fort experts dans la construction de ces huttes à la mode des Esquimaux, qui furent notre seul abri pendant tant de nuits. Nous les trouvions bien supérieures aux tentes, trop lourdes d'ailleurs pour être transportées par une troupe aussi faible que la nôtre... Quand nous avions terminé notre cloison de neige, et qu'elle était close de toutes parts comme la coquille d'un œuf, la flamme d'une bougie ordinaire ou d'une lampe à esprit de vin suffisait pour entretenir à l'intérieur une douce température, et pour chauffer en outre la pinte de thé qui formait la ration de chacun de nous. Nous buvions de ce breuvage chaud soir et matin, et, dans notre situation, il avait pour nous plus de prix que tous les trésors d'Ophir...

« Pendant tant de jours de fatigue, ajoute le narrateur, je n'ai jamais eu qu'à me louer de mon escorte; je l'ai toujours trouvée empressée à me suivre; mais le jeune et noble M. Bellot était le plus actif et le plus vaillant de notre petite bande.

« Je ne puis trouver d'expressions assez vives pour témoigner mon admiration de sa conduite pendant tout le voyage. Par son instruction supérieure, il a constamment assuré la bonne direction de nos opérations, en même temps que, par l'heureuse disposition de son caractère, il a soutenu nos hommes dans leurs travaux les plus difficiles, en partageant avec eux jusqu'à la fatigue du halage des traîneaux. »

A peine échappé aux périls de cette glorieuse expédition et de retour en Angleterre, Bellot offrit de nouveau ses services au capitaine Inglefield, qui reprenait la mer au printemps de 1853, avec le brick *le Phénix* et le transport *le Breadalbane*. Inglefield comptait rallier l'escadrille des capitaines Belcher et Kellet, qui avaient hiverné dans les glaces, et se proposait de poursuivre avec eux l'exploration du détroit de Wellington.

Arrivés au mois d'août à l'île Beechey, Inglefield et Bellot n'y trouvèrent qu'un seul navire, *l'Étoile du Nord*, dont le capitaine, M. Pullen, leur apprit que Belcher, trouvant la mer plus libre qu'elle n'avait été depuis bien des années, avait pu remonter le canal de Wellington jusque sous le 77° de latitude, où il avait hiverné avec *le Pionnier* et *l'Intrépide*. De son côté, Kellet, poussant droit à l'ouest, avait atteint l'île Melville, où il attendait ses camarades de *l'Investigateur* et de *l'Entreprise*, partis en même temps que lui du détroit de Behring.

Le capitaine Inglefield était chargé de remettre à son collègue Belcher d'importantes dépêches de l'amirauté anglaise. Il fallait donc maintenant le rejoindre à travers les glaces, les courants et les tempêtes du détroit de Wellington. Comme on devait s'y attendre, le brave Bellot se chargea sans hésiter de cette périlleuse mission. La mort, hélas! ne devait point lui permettre de l'accomplir.

Bellot partit avec quatre matelots, et atteignit, le 18 août, la limite des glaces. Il lança à l'eau un petit canot en caoutchouc qu'il avait emporté, et qui ne pouvait être monté que par deux ou trois hommes au plus. Deux matelots s'y embarquèrent munis d'un bout de filin, et, malgré un vent violent et contraire, parvinrent à gagner le rivage. Leurs camarades, restés sur la glace avec le lieutenant, leur firent passer, à l'aide du cordage, toutes les provisions, et, cette tâche terminée, ils s'efforçaient de ramener à eux la frêle embarcation, lorsque tout à coup l'île de glace sur laquelle ils se trouvaient, poussée par une brusque rafale du sud-est, se mit en mouvement et les entraîna au milieu du détroit. Au fort de la tempête déchaînée, le canot, qu'ils avaient réussi à ramener, ne pouvait leur être d'aucune utilité. Qu'allaient-ils devenir, ainsi isolés, sans abri, sans provisions, sans espoir de secours?

« Notre situation, dit Bellot à ses deux compagnons d'infortune, me semble désespérée, car nous sommes entraînés vers le nord; mais je connais les devoirs d'un officier, et j'aime mieux, en ce moment, être ici qu'à terre. Mettons notre confiance en Dieu. »

Pour se garantir du froid et du vent, les trois malheureux ne purent rien faire de mieux que de se creuser avec leurs couteaux, dans un monticule de glace, une sorte de tanière, où ils se blottirent pour passer la nuit.

A huit heures du matin, Bellot quitte ce réduit et s'avance sur l'îlot flottant, afin de reconnaître l'état des choses. La tourmente était au paroxysme de sa fureur. Au bout de quelques minutes, les matelots, ne le voyant pas revenir, l'appellent à plusieurs reprises, mais en vain. Ils s'avancent hors de leur abri, et parcourent le champ de glace : Bellot avait disparu, emporté sans doute par le vent et précipité dans les flots, qui s'étaient refermés à jamais sur lui. Les matelots ne retrouvèrent que son bâton ferré flottant contre le bord opposé d'une large crevasse, comme pour indiquer la place où le lieutenant avait été englouti !

Plus heureux que lui, les deux survivants, après vingt-quatre heures encore passées sur l'îlot fatal, rencontrèrent un glaçon échoué sur un bas-fond. Ils y sautèrent, et passèrent de là sur un autre bloc flottant, assez fort pour les porter, assez petit pour être manœuvré à l'aide du seul aviron qui leur restait. Ce fut avec ce radeau improvisé qu'ils purent enfin regagner le rivage.

Les détails qu'on vient de lire sont la reproduction fidèle du récit de ces deux matelots, échappés comme par miracle à une mort qui semblait inévitable.

Ainsi périt, à l'âge de vingt-sept ans, un homme qui était déjà une des gloires de la marine française. Le colonel Sabine, l'illustre physicien, le compagnon des Ross et des Parry, disait de lui : « En vérité j'ai rarement rencontré son égal, et jamais son supérieur. »

Mort du lieutenant Bellot.

Lady Franklin, de son côté, écrivait au sujet de Bellot ces paroles touchantes : « Il n'est plus, ce « brave et généreux jeune homme que j'aimais « comme un fils, à qui je dois tant, qui représentait « si noblement l'honneur et la chevalerie de la « France, et que tous nos marins aimaient et res-« pectaient comme un frère !... Il est mort comme « il a vécu : en héros et en chrétien ! »

Mais quoi! les pauvres Esquimaux eux-mêmes, les pêcheurs à demi sauvages de la baie de Pond, éclatèrent en gémissements, lorsque le capitaine Inglefield, à son retour, leur apprit la mort du jeune marin français, dont ils avaient appris à aimer la bonté, à admirer le courage : « Pauvre Bellot! pauvre Bellot! » s'écrièrent-ils tout d'une voix en versant des larmes.

Hâtons-nous d'ajouter, à l'honneur éternel de l'Angleterre, que cette grande nation, toujours juste et généreuse envers les hommes qui se dévouent à sa gloire et au bien de l'humanité, a dignement honoré le souvenir de notre illustre et regretté compatriote. Peu après la mort de Bellot, de nombreuses souscriptions furent ouvertes, non-seulement en Angleterre même, mais jusque dans l'Inde, pour élever un monument à sa mémoire. Ce monument est un obélisque en granit, qui se dresse sur le quai de l'hôtel royal des Invalides, à Greenwich. Une plaque de bronze fixée sur le piédestal porte cette inscription :

A L'INTRÉPIDE

BELLOT

DE LA MARINE FRANÇAISE

QUI DANS SON VOYAGE A LA RECHERCHE DE

FRANKLIN

A PARTAGÉ LE SORT ET LA GLOIRE DE

CET ILLUSTRE NAVIGATEUR

EN L'ANNÉE 1853

On voit au musée naval de Paris une autre tablette en bronze, surmontée des écussons et des drapeaux de France et d'Angleterre, et sur laquelle on lit une inscription en français et en anglais, qui rappelle les principaux titres de gloire de Bellot. Enfin une statue lui a été élevée à Rochefort. Joseph-René Bellot était né à Paris, le 18 mars 1826.

VOYAGE DU DOCTEUR EL.-K. KANE

DE LA MARINE DES ÉTATS-UNIS
ENVOYÉ A LA RECHERCHE DE SIR JOHN FRANKLIN

(1853-1855)

Départ de New-York du brick l'*Advance*. — Épreuves. — La rivière de Mary-Munturn. — La flore du Groënland. — Le grand glacier Humboldt. — L'*Advance* dans les glaces de Reusselaer. — Hivernage. — Diminution rapide de la lumière. — L'hygiène à bord. — Les maladies gagnent l'expédition. — Mort de Baker. — Visite des Esquimaux. — Intérieur d'une hutte d'Esquimaux. — Mœurs et coutumes de ces sauvages. — Singulière coutume de deuil. — Restes. — Second hiver. — Abandon de l'*Advance*. — Fatigues, dangers et famine. — Arrivée à Upernarik.

Au printemps de l'année 1853, le docteur El.-K. Kane, de la marine des États-Unis, fut désigné par l'amirauté américaine pour commander la seconde expédition que le gouvernement de l'Union envoyait à la recherche de sir John Franklin. On mit à la disposition de M. El.-K. Kane le brick l'*Advance*, avec un équipage composé de dix-sept personnes, tous hommes énergiques, résolus, comprenant le danger, et préparés à y opposer un cœur intrépide et un front calme. La seule loi du bord à laquelle on ne manqua jamais dans tout le cours de cette longue et douloureuse expédition, était : Obéissance absolue au capitaine ou à son représentant; abstinence complète de liqueurs fortes; abstention absolue de tout langage grossier.

L'*Advance* partit de New-York le 30 mai 1853. Jusqu'au 23 août, il eut un temps épouvantable, des tempêtes, des ouragans, qui menaçaient de le briser sur les rochers ou de le broyer dans les glaces soulevées; mais le brick soutint courageusement ces épreuves, et le 23, par 78° 41' latitude, l'équipage était occupé à haler le brave navire le long d'un banc de glace attaché au rivage. Le docteur Kane était dès lors parvenu plus au nord qu'aucun de ses prédécesseurs, excepté toutefois Parry, dans son expédition de 1826.

Le 28 août, le brick se trouvant engagé dans les glaces, M. Kane résolut de faire une exploration pour trouver, s'il était possible, un meilleur quartier d'hiver sur la côte. Il équipa la baleinière *Forlorn-Hope*, qui, doublée de tôle, était recouverte d'un prélart faisant office de tente, et, avec un équipage de sept hommes, le commandant se lança à la découverte d'un port d'hivernage. Le voyage fut rude d'abord. Il fallait briser la glace pour avancer; on faisait à grand'peine sept milles par jour. Au bout de vingt-quatre heures, la glace força les gens de l'expédition d'abandonner leur canot, et de se servir d'un traîneau. On avançait difficilement, rencontrant à chaque instant, sur l'immense plateau de glace où l'on était, des cours d'eau qu'il fallait passer à gué, s'arrêtant la nuit sous des tertres formés par la neige qui recouvrait les rochers. Les gens de l'expédition furent une fois surpris par la marée, et obligés de passer une partie de la nuit debout, soutenant, pour les empêcher de se mouiller, les peaux de buffle qui leur servaient de lit. Le côté comique de cette situation aida beaucoup le docteur Kane et ses compagnons à en supporter l'ennui.

Le 5 septembre, l'expédition fut arrêtée par la plus grande rivière peut-être du Groenland septentrional. Ce cours d'eau impétueux, écumeux, bondissait sur son fond de roche comme un vrai torrent. Le docteur El.-K. Kane appela cette rivière Mary-Minturn, du nom d'une sœur de M. Grinnell, qui avait si libéralement contribué à la première expédition, dont il avait fait partie. La flore de ses rives était remarquable pour ce pays : au milieu des mousses et des graminées étincelaient la corolle pourpre des lychnis et les blanches pétales des mouties; on y rencontre même une solitaire hespérie, la giroflée de muraille de ces régions arctiques.

On passa la rivière à gué, ayant de l'eau jusqu'à la ceinture; à sept milles de là, les observations avec le théodolite donnèrent 78° 52' latitude; l'inclinaison de la boussole marquait 84° 49'; la longitude était 76° 20' à l'ouest de Paris.

Les provisions s'épuisaient. Ne pouvant songer à aller plus loin, Kane chercha un point élevé pour faire une dernière reconnaissance. « Je n'oublierai jamais, dit-il dans sa relation, l'aspect désolé qui s'offrit à mes regards, quand, après une fatigante journée de marche, je me trouvai à une hauteur de onze cents pieds. Ma vue atteignait par delà 80° de latitude; à ma gauche, la côte ouest du détroit se perdait à l'horizon; à ma droite, des terrains primaires s'étendaient en ondulant jusqu'à une masse de couleur profonde et sombre, que je reconnus plus tard comme étant le grand glacier Humboldt; au delà se déployaient ces terres qui portent maintenant le nom de Washington; leur promontoire le plus avancé, le cap Jackson, formait un angle de 14° avec le cap J. Barrow, situé sur la côte opposée. Toute cette ligne de côtes formait comme un cirque gigantesque encadrant un océan glacé. A mes pieds, une plaine immense, où les *hummocks*[1] se dressaient comme les retranchements d'une cité assiégée, où çà et là d'abruptes montagnes de glace surgissaient, semblables à d'inébranlables forteresses, tandis qu'au loin, jusqu'aux limites les plus reculées de l'horizon, un entassement d'icebergs accumulés les uns sur les autres formait un infranchissable rempart. »

Le commandant Kane revint sur ses pas, et fit placer l'*Advance* entre de petites îles, qui le mettaient à l'abri de la dérive des glaces. « C'est ainsi, écrit-il[2], que notre petit brick, avec huit brasses d'eau sous sa quille, fut pris par l'hiver dans ce havre de Reusselaer, que nous ne devions plus quitter ensemble; long repos pour notre bon et agile navire; les mêmes glaces l'y étreignent encore. »

A peine installés, les voyageurs furent avertis, par la diminution rapide de la lumière, que l'hivernage avait commencé. Mais laissons parler le docteur Kane lui-même. « Nous vîmes d'abord le jour s'éteindre dans les bas-fonds et dans le lit des ravins; puis les ombres monter graduellement le long des flancs des montagnes, et finir par s'étendre sur la

[1] Rangée de glaçons superposés par suite des collisions des champs de glace.
[2] Arctic explorations: *The second Grinnel expedition in search of sir John Franklin*, 1853-55, by El.-K. Kane.

cime blanche des glaciers. Dès le 7 novembre, tout était ténèbres autour de nous. Le soleil s'était couché pour cent quarante jours, et nos lampes ne cessèrent de brûler dans l'entre-pont. Les étoiles de sixième grandeur étaient visibles en plein midi. Bien qu'aucun Européen n'eût encore hiverné à une si haute latitude, excepté toutefois au Spitzberg, que les dernières effluves du Gulf-stream gratifient d'un climat relativement plus doux, l'hiver de 1853-1854 se passa pour nous comme tant d'autres s'étaient écoulés pour nos prédécesseurs dans les régions polaires. Voici quel était assez uniformément l'emploi de nos journées.

« A six heures du matin, M'Gary, mon second, se lève ainsi que les hommes de service. On nettoie le pont, on ouvre le trou à glace, on examine les filets où la viande est à rafraîchir, on range tout à bord. A sept heures, tout le monde est debout; la toilette se fait sur le pont; on ouvre les portes pour ventiler nos appartements; puis nous descendons déjeuner. Nous avons peu de combustible; aussi fait-on la cuisine dans la cabine. Nous avons tous le même déjeuner : du porc, des pommes cuites gelées et dures comme du sucre candi, du thé, du café, avec une tranche délicate de pomme de terre crue. Après déjeuner, les fumeurs prennent leur pipe jusqu'à neuf heures; alors les oisifs de flâner, les travailleurs de se mettre au travail : Ohlsen à son banc, Brooks à ses préparations de toile; M'Gary fait le tailleur, Whippe se transforme en cordonnier, et Bonsall en chaudronnier; Baker prépare des peaux d'oiseaux, le reste vaque à la besogne. Voyez notre cabinet de travail : une table, une lampe qui, alimentée par du saindoux salé, donne une lueur fumeuse, tout en répandant des vapeurs de chlore; trois tabourets; trois hommes au visage de cire, assis leurs jambes repliées sous eux, car le pont est trop froid pour les pieds. Chacun a son travail : Kane écrit, dessine, trace des cartes; Hayes copie des livres de loch et des observations météorologiques; Santag rédige le journal de quelque expédition dans les environs. A midi, tournée d'inspection et ordres pour l'emploi de la journée; vient ensuite l'entraînement des chiens esquimaux; c'est un exercice très-agréable pour mes genoux, qui craquent à chaque pas, et pour mes épaules endolories de rhumatismes, qui enregistrent chaque coup de fouet que je donne. C'est ainsi qu'on gagne le dîner : nouvelle occasion de se réunir; mais à ce repas point de thé, point de café; des choux confits et des pêches sèches les remplacent fort agréablement.

« A dîner comme à déjeuner apparaît notre hygiénique pomme de terre crue ; comme tous les médicaments, ce mets n'est pas aussi appétissant qu'on pourrait le désirer. Je la râpe bien soigneusement, je n'en prends que les parties les plus saines, j'y mets de l'huile en quantité, et pourtant, malgré l'art que je déploie, il me faut toute mon éloquence pour persuader à mon monde de fermer les yeux et d'avaler mon ragoût. Neuf de mes convives sont complétement récalcitrants ; j'ai beau leur dire que les Silésiens mangent les feuilles de pomme de terre en guise d'épinards, que les baleiniers se grisent avec la mélasse qui sert à conserver les grosses pommes de terre des Açores ; j'ai beau montrer à l'un d'eux ses gencives, hier molles et enflammées, aujourd'hui fraîches et fermes, grâce à un cataplasme de pomme de terre ; rien n'y fait, ils repoussent avec opiniâtreté mon admirable mélange.

« Qui flânant ou dormant, qui travaillant ou s'amusant, nous atteignons six heures, le moment du souper ; répétition affaiblie du déjeuner et du dîner. Les officiers m'apportent leurs rapports ; après les avoir lus, je les signe ; puis je parcours mon journal, qui à chaque page me montre combien nous nous affaiblissons de jour en jour. Quelquefois, pour passer la soirée, on joue aux cartes ou aux échecs, ou bien on lit des revues.

« Au premier abord, cette vie paraît assez facile ; mais il faut voir le revers de la médaille : nous avons peu de combustible ; nous ne pouvons brûler que trois seaux de charbon par jour. La température extérieure est en moyenne — 40° ; dans la cabine où j'écris elle est de + 7° 78'. Notre porter de Londres et du vieux sherry, que nous avons pour les cas extrêmes, gèlent dans les coffres de l'entre-pont ; à nos carlingues pendent des glaçons qui nous servent à faire de l'eau douce. Nous ne pouvons brûler que du saindoux salé dans nos lampes ; nous n'avons plus d'huile ; nous travaillons à la lueur de mauvaises veilleuses de notre fabrication. Nous n'avons pas une livre de viande fraîche, et il ne nous reste qu'un seul baril de pommes de terre.

« A l'exception de Petersen et de Martin, nous avons tous le scorbut ; et quand je considère les pâles visages et les yeux hagards de mes compagnons, je me dis que nous luttons avec désavantage dans ce combat de la vie, et qu'un jour polaire et une nuit polaire fatiguent et vieillissent plus un homme qu'une année passée n'importe où dans ce monde dévorant.

« Depuis janvier nous travaillons à nos tonneaux, et faisons tous nos préparatifs pour notre voyage. La mort des chiens, les difficultés qu'offre la glace, le froid rigoureux, m'ont obligé de modifier tout notre équipement. Nous avons complétement abandonné les vêtements en caoutchouc; fabrication de souliers en toile à voile et de bas en fourrure, travaux de couture et de charpente, tout est en pleine activité. La cabine, la seule pièce chauffée, sert tout à la fois de cuisine, de salon et d'atelier. Les caisses de pemmican (viande broyée et comprimée) sont à dégeler sur les coffres de la cabine; les vêtements de peau de buffle sèchent près du poêle; tous les objets de campement sont empilés dans un des coins; notre cuisinier français, toujours désolé, persiste à accaparer le poêle, pour y loger ses casseroles maintenant sans emploi.

« Ainsi nous traversâmes notre premier hiver arctique.

« ... Le 7 avril, au matin, je fus réveillé de bonne heure par un bruit qui s'échappait de la poitrine de Baker, un des plus effrayants et des plus mauvais présages que puisse entendre l'oreille d'un médecin. L'ange de la mort, ce noir visiteur dont l'ombre planait sur nous tous, avait saisi notre pauvre compagnon. Les symptômes de sa maladie s'aggravèrent rapidement; il mourut le lendemain. Le jour suivant, nous le mîmes au cercueil, et, formant un cortége aussi triste que sympathique, nous le portâmes sur la glace brisée et le long des pentes escarpées qui menaient à notre observatoire; là nous déposâmes le corps sur les piédestaux qui servaient de supports à nos instruments et à notre théodolite. Nous lûmes les prières pour les morts en jetant sur lui de la neige en guise de poussière, et nous récitâmes en commun la prière que Jésus apprit à ses disciples sur la montagne; puis, rejetant de la glace sur l'ouverture que nous avions creusée pour placer le cercueil, nous laissâmes le pauvre Baker dans son étroite demeure.

« Le matin même, comme nous veillions auprès de son lit de mort, un homme de quart, qui avait été couper de la glace pour la faire fondre, vint en toute hâte à la cabine pour nous annoncer « que des hommes débarquaient. » Je sortis, suivi de tous ceux qui purent monter sur le pont, et nous vîmes sur les flancs de notre havre rocheux, et émergeant de l'obscurité des pentes sauvages et étranges de la falaise neigeuse, quelque chose qui nous sembla être évidemment des hommes.

« En nous apercevant réunis sur le pont, ils se dressèrent sur les fragments de glace les plus hauts, se tenant debout séparément, et assez semblables à des figurants d'un tableau d'opéra. Puis, se plaçant presque en un demi-cercle, ils crièrent comme s'ils avaient voulu attirer notre attention, ou seulement peut-être pour manifester leur surprise; mais je ne pus rien saisir de leurs cris que : *Hoah! ha! ha!* et *ha! kòah! Ka! Kòah!* répétés plusieurs fois.

« Il faisait déjà assez jour pour que je pusse voir qu'ils ne brandissaient aucune arme, mais qu'ils agitaient violemment leur tête et leurs bras. Une attention plus grande nous prouva aussi que leur nombre n'était pas aussi grand ni leur taille aussi patagonienne que notre imagination nous les avait d'abord montrés.

« C'étaient des Esquimaux venant de la baie Harstène, pour visiter les étrangers dont plusieurs indices leur avaient révélé la présence dans leur voisinage.

« ... Étah, leur séjour habituel, et qui de nos jours est sans doute l'habitation humaine la plus rapprochée du pôle, est placée dans la courbure nord-est de Harstène-Bay, à dix-huit milles de notre mouillage. Lorsque vous jetez les yeux depuis la pointe sud de Littleton-Island jusqu'à la mer, la plage est formée de débris d'avalanches tombées des glaciers, et revêt un aspect d'une rudesse singulière. Une série de cratères volcaniques se dressent dans de grandes et montagneuses proportions au-dessus des roches grises qui forment la côte. Tout au fond de la baie débouchent un détroit et un ravin oblique, tous deux remplis par l'extension du même glacier.

« Le détroit s'avance jusqu'à Péteravik, où un clan d'Esquimaux a ses quartiers ; l'autre établissement est celui d'Étah, plus voisin du nôtre. Une masse de glace, qui s'élève à un angle de 45° jusqu'à ce qu'elle se confonde avec les flancs escarpés d'une montagne, forme deux taches obscures sur les neiges d'un blanc pur. En approchant, vous vous apercevez que ces taches sont des perforations dans la neige ; plus près encore, vous en distinguez au-dessus de chaque ouverture qui les réunit. Ce sont les portes et les fenêtres de l'établissement : deux huttes et quatre familles entièrement enfouies dans la neige !

« Les habitants de ces terriers se groupèrent autour de moi à mon arrivée. *Nalegak! nalegak! tima!* « Chef! chef! salut! » crièrent-ils en chœur. Jamais peuple ne me sembla plus désireux d'être bienveillant et plus poli envers un visiteur inattendu. Mais ils étaient légèrement vêtus, et en butte à un souffle glacé du nord-ouest ; ils s'enfoncèrent bientôt dans leurs fourmilières. Pendant ce temps, des préparatifs étaient faits pour ma réception ; peu après Metek, le maître de l'établissement, et moi, nous rampions sur les mains et sur les genoux dans un couloir de trente pieds de longueur. Lorsque j'émergeai à l'intérieur, le salut de « nalegak » fut répété avec un accroissement d'énergie qui n'était rien moins que plaisant.

« Il se trouvait des hôtes avant moi dans ce taudis : six robustes naturels d'un clan voisin. Ils avaient été surpris par la tempête en chassant, et étaient déjà groupés sur le *kolopsut*[1]. Ils joignirent leurs cris au cri de bienvenue, et je respirai bientôt la vapeur ammoniacale de quatorze compagnons de logement, vigoureux, bien repus, malpropres et déshabillés. J'arrivais assez fatigué d'un voyage de dix-huit milles à travers une atmosphère glacée. Le thermomètre marquait à l'intérieur 90°, et la voûte mesurait quinze pieds sur six. Impossible de s'imaginer, sans l'avoir vue, une telle masse amorphe de créatures humaines entassées : hommes, femmes, enfants, n'ayant rien pour se couvrir que leur saleté native, mêlés, confondus comme des vers dans un panier de pêcheur.

« Il n'y a pas d'exagération hyperbolique qui puisse dépasser cette réalité. La plate-forme servant

---

[1] Banc ou lit en neige battue, recouvert de peaux, et qui garnit le pourtour intérieur de la hutte.

Intérieur d'une hutte d'Esquimaux.

de siége et de lit ne mesurait que sept pieds de largeur sur six de profondeur, sa forme étant semi-elliptique; eh bien, en comprenant les enfants et sans me compter, treize personnes s'y trouvaient réunies.

« Le kotluk, ou lampe de chaque matrone, brûlait avec une flamme de seize pouces de longueur. Un quartier de phoque, qui gisait gelé sur le plancher, avait été coupé par tranches, et commença à fumer par morceaux de dix à quinze livres. Metek, avec l'aide d'un jeune amateur, fils de quelqu'un des dormeurs, dépêchait les portions sans mon assistance. Ils m'invitèrent très-cordialement à faire comme eux, mais la vue seule de ce régime culinaire me suffisait. Je soupai avec une poignée de fragments de foie gelé que j'avais dans ma poche, et, en proie à une sueur abondante, je me deshabillai comme les autres; j'arrangeai ma carcasse bien fatiguée aux pieds de Mme Eider-Duck, dans ce logis, et, plaçant son enfant à ma gauche, je pris pour oreiller l'estomac suffisamment chaud de mon ami Metek; puis, dans cette position, comme un hôte à qui l'on donne la place d'honneur, je m'endormis.

« Le matin suivant, le soleil étant assez haut, je m'éveillai. Mme Eider-Duck tenait prêt mon déjeuner. Elle avait placé, dans l'extrémité d'un os concave, un morceau de baleine bouillie, tranche choisie! Je n'avais pas vu les préliminaires de la cuisine : je suis un vieux voyageur, et je ne me donne pas le soin de sonder les mystères de la cuisine. Mon appétit était dans son bienheureux redoublement habituel, et j'allais saisir l'offre souriante, quand je vis la matrone, qui manipulait comme intendante en chef de l'autre kotluk, accomplir une opération qui m'arrêta. Elle avait dans sa main un os pareil à celui qui supportait mon *déjeuner*; il est vrai que c'est l'universel ustensile d'une cuisine d'Esquimaux; et, comme je tournai la tête, je le lui vis retirer tranquillement de dessous son vêtement, et, le plongeant alors dans le pot à soupe, en extraire la contre-partie de mon propre morceau fumant. J'appris plus tard que cet ustensile a deux usages reconnus, et quand on n'en a pas besoin immédiatement pour le pot-au-feu ou la table, il sert... je n'ose dire à quoi.

« La notion de la malpropreté n'existe pas pour les Esquimaux. C'est un trait ethnologique particulier à ces nomades d'outre-nord; et il doit être attribué non-seulement à leur régime diététique et à leur vie domestique particulière, mais encore au froid extrême, dont l'action instantanée arrête la putréfaction, et prévient les résultats intolérables de l'accumulation des chiens et de la famille.

« Leurs sens paraissent ne pas percevoir tout ce que l'instinct et l'association rendent révoltant pour la vue, le toucher et l'odorat des hommes civilisés.

« ... Une singulière coutume, que j'ai remarquée souvent ici, ainsi que chez beaucoup d'Asiatiques, et qui a ses analogies dans les centres les plus civilisés, est celle qui préside aux formalités régulières du deuil pour la mort. Ils pleurent selon un système bien arrêté : quand l'un commence, tous se mettent à faire comme lui; et c'est un acte de courtoisie, de la part du plus distingué de la compagnie, d'essuyer les yeux du chef du deuil. Ils s'assemblent souvent de concert pour une réunion de deuil général; mais il arrive souvent aussi que l'un d'eux éclate en pleurs, et que tous les autres l'accompagnent courtoisement sans savoir d'abord de quoi il s'agit.

« Ce n'est pas, cependant, la mort seule qu'ils déplorent en chœur; tout autre malheur peut les réunir aussi bien : la non-réussite d'une chasse, la cassure d'une ligne à phoque, ou la mort d'un chien. Mme Eider-Duck, *née* Petit-Ventre (Egurk), abandonna une fois le soin de son kotluk pour éclater devant moi en une aimable saillie de lamentations ; je ne connaissais pas le remède immédiat à sa douleur ; mais avec une remarquable présence d'esprit je tirai mon mouchoir, coupé par Morton dans le corps d'une chemise usée, et, après avoir essuyé poliment ses yeux, je versai quelques pleurs moi-même. Cet accès fut bientôt passé ; Mme Eider-Duck retourna à son kotluk, et Nalegak à son livre de notes.

« Les cérémonies de deuil sont pourtant quelquefois, sinon toujours, accompagnées d'observances d'un plus sérieux caractère. Aussi loin que vont mes informations, les notions religieuses des Esquimaux s'étendent seulement jusqu'à la connaissance d'agents surnaturels, et à certains usages par lesquels ils doivent se les concilier. L'*angekok* de la tribu, le prophète, comme il est appelé parmi nos Indiens de l'ouest, est le conseiller général. Il soigne les maladies ou panse les blessures, dirige la police et les mouvements du petit État ; et, quoiqu'il ne soit pas le chef de nom, il en a réellement le pouvoir. Il entre dans les prérogatives et les devoirs de son office de fixer le taux des offrandes et les pénitences des fautes. Celles-ci sont quelquefois tout à fait tyranniques. Ainsi un mari contrit est requis de s'abstenir de la chasse au phoque pendant toute l'année, depuis okiakut jusqu'à okiakut, c'est-à-dire d'un hiver à l'autre. Plus généralement on leur refuse le luxe de quelque article de nourriture, comme un lapin ou un morceau favori de phoque; ou bien il lui est défendu de se servir de son *nesorck* ou capuchon, et il est forcé d'aller la tête nue.

« Une sœur de Kalutanah mourut subitement à Péteravik. Son corps fut cousu dans des peaux, non dans une posture assise, comme les restes que nous trouvons dans les tombes du sud, mais les membres étendus dans toute leur longueur; son mari la porta seul à son lieu de repos, et la couvrit, pierre par pierre, d'un cairn grossier, monument primitif. La lampe d'huile de baleine fut suspendue en dehors de la hutte pendant la durée de son solitaire voyage funéraire; et, quand il fut revenu, les voisins vinrent tous ensemble pour pleurer et hurler, tandis que le veuf récitait ses douleurs et ses prières. Sa pénitence fut sévère, et mêlée de beaucoup de ces prescriptions que j'ai décrites plus haut.

« Il est presque aussi difficile de découvrir les coutumes des Esquimaux du détroit de Smith que de décrire leur religion. C'est un peuple sur son déclin, presque vieilli, *toto orbe divisus*, « séparé du reste du monde, » et trop écrasé par les nécessités de la vie présente pour aimer les souvenirs du passé. Il en est autrement de ceux dont nous avons trouvé les établissements plus au sud. Ils sont maintenant pour la plupart concentrés autour de postes danois, et diffèrent beaucoup, au physique comme au moral, de leurs frères du nord.

« Le phoque fournit de la nourriture aux Esquimaux de la baie de Reusselaer, pendant la plus grande partie de l'année. Au sud, jusqu'à Murchison-Channel, le veau marin, l'unicorne ou narwal, et la baleine blanche, viennent dans les saisons qui leur sont propres; mais dans le détroit de Smith les chasses de ces derniers animaux sont plutôt accidentelles qu'habituelles.

« La manière de chasser les walrus dépend beaucoup de la saison. A la fin de l'année, quand la glace n'est formée qu'en partie, on les trouve en grand nombre autour de la région neutre de la glace mêlée à l'eau, et quand cette région devient solide à mesure que l'hiver s'avance, on les poursuit de plus en plus au sud.

« Les Esquimaux s'en approchent alors sur la glace nouvelle, et les attaquent dans les fentes et les trous avec le filet et la ligne. Cette pêche, quand la saison devient plus froide, plus sombre et plus tempétueuse, présente d'affreux dangers.

« Au printemps, ou, pour être plus exact, vers

le mois où reparaît le soleil, la famine d'hiver cesse généralement. Janvier et février sont souvent, presque toujours, des mois de privations; mais pendant la dernière partie de mars la pêche de printemps commence, et avec elles renaissent la vie et l'animation.

« Les huttes, ces pauvres et misérables tanières couvertes de neige, deviennent alors des théâtres d'activité. Des masses de provisions accumulées sont empilées sur le sol glacé; les femmes préparent les peaux pour les chaussures, et les hommes taillent une réserve de harpons pour l'hiver. Les défenses des walrus sont tirées des monceaux de neige, où on les a placées pour en conserver l'ivoire; les chiens sont attachés à la glace, et les enfants, armés chacun d'une côte recourbée de quelque gros amphibie, jouent à la balle et tirent au but.

« Le jour de mon arrivée, quatre phoques furent tués à Étah, et sans doute un plus grand nombre à Kalutak et à Petéravik. La quantité de chair que l'on recueille ainsi pendant une saison d'abondance doit être, je le suppose, conservée pour les besoins de l'hiver; mais il y a bien des causes, autres que l'imprévoyance, qui diminuent ces ressources. Ces pauvres Esquimaux ne sont pas paresseux : ils chassent avec courage, sans perdre un seul jour,

Quand les tempêtes empêchent l'usage des traîneaux, ils s'efforcent encore de serrer la viande des animaux tués dans les chasses précédentes. Une excavation est faite dans le sol, et, s'il est possible, dans une île inaccessible aux renards, et les vivres réunis sont rangés au fond et couverts de lourdes pierres. Une de ces cachettes, que j'ai trouvée dans une petite île à peu de distance d'Étah, contenait la chair de dix phoques, et j'en connais plusieurs autres également grandes.

« La consommation excessive est l'explication vraie de la disette parmi les Esquimaux. D'après leurs anciennes lois, tous partagent ensemble; et, comme ils émigrent en masse, selon que leurs besoins les y forcent, l'impôt de chaque établissement est excessif. La quantité de vivres que les membres d'une famille consomment, et qui semble exorbitante à un étranger, est plutôt une nécessité de leur existence particulière et de leur organisation que le résultat d'une gloutonnerie brutale. Un exercice incessant et leur constante exposition au froid occasionnent en eux une perte de carbone qui doit être énorme. »

L'hiver de 1854-1855 trouva Kane et ses compagnons bloqués dans le havre de Reusselaer par les mêmes glaces que l'année précédente.

En juin, ils reconnurent la nécessité d'abandonner leur navire. Mais laissons de nouveau parler l'intrépide docteur lui-même.

« 18 juillet. — Les Esquimaux nous ont rejoints; ils sont tous venus pour nous dire adieu : Metek, Nualik, Myouk, et Netsarak, et Tellerek, et Sipsu, et... Je pourrais les nommer tous; eux aussi nous connaissent bien; nous avons trouvé des frères sur cette terre désolée.

« Je suis occupé à prendre mes notes; les enfants eux-mêmes viennent me parler : *Kuyanake, kuyanake, Nalegak Soak!* » Merci, merci, grand chef ! » Metek entasse devant nous des oiseaux, comme si nous devions manger éternellement, et sa pauvre femme pleure à l'entrée de ma tente, s'essuyant les yeux avec une peau d'oiseau.

« Il y en a vingt-deux autour de moi, et en voici venir encore. Des enfants de dix ans poussent devant eux des traîneaux, où se trouvent les *babys*. La tribu tout entière campe sur la plaine de glace.

« Nos amis nous ont toujours considérés comme leurs hôtes. Sans eux nos tristes préparatifs de voyage auraient duré quinze jours de plus, et nous sommes tellement en retard, que nos chances de salut peuvent se mesurer sur les heures.

« Le penchant au vol est le seul reproche sérieux

que nous ayons eu à leur faire. Ils ont peut-être aussi médité quelque trahison, et j'ai lieu de croire qu'à notre arrivée, étant sous l'empire de craintes superstitieuses, ils ont pensé à nous tuer; mais rien de ce sentiment n'existe depuis longtemps. Nous nous étions si bien pliés à leur manière de vivre, nous leur avions donné une si franche hospitalité dans notre pauvre navire et pendant leurs chasses à l'ours, que toute trace d'inimitié avait complétement disparu.

« Le pouvoir qu'ils m'attribuaient comme angekok ou sorcier, confirmé par ma carabine à six coups, ne fut peut-être pas d'abord sans quelque influence sur cette amitié, mais jamais amitié ne devint plus sincère. Dans les derniers temps, des objets du plus grand prix pour eux gisaient épars de tous les côtés; ils ne dérobèrent pas même un clou.

« Hier, quand je parlai du respect qu'ils avaient pour tout ce qui nous appartenait, Metek me répondit par deux courtes sentences, qui résumaient toute sa morale : « Vous nous avez fait du bien. Nous n'avons pas faim; nous ne voulons pas voler. Vous nous avez fait du bien; nous voulons vous aider; nous sommes vos amis. »

« Ce fut une scène touchante que la distribution de nos présents d'adieu; l'un avait une scie ou une lime, tel autre un couteau, tous un souvenir de nous. Les chiens furent donnés à la communauté, excepté Toodla-Mik et Whitey. Je ne pouvais me séparer de ces animaux, les *chefs* de notre attelage.

« Il ne nous restait plus qu'à faire nos derniers adieux à ce peuple confiant. Je leur parlai, comme on parle à des frères, leur disant que par delà le glacier, par delà la mer, ils trouveraient un pays leur offrant plus de ressources, où les jours étaient plus longs, où il y avait plus de pêche et de chasse.

« Je leur donnai le croquis de la carte jusqu'au cap Shackleton, indiquant les promontoires, les terrains de chasse et les meilleurs campements, depuis Ked-Head jusqu'aux établissements danois. Ils m'écoutèrent avec un intérêt profond, se lançant de temps à autre des coups d'œil fort significatifs. Je ne serais pas étonné d'apprendre un jour qu'ils eussent tenté ce voyage, avec Hans pour chef. Ce fut par la douce lumière d'un dimanche soir, après avoir halé à grand'peine nos bateaux à travers les hummocks, que nous nous trouvâmes devant la mer libre et ouverte. Avant minuit, nous avions lancé *Éric-le-Rouge*, poussé trois hourras en faveur du retour, et déployé tous nos pavillons.

« Mac-Gary, Petersen, Dickey, Stephenson,

Whipple et moi nous étions dans *la Foi* ; Brooks était à bord de *l'Espérance*, avec Hayes, Sautag, Morton, Blake et Goodfellow ; l'équipage de *l'Éric* se composait de Bonsall, Riley et Godefroy.

« Le 24, nous fîmes beaucoup de chemin ; mais après seize heures de travail, nous étions tous épuisés. Nos rations avaient toujours été fort réduites ; le retard que nous éprouvions me força de les réduire à ce que je considérais comme un indispensable minimum : six onces de pain en poussière, un morceau de suif gros comme une noix, durent composer toute notre nourriture. Ce nous était un grand bonheur quand nous pouvions remplir notre bouilloire de neige et faire du thé ; rien ne nous plaisait autant que cette boisson ; nous en buvions immodérément, et toujours à notre plus grand profit.

« Le lendemain, notre marche se ralentit. Notre régime insuffisant faisait de plus en plus sentir ses effets désastreux ; nos forces diminuaient insensiblement. Nous avions perdu l'appétit ; notre pâtée de suif et de pain arrosée d'une grande quantité de thé nous suffisait presque. Un brouillard épais vint augmenter notre découragement.

« Sur ces entrefaites, une énorme masse de glaçons en dérive se mit à tourner comme sur un pivot en s'approchant de la glace qui nous abritait.

« Celle-ci, mise en mouvement, vint s'appuyer sur le rocher lui-même. En un instant tout ne fut plus qu'un chaos épouvantable autour de nous. Instinctivement les hommes prirent chacun leur poste, s'occupant des embarcations. Pendant un moment je perdis tout espoir ; la plate-forme sur laquelle nous nous trouvions éclatait tout entière; la glace se brisait, s'empilait et s'amoncelait de tous côtés. Disciplinés comme nous l'étions par le malheur, habitués à mesurer le danger tout en lui faisant face, il n'est pas un de nous, même à cette heure, qui puisse dire quand et comment nous nous trouvâmes à flot. Ce que nous savons seulement, c'est qu'avec un fracas que rien ne peut rendre, fracas où la fanfare de mille trompettes ne se serait pas plus entendue que la voix d'un seul homme, nous fûmes secoués, soulevés, ballottés au milieu d'une masse tumultueuse de hummocks, et que, par le calme qui suivit, nos bateaux tournoyèrent dans un tourbillon de neige, de glace et d'eau.

« Nous restâmes dans cette position jusqu'à ce que le glaçon, venant se briser en morceaux sur le rocher de la côte, nous permit de nous dégager et de gagner, à notre grande joie, un espace libre où nos rames pouvaient jouer. Nous longions une ceinture de glaces escarpées, quand un grain terrible vint nous assaillir de nouveau; nos bateaux furent rudement endommagés par cette affreuse tempête; nous n'étions occupés qu'à vider nos canots, qui embarquaient des lames à couler bas. Vers trois heures, à la marée haute, nous pûmes faire franchir la barrière de glace à nos bateaux. Une cavité étroite se présentait dans les rochers; nous y entrâmes. Nous étions à l'abri, complétement encavés, quand un bruit qui nous était familier vint frapper nos oreilles : c'était le bruissement d'un grand vol d'eiders. Nous étions dans la retraite où ils faisaient leurs nids; et, quand nous nous étendîmes pour dormir, épuisés de fatigue, mouillés jusqu'à la peau, nous nous prîmes à rêver œufs et oiseaux.

« Nous restâmes trois jours dans notre palais de cristal; la tempête faisant rage au dehors, les chasseurs d'œufs avaient peine à se tenir debout; mais je ne vis cependant jamais plus joyeux assemblage de gourmands.

« Le 3 août, le vent diminua; et, bien que la neige continuât de tomber avec violence, le 4, au matin, après avoir pris un patriotique grog aux œufs, apprêté de façon à nous valoir les éloges de la société de tempérance, nous poussâmes au large.

« Une navigation pénible de sept jours nous amena, le 11, près du cap Dudley-Digges, et nous

nous croyions hors d'embarras, quand tout à coup nous tombâmes sur un rocher qui n'est pas indiqué sur les cartes; la plaine de glace qui s'étendait à sa base était plus grande encore que celle que nous venions de franchir à si grand'peine. Il nous fallait la doubler à tout hasard; nous étions trop fatigués pour pouvoir la franchir autrement; mais nous dûmes renoncer à notre tentative.

« Je grimpai encore sur la banquise la plus voisine : ces montagnes de glace nous servaient à explorer le pays. J'examinai le pays dans la direction du sud. Jamais je ne vis plus désolant spectacle : pas de mer ouverte; nous nous trouvions dans une impasse. Devant nous, derrière nous des obstacles que nos hommes épuisés ne pouvaient songer à surmonter; il fallait attendre que l'été vînt nous frayer notre chemin, et cela avec des provisions insuffisantes, avec des embarcations dans un état déplorable.

« Enfin nous découvrîmes un étroit chenal, simple fissure au milieu des blocs de glace attachés au rivage; il nous conduisit sur des falaises escarpées, où nos embarcations trouvèrent un abri assuré. Des blocs de rochers entassés les uns sur les autres donnaient l'aspect d'une armure gigantesque à cette falaise, dont les sommets se perdaient dans le brouillard de la brume. Les oiseaux semblaient avoir établi leur séjour dans ces rocs crevassés; les plongeons lummes, les mouettes tridactyles y abondaient surtout.

« Sur notre droite, un pont naturel conduisait à un petit vallon tout verdoyant de mousse, que dominait un glacier froid et étincelant.

« Du haut d'une colline escarpée j'eus une vue splendide de ce grand océan de glaciers, qui semble former l'axe du Groënland; parsemée d'îles, cette vaste mer empourprée se découpait sur l'azur de l'horizon comme une ceinture de diamants dont les feux étincellent au soleil.

« Le glacier de Humboldt et le glacier près d'Etah sont les seuls que j'aie vus qui débitent plus d'eau. Un torrent qui coulait à sa base avait de deux à cinq pieds de profondeur; il couvrait de son eau la plaine glacée sur une surface de plusieurs centaines de yards; un autre s'échappait du sommet du glacier en bondissant sur les rochers, pour venir tomber en cascades sur la plage.

« Les renoncules, les saxifrages, les partulacées, les mousses, les graminées du nord abondaient à la hauteur du premier talus; je trouvai les lichens deux cents pieds plus haut. Le thermomètre marquait au soleil 3° 2′ centigrades, à l'ombre, 3°.

« Un des caractères les plus frappants de cette scène était la vie qui y abondait : cochléaria délicieux, œufs délicats, lummes énormes, gras et savoureux ; tout était à profusion. Quel Éden pour des scorbutiques affamés !

« Ce fut une joyeuse vacance que la huitaine passée en ce lieu nommé par moi la Providence, huitaine remplie de repos, de pensers heureux. Je ne laissai jamais pressentir à qui que ce fût que ce séjour était un séjour forcé. Deux individus seulement, qui avaient vu avec moi cet effrayant désert de glace qui nous barrait le passage, savaient la réalité de notre position ; mais ils m'avaient juré le silence.

« Cette partie de la côte a dû autrefois être un paradis esquimau, ainsi que l'attestaient les ruines qui nous entouraient ; par 76° 20', nous trouvâmes les traces d'un grand village. »

L'expédition arriva au cap York le 21 juillet. On n'avait plus de provisions que pour trois semaines au plus. Assemblant alors ses officiers, Kane leur déclara qu'il était nécessaire d'avancer. On se dirigea donc vers le sud-ouest, à travers une immense plaine de glace, qui devenait de plus en plus compacte. Pour comble d'infortune, on avait perdu le chenal. Kane ordonna qu'on fît halte sur la glace, et, accompagné de Mac-Gary, son brave et hardi second, il monte sur une banquise de quelque trois cents pieds de haut.

« La vue était vraiment effrayante, dit Kane. Nous étions au plus profond d'une baie, de toutes parts entourés par d'immenses icebergs, qui surgissaient au milieu d'un îlot de glaçons enchevêtrés les uns dans les autres. »

En face de cette désolation, Mac-Gary, quoique baleinier peu impressionnable, ne put s'empêcher de verser des larmes.

Les embarcations furent mises sur les traîneaux, et l'on se dirigea vers l'ouest. Après trois jours d'un rude travail, Kane et ses compagnons se trouvèrent de nouveau dans un passage libre. C'était une baie ouverte au milieu du courant qui entraîne les glaces du pôle dans l'Atlantique; les bateaux étaient en si mauvais état, qu'il fallait les vider à chaque instant pour les empêcher de couler bas.

« Épuisés de fatigue, mourants de faim, telle était notre triste infortune, continue Kane, quand nous aperçûmes un phoque endormi sur un glaçon qu'emportait le courant. C'était un veau marin, mais si énorme, que je le pris d'abord pour un morse. Je fis un signal à *l'Espérance*, et, tremblants d'anxiété, nous nous dirigeâmes vers l'animal dans un fiévreux

Petersen, poursuivi par van Ginsberg, ne pouvant tenir sa cadence assouplit.

silence ; Petersen, armé d'une carabine rayée, se mit à l'avant de l'embarcation. En approchant, notre excitation devint telle, que les hommes ne pouvaient plus ramer ensemble.

« Le phoque n'était pas endormi ; il leva la tête comme nous étions à portée de la carabine. Je me rappelle encore l'expression désolée, désespérée, qui se peignit sur le visage have, amaigri de mes matelots, quand ils virent le mouvement de l'animal : à sa capture était attachée la vie de chacun de nous. Le bateau, vigoureusement poussé par Mac-Gary, suspendu à son aviron, me semblait à bonne portée ; je ferme convulsivement la main, signal convenu pour faire feu. Étonné de ne pas entendre d'explosion, je me retourne : Petersen, paralysé par son émotion, ne pouvait tenir sa carabine immobile. Le phoque, se dressant sur ses nageoires antérieures, nous regarde d'un air inquiet et curieux en s'apprêtant à plonger. La carabine détone : frappé à mort, l'animal tombe étendu près de l'eau, si près, que la mer mouillait sa tête penchée au bord du glaçon.

« J'avais l'intention d'assurer sa mort par un nouveau coup de carabine : impossible d'y songer ; il n'y avait plus de discipline. Mes hommes, poussant un hurlement sauvage, se jetèrent sur leurs avirons, se précipitant vers leur proie. Des mains avides saisissent le phoque, et l'entraînent sur un abri plus sûr.

« Mes matelots étaient à moitié fous; je ne les avais pas encore vus aussi éprouvés par la faim. Brandissant leurs couteaux, ils couraient sur la glace, pleurant et riant tout ensemble. Cinq minutes après, ils étaient tous occupés, qui à lécher ses doigts couverts de sang, qui à dévorer de longues bandes de graisse crue.

« Sans souci du danger, campés sur une grande glace flottante, quand vint le soir, sacrifiant deux planches entières d'*Éric-le-Rouge* pour faire un grand feu, nous nous livrâmes à notre sauvage repas.

« Ce fut notre dernière souffrance. « Le charme est rompu et les chiens sont sauvés, s'écria Stephenson. — Pauvres Toodla et Whitey, c'était de la viande au croc, » disait Mac-Gary. Une fois, nous avions été sur le point de les immoler; mais c'étaient, je l'ai déjà dit, les chefs d'attelage de notre équipage d'hiver, nous ne pûmes nous décider à les sacrifier.

« Le 1ᵉʳ août, nous étions au Pouce-du-Diable, ce champ de bataille des baleiniers; puis nous arrivâmes aux îles Duck, et, passant au sud du cap Shackleton, nous nous préparâmes à débarquer.

« Terre ferme! terre ferme! quel bonheur de la

revoir! Comme nous la saluons avec respect, avec amour! Le temps de chercher une petite anse, le temps de se féliciter, on tire à terre ses embarcations délabrées, et l'on se repose. Deux jours après, un brouillard avait couvert les îles, et, quand il se leva, il nous trouva ramant à la hauteur de Karkamout.

« ... Mais quel est ce bruit? Ce n'est pas le cri de la mouette, ce n'est pas le glapissement du renard, que nous avons confondu si souvent avec le *huk-huk* des Esquimaux; cette cadence nous est familière, nous ne pouvons nous y tromper. « Écoutez, Petersen! aux avirons, mes hommes! Qu'est-ce donc?... » Petersen écoute tranquillement d'abord; puis, avec un tremblement dans la voix : « Des Danois! » murmura-t-il.

« J'entends encore résonner à mon oreille ces voix humaines, qui les premières saluaient notre retour au monde habité. Hélas! peut-être n'est-ce qu'une illusion!

« Non, le bruit se répète; les avirons de frêne se ploient sous les efforts de nos matelots, nos canots rapides volent sur les eaux, nos regards avides fouillent l'horizon, enfin nous apparaît le mât solitaire d'une chaloupe: « C'est la *Fraulein-Flaischer*; c'est Carlie Mostyn; *la Marianne*, la corvette attendue est arrivée! » s'écrie Petersen, qui, jusqu'alors calme et grave, éclate en sanglots en se tordant les mains.

« Oui, c'est Carlie Mostyn, ce sont les Danois, nous sommes sauvés! »

« Une heure après, nous étions à Upernavik. »

VOYAGE DU COMMANDANT MAC-CLURE

ENVOYÉ A LA RECHERCHE DE SIR JOHN FRANKLIN

(1850-1853)

L'Investigateur. — Découverte de l'île de Baring. — Découverte du détroit du Prince-de-Galles. — Hiver de 1850 à 1851. — Excursion et reconnaissance géographiques. — Second hivernage (1851-1852). — Troisième hiver (1852-1853). — Délivrance.

Depuis trois ans, on n'avait pas entendu parler du navire *l'Investigateur*, confié par l'amirauté au commandant Mac-Clure, pour aller à la recherche du capitaine John Franklin, lorsqu'à la fin de 1853 une partie de l'équipage de ce navire aborda tout à coup en Angleterre, chargée par son héroïque chef de remettre à l'amirauté un rapport daté de la terre de Banks. Nous donnons ici les passages les plus intéressants de ce rapport, d'après la traduction qui en a été faite en partie par MM. A. Hervé et F. de Lanoye :

« Le 6 septembre (1850), à onze heures du matin, nous nous trouvions par le travers du cap Parry; le temps était clair, la mer belle. Poussés par un bon vent d'ouest, nous voyions la banquise permanente s'écarter à tribord et remonter vers le nord, lorsqu'on aperçut de l'avant, à une distance d'environ cinquante milles, dans le nord-est, une terre d'une grande élévation.

« Ayant fait aussitôt mettre le cap sur cette côte inconnue, je remarquai qu'à l'occident elle servait de base à la banquise, tandis qu'à l'est, au contraire, la mer était comparativement praticable. Je pris donc sur-le-champ le parti de suivre cette direction, dans la supposition que je n'avais devant moi qu'une île, et qu'en la doublant je finirais par trouver un débouché dans la mer Polaire. Le 7, au matin, nous étions à l'extrémité méridionale de cette terre, magnifique promontoire formé par des rochers perpendiculaires de plus de mille pieds de hauteur; nous lui avons donné le nom de cap Nelson. Bientôt après, m'embarquant dans la chaloupe, j'allai, suivant l'antique usage consacré par tous mes devanciers, prendre possession de notre découverte, que je nommai île Baring, en l'honneur du premier lord de l'amirauté. Un poteau surmonté d'un ballon peint fut élevé sur le rivage par 71° 6′ de latitude, et par 125° 24′ de longitude occidentale; puis un baril contenant un procès-verbal de cette formalité fut enfoui à la base du poteau.

« Tout autour de nous, nous observâmes des traces nombreuses et fraîches de rennes, de lièvres et d'oies arctiques, et, au milieu de mousses abondantes, apparaissaient en pleine floraison un certain nombre de plantes.

« Ayant gravi une hauteur d'environ cinq cents pieds, nous pûmes jouir de la vue de l'intérieur : partout un tapis de mousse couvrait le sol, et donnait une apparence de verdure à plusieurs rangées successives de montagnes, dont les plus élevées atteignaient deux et trois mille pieds. Les ravins creusés entre leurs pentes semblaient alimenter un grand lac, qui s'étendait au centre d'une vaste plaine, à quinze milles de nous. L'aspect de la mer n'était pas moins favorable. A l'est, on ne voyait que quelques glaçons flottant à sa surface, qui semblaient promettre une navigation libre de ce côté. Je m'empressai donc de remettre à la voile; mais presque aussitôt la brume nous enveloppa, et pendant deux jours la sonde fut notre seul guide dans ces parages inconnus. Le 9, pendant une éclaircie, nous aperçûmes à l'est, à environ quinze milles de nous, une côte qui se prolongeait au nord, à perte de vue, parallèlement à celle de l'île Baring. Les terres basses de ce rivage étaient seules exemptes de neige, tandis qu'une blanche couche de glaces revêtait les hautes montagnes de l'intérieur; nous distinguâmes quelques pics dont la forme remarquable révélait l'origine volcanique.

« Un épais brouillard mêlé de neige nous força bientôt de louvoyer lentement dans le détroit resserré que laissent entre elles l'île Baring et notre nouvelle découverte, qui reçut le nom de *terre du Prince-Albert*. Par 72° 45′, le canal s'infléchit brusquement à l'ouest. Un peu plus loin, nous dépassâmes deux petites îles de rochers, auxquelles je laissai le nom d'*îles de la Princesse-Royale*. D'après mon estimation, nous ne nous trouvions plus alors qu'à soixante-dix milles du bassin de Melville... Le vent était redevenu favorable; la mer paraissait encore libre; mais elle charriait de nombreux glaçons, et, au moment où nous cherchions à passer entre deux champs de glace, ils se rapprochèrent l'un de l'autre avec tant de rapidité, que le vaisseau fut subitement arrêté dans sa course, et même pendant quelques minutes soulevé sur la glace. Quand cessa la pression des deux champs en dérive, il se retrouva à flot, et nous continuâmes d'avancer; mais ce fut pour bien peu de temps. Le lendemain 11, nous étions cernés par les glaces; et lorsque vers le soir nous parvînmes à nous dégager, j'eus le chagrin de constater que le courant avait changé, et nous ramenait vers le sud.

« L'abaissement de la température et l'apparition presque instantanée d'une couche de glace sur les espaces encore libres de la mer, chaque fois que le vent faiblissait, annonçaient clairement la fin de la saison navigable. La sûreté du navire exigeait de moi une prompte décision, je le reconnus avec anxiété. Retourner vers le sud, où la mer était encore ouverte, et chercher un abri pour l'hiver sur quelques points de la côte sud-est de l'île Baring, c'était une tentative facile; mais si ma recherche d'un bon mouillage suivant cette direction était infructueuse, le navire se trouvait placé dans la plus dangereuse des situations; car il demeurerait exposé, au milieu d'un vaste espace de mer, au choc et à la pression des immenses champs de glace que les courants polaires poussent incessamment contre les rivages des archipels arctiques. En restant dans le détroit au risque d'hiverner parmi la glace même, je conservais au moins la chance d'avancer au nord-est aussi longtemps que je le pourrais, et l'avantage de ne pas abandonner l'espace conquis au prix de tant de labeurs et d'inquiétudes, quand la perte d'un seul mille pouvait compromettre toute la navigation de la saison suivante. Je résolus donc de garder ma position actuelle, qui d'ailleurs se trouvait dans la direction très-probablement suivie par sir John Franklin, s'il avait dépassé le cap Walker.

« .. Quelques beaux jours de plus m'eussent permis de franchir l'issue du détroit, et d'atteindre les parages connus de l'archipel Parry, où peut-être nous étions attendus... Cette faveur ne nous fut pas accordée. Après avoir consumé en vains efforts le reste du mois de septembre, après avoir renouvelé vingt fois nos tentatives pour nous faire une trouée, et toujours en manquant de périr, nous fûmes contraints de chercher un asile pour *l'Investigateur*, dans l'échancrure d'un vaste champ de glace, auquel nous l'amarrâmes étroitement, à force de câbles et de chaînes. Dérivant avec notre port flottant, nous fûmes ramenés jusque derrière les îles de la Princesse-Royale. Pendant cette périlleuse navigation, le bâtiment reçut plus d'une rude secousse, et plus d'une fois fut entraîné vers les côtes du détroit; mais l'épais radeau qui l'entourait le préserva de toute atteinte. Dans la prévision d'une catastrophe qui nous forcerait à quitter le navire, je fis monter sur le pont des provisions pour un an, et distribuer à tous les hommes de l'équipage leurs effets de campement, tels que tentes, couvertures, vêtements chauds et bottes fourrées. Pour prémunir le bâtiment lui-même contre de trop fortes avaries dans le cas où il viendrait à se renverser sur la glace, je le fis entourer d'une ceinture matelassée et composée de nos hamacs gonflés comme des outres. Cela fait, et notre havre errant parfaitement consolidé et fixé par 24° au-dessous de zéro, nous complétâmes nos arrangements de ménage et nos préparatifs d'hivernage.

« ... Le 10 octobre, accompagné du lieutenant Creswell, du docteur Amstrong, de M. Miertsching et de quelques hommes, j'allai pédestrement prendre possession de la terre du Prince-Albert. Cette formalité fut suivie d'une excursion dans l'intérieur, qui nous y fit découvrir de profonds ravins et de grands lacs; mais ce fut en vain que, du sommet d'une colline de quinze cents pieds de haut, nous cherchâmes à apercevoir la mer de Melville. Complétement glacées, ses eaux se confondaient avec la terre dans le lointain.

« ... Notre retour au vaisseau fut marqué par un de ces accidents si fréquents dans les mers polaires. Une crevasse de près de cent mètres de largeur s'était ouverte depuis le matin entre la glace et le rivage. En vain nous suivîmes celui-ci pendant plusieurs milles; l'intervalle béant et liquide était toujours le même, et cependant la nuit commençait à tomber. Nous dûmes nous arrêter et tirer des coups de fusil pour nous faire entendre du vaisseau; mais nous étions trop loin pour être entendus. A huit heures seulement, des gens de l'équipage, détachés à notre recherche depuis le commencement de l'obscurité, aperçurent par bonheur la lueur des dernières décharges, et se dirigèrent de notre côté. Après avoir sondé l'obstacle qui s'étendait entre eux et nous, ils coururent au navire chercher deux *canots Halkett*, qui nous transportèrent à l'autre bord, non sans quelque péril et sans beaucoup de peine.

« Je ne puis trop insister sur le mérite de cette invention. Ces admirables petits esquifs en caoutchouc sont gonflés d'air à bord, puis transportés avec une extrême facilité sur les épaules d'un seul homme, à travers les glaces du plus difficile accès, dont les aspérités tranchantes mettraient en pièces toute autre embarcation. Grâce à eux, ce jour-là, on a réussi à sauver une troupe nombreuse, qui sans tentes, sans couvertures, sans feu et sans aliments, allait être exposée aux rigueurs d'une nuit arctique, pendant laquelle le thermomètre tomba à 23° au-dessous de zéro.

« Cependant il me fallait à tout prix constater que

le canal du Prince-de-Galles (j'ai ainsi nommé le détroit) communiquait avec les eaux de l'archipel Parry. C'est pourquoi je voulus entreprendre moi-même cette reconnaissance, quoique la saison fût déjà fort avancée pour une telle excursion. Parti le 21 octobre, j'eus, le 26, l'inexprimable joie de planter ma tente par 73° 31' de latitude, et par 117° de longitude, c'est-à-dire sur la ligne même où les cartes de sir Edward Parry placent la terre de Banks, entrevue par lui en 1819, des hauteurs de l'île Melville. Ainsi mes travaux, rattachés à ceux de mon illustre devancier, donnaient la solution tant cherchée du passage au nord de l'Amérique, et la côte nord-est de l'île Baring était la terre de Banks.

« Cette découverte a été faite par une expédition de six hommes, un officier et moi, avec un traîneau. Il faisait un froid mordant à cette époque avancée de l'année, d'autant que la glace sur laquelle nous étions obligés de dormir n'était pas suffisamment couverte de neige sèche, comme elle l'est ordinairement au printemps : alors on est chaudement et confortablement sous les tentes. Notre excursion heureusement a été courte; nous n'avons mis que dix jours à faire cent quatre-vingts milles sur la glace. La fin a failli mal tourner pour moi. Le dernier jour, je quittai le traîneau pour arriver un peu avant les autres au bâtiment, et faire préparer quelques ravitaillements pour eux. J'avais encore environ quinze milles à faire. Peu de temps après avoir quitté mes compagnons, j'entrai dans un épais brouillard; cependant, tant qu'il fit jour et que je pus voir ma boussole, je m'en tirai; mais à cinq heures la nuit vint, et je perdis mon chemin. Je me trouvai fourvoyé dans des morceaux de glace aussi solides et aussi durs que des pavés, et sur lesquels je trébuchais et tombais à chaque pas, au risque de me briser bras, tête et jambes. Je fus obligé de m'arrêter, étant très-épuisé, car je n'avais rien pris qu'un maigre déjeuner, à sept heures du matin. Je me fis un lit confortable dans la neige, sous l'abri d'une large dalle de glace, y enfonçant mes jambes jusqu'aux genoux, pour empêcher mes doigts de pieds de se geler. Je tombai bientôt dans un profond sommeil, d'où, à environ minuit, je fus tiré par le passage d'un météore qui traversait le ciel; je me levai, je trouvai une nuit étincelante d'étoiles avec une brillante aurore, et je me dirigeai du côté du navire. Mais, ayant épuisé toutes mes munitions, je ne pouvais attirer l'attention du bord; alors j'errai jusqu'au jour, et je finis par découvrir que j'avais dépassé le bâtiment d'environ quatre milles. En reprenant ma route, je rencontrai plusieurs traces d'ours; mais j'arrivai à huit heures, sain et sauf, quoiqu'il y eût 26 degrés au-dessous de zéro, et que je fusse resté vingt-cinq heures sans rien prendre.

« A mon retour au navire, j'appris, non sans une vive satisfaction, que sept bœufs musqués, tués en mon absence par nos chasseurs sur la terre du Prince-Albert, avaient augmenté notre approvisionnement d'environ treize cents livres d'excellente viande fraîche, ressource inespérée et bien précieuse pour l'hiver.

« Cette saison si redoutable, et dont l'approche avait excité bien des craintes parmi nous, s'écoula fort doucement. Bien qu'en janvier, février et mars, le froid descendît parfois jusqu'à 44°, et que la température moyenne fût au-dessous de 38°, l'état sanitaire de l'équipage ne fut aucunement altéré. Point de doute que ce résultat remarquable ne fût dû à l'énergie de nos marins, à l'excellence des provisions de toute espèce que nous avions à bord, et au bon système de ventilation de l'intérieur du vaisseau.

« Dès les premiers jours de mars, les préparatifs de la campagne de 1854 furent commencés. Je fis d'abord transporter sur une des îles de la Princesse-Royale une grande chaloupe avec trois mois de vivres, afin que, si *l'Investigateur* venait à être écrasé au moment de la rupture des glaces, son équipage conservât les moyens d'atteindre le *Plover*, dans le détroit de Behring. Une autre chaloupe fut aussi disposée sur le rivage de la terre du Prince-Albert, afin de servir aux détachements, dans le cas où ils se trouveraient, à leur retour, éloignés de leurs compagnons par la dérive ou la destruction du navire.

« Le 18 avril, par un beau temps, trois détachements organisés à l'avance, et pourvus chacun d'un traîneau chargé de provisions pour six semaines, s'éloignèrent dans trois directions. Le premier, sous la conduite du lieutenant Creswell, avait pour mission l'exploration de l'île Baring. Le lieutenant Haswell, avec le second, devait longer les rivages méridionaux de la terre du Prince-Albert, dans la direction de la terre de Wollaston. Enfin je chargeai M. Winniat, l'un de nos contre-maîtres, de reconnaître la partie septentrionale des mêmes rivages, et de s'avancer autant que possible vers le cap Walker.

« Entre cette date et le 10 juin, le lieutenant Creswell parcourut l'île Baring dans toute sa longueur, de près de quatre-vingts lieues, et pénétra dans sa largeur jusqu'au 125e méridien. Le voyage de M. Winniat, qui a duré cinquante jours, s'est dirigé droit vers l'ouest le long d'une même ligne de côtes, sur plus de dix degrés de longitude. J'ai su depuis que, le 24 mai, lorsqu'il se décidait à rétrograder, il ne s'était trouvé qu'à deux journées de marche du lieutenant Osborne (de l'expédition Austin), qui, la veille, ayant épuisé plus de la moitié de ses vivres, avait pris également le parti de rétrograder vers les vaisseaux stationnés dans le détroit de Barrow.

« Une circonstance presque identique se rattache à l'excursion d'où le lieutenant Haswelt était revenu dès le 29 mai. Ayant suivi les rivages occidentaux de la terre d'Albert, et traversé deux de ces golfes étroits et profonds qui abondent dans les parages arctiques, et que les marins ont souvent pris pour des détroits, il termina sa course à un point où le docteur Rae, venant des établissements de la baie d'Hudson, a dû parvenir quelques jours après lui.

« Aux approches de l'été, les marins de *l'Investigateur* ne voyaient pas venir sans une anxiété profonde le moment où devaient se disjoindre les masses formidables qui les protégeaient tout en les retenant captifs. Le 7 juillet, le premier signe du dégel se manifesta par un intervalle liquide qui s'ouvrit le long du rivage de la terre du Prince-Albert; puis, sous la double influence de la pluie et de la température, remontée à 7° au-dessus de zéro, la glace fondit si rapidement, que le 14 elle s'ouvrit subitement et silencieusement autour du navire, toujours enfermé dans son havre de quarante pas de largeur, au centre du champ de glace qui nous servait d'asile depuis neuf mois. Sa dissolution graduelle nous rendit libres le 17; mais presque aussitôt le voisinage de plusieurs autres champs flottants nous obligea à chercher l'abri de l'un d'eux et à nous y amarrer.

« A partir de cet instant jusqu'au milieu du mois d'août, ce ne fut à bord de *l'Investigateur* qu'une lutte continue contre les glaces, les vents et les courants, ceux-ci nous ramenant toujours vers le sud, et le vaisseau s'efforçant toujours de se frayer un chemin vers l'issue nord-est du détroit.

« Le 16 août, nous n'en étions plus qu'à huit à neuf lieues à peine; mais là une banquise impénétrable barrait le canal dans toute sa largeur; et la saison était trop avancée pour nous permettre d'espérer la rupture de cette barrière.

« En face de cet obstacle insurmontable, considérant que derrière nous la mer était parfaitement libre, je pris la résolution de revenir sur mes pas vers le sud, de doubler le cap Nelson, et de chercher, le long de la côte occidentale de l'île Baring, un passage au nord, entre la terre et la banquise.

« Sans plus délibérer, je fis aussitôt revirer de bord, et les éléments, si longtemps contraires, nous servirent alors si bien, qu'ils nous firent franchir en un jour l'intervalle que nous leur disputions depuis un an. Le 18, l'*Investigateur*, ayant contourné toute la partie méridionale de la terre de Baring, en relevait l'extrémité ouest, le cap Kellet; le 19, nous atteignions, à deux degrés plus au nord, le promontoire nord-ouest, que j'ai désigné sous le nom de Prince-Alfred; mais là nous attendaient de nouvelles tribulations.

« ... Dans la matinée du 20, une barrière de glace, appuyée à la côte, nous barra le chemin. Pour éviter d'être entraînés par les champs flottants, nous nous amarrâmes, aussi près que possible de la terre, à un bloc de peu d'étendue, mais fort pesant, qui nous semblait solidement fixé sur un bas-fond, à environ quatre-vingts pas du rivage. C'était là notre unique rempart contre les formidables glaçons de la mer Polaire, qu'un vent d'ouest poussait sur nous avec une vitesse d'un mille à l'heure. Le soir, notre position empira. Un champ flottant vint heurter le bloc qui nous protégeait, et le secoua si profondément, qu'une langue de glace qui plongeait sous notre quille souleva l'*Investigateur* d'au moins six pieds. Cependant, en tirant le meilleur parti possible de nos ancres et de nos amarres, nous réussîmes à nous maintenir pendant ce conflit, à la suite duquel le champ flottant se brisa en morceaux, tandis que nous étions poussés un peu plus près de la côte.

« Nous étions arrêtés là depuis plusieurs jours, lorsque, dans la matinée du 29 août, les glaces commencèrent à s'ébranler. Une d'elles, d'une grande étendue, soulevant sans doute par une de ses pointes sous-marines le bloc auquel nous étions amarrés, le redressa perpendiculairement à la hauteur de notre vergue de misaine. On peut juger de notre anxiété en un pareil moment. Heureusement la glace flottante se fendit, et dériva à droite et à gauche de notre abri, qui, après plusieurs oscillations dont chacune était pour nous une menace de mort, reprit sa position primitive; mais déraciné, par le choc qu'il avait subi, du fond où il était échoué, il ne tarda pas à dériver à son tour. Il nous entraîna avec lui; car la proximité de la côte nous défendait impérieusement de le quitter. Nous doublâmes donc nos amarres, et nous suivîmes cet étrange remorqueur en broyant sous notre carène les paquets de glaçons qu'il brisait devant nous, pendant que notre poupe soutenait les assauts violents des masses qui se précipitaient dans notre sillage.

« Au bout de quelques heures, glaces et navire

devinrent de nouveau stationnaires. Nous profitâmes de ce moment de calme pour démonter et réparer, sur la glace même, notre gouvernail, qui avait été fortement endommagé. Il venait à peine d'être replacé, et la nuit était venue, lorsque le mouvement de la mer recommença et nous emporta rapidement vers le delta noyé d'une large rivière, où les débris des glaces du large s'étaient accumulés en véritables montagnes. Pris entre cet obstacle et le bloc qui flottait avec nous, il ne nous restait que cette alternative également funeste des deux parts : ou un naufrage à la côte, si nous coupions nos amarres ; ou un *écrasement* inévitable, si nous gardions notre position. J'eus alors recours à la ressource extrême que j'avais déjà employée dans le détroit du Prince-de-Galles. J'envoyai, à travers mille périls, notre maître canonnier enfoncer un énorme pétard dans le flanc de la glace qui nous faisait obstacle. L'explosion n'y produisit que de légères fissures, que la pression exercée par les masses voisines rendait à peine visibles. Cependant nous n'étions plus qu'à quelques pas de l'écueil, et l'équipage, monté sur le pont, attendait dans une solennelle anxiété l'issue de cette crise, qui semblait ne pouvoir que nous être fatale. Quoique *l'Investigateur* abordât la glace directement de son avant, et que la pression eût lieu dans le sens de la plus grande force de sa membrure, la secousse fut si violente, que les mâts, ébranlés jusque dans leur base, les sifflements des cordages et les profonds gémissements de toute la charpente du navire nous annoncèrent clairement que la lutte ne pouvait se prolonger longtemps encore. En ce moment même le câble-chaîne, qui nous attachait à notre glaçon, cassa tout à coup, et plusieurs ancres chassèrent.

« Il ne nous restait plus qu'à faire lâcher toutes les amarres, et, en donnant cet ordre, je pensais qu'en peu de minutes nous serions jetés à la côte. Mais, comme la plage était doucement inclinée, j'espérais que nous pourrions y trouver un asile pendant l'hiver, tandis que notre destruction serait complète si le vaisseau était écrasé entre les glaces flottantes.

« Cependant, avant que mon commandement pût être exécuté, la miséricorde divine intervint. Le champ de glace, fendu par la mine, se partagea sous notre proue en trois fragments, qui disparurent dans l'Océan. *L'Investigateur*, qui donnait une bande effrayante à tribord, se releva peu à peu et flotta de nouveau, sans autre avarie que la perte d'une partie de sa doublure en cuivre, qui avait été roulée comme une feuille de papier.

« Après cette rude épreuve, nous fûmes derechef

soudés dans la glace immobile, à peu près à mi-chemin entre le cap du Prince-Alfred et le cap Austin. La position était loin d'être bonne; mais nous étions en septembre, et la température était redescendue à 9° au-dessous du point de congélation. Tout annonçait qu'il fallait se préparer à subir un hivernage, même en pleine côte. Je crus devoir profiter de la sécurité relative dont nous jouissions pour faire faire à l'équipage quelques excursions dans l'intérieur des terres, où l'on rencontra de belles vallées encore verdoyantes et des traces nombreuses de toutes les variétés d'animaux propres à ces régions. Sur plusieurs points, des vestiges de campements d'Esquimaux annonçaient aussi qu'à une autre époque l'île Baring avait été habitée. C'est dans une de ces explorations, qu'à environ cinq cents pieds au-dessus du niveau de la mer, nous avons découvert une rangée de collines composées d'amas de bois à tous les états, depuis la pétrification jusqu'au copeau inflammable, et un bivalve grand comme une huître, mais plutôt de la forme d'une coquille, un parfait fossile. Je regarde cela comme une nouvelle preuve, s'il en fallait encore, du déluge universel; car assurément ces bois et ces coquilles n'appartiennent point à ces régions, dont le plus grand végétal est un saule nain rampant, de la grosseur d'un tuyau de pipe, et qui sert de nourriture aux rennes.

« ... Le 10 septembre, à la suite d'une pluie abondante, qui ramena subitement la température au-dessus de zéro, la glace se rompit encore une fois, et l'*Investigateur* fut emporté vers le nord au milieu d'un vaste champ flottant, dont l'immense étendue et l'énorme épaisseur rendaient toute manœuvre contraire à son impulsion absolument impossible. Il fallait pourtant à tout prix nous en tirer, sous peine de disparaître avec lui dans cette terrible banquise polaire, dont nul n'est encore revenu. Après trois jours de tentatives incessantes et vaines, après avoir fait éclater sans résultat des pétards de vingt-cinq et même soixante livres de poudre, je dus recourir à un moyen plus énergique : je fis enfoncer à vingt-cinq pieds de profondeur, dans la glace, un baril de poudre pesant deux cent cinquante-cinq livres. Son explosion fut à peine sentie à bord du vaisseau, qui pourtant n'était pas à trente pas de la mine; mais la glace, malgré son épaisseur, qui par endroits dépassait soixante-cinq pieds, éclata dans tous les sens, et l'*Investigateur*, redevenu maître de ses mouvements, reprit la direction de l'est.

« Après avoir enfin doublé le cap Austin, il

trouva des glaces moins formidables, une mer moins tourmentée; nous étions sans doute alors sous le vent des hautes terres aperçues au nord du cap Dundas, sur l'île Melville; nous étions au débouché occidental de cette suite de bras de mer qui commence au Lancaster-Sound; mais il ne nous fut pas donné d'accomplir encore le passage; une nappe solide, uniforme, continue, s'étendait du nord à l'orient, aussi loin que la vue pouvait atteindre du haut des mâts, et peut-être ne s'était-elle pas rompue depuis 1819, époque où elle avait arrêté les vaisseaux de Parry. Il ne me restait plus qu'à trouver un bon mouillage pour y passer l'hiver.

« Le 24 septembre (1851), ayant remarqué sur la côte nord de l'île Baring une petite baie qui paraissait remplir toutes les conditions désirables, j'y conduisis le navire, et le soir même nous nous trouvâmes solidement fixés par la gelée dans ce havre, auquel nous donnâmes le nom de la Merci-de-Dieu, en souvenir reconnaissant de tous les dangers auxquels nous avions échappé pendant notre traversée de cette terrible mer Polaire. A une trentaine de lieues dans le nord-est se trouve, sur la terre de Melville, le promontoire auquel sir Edward Parry, obéissant aux mêmes sentiments que nous, a donné le nom de cap de la Providence.

« Malgré la violence du vent et la fréquence des ouragans, la température de l'hiver fut moins rigoureuse que durant l'année précédente. Des chasses régulièrement organisées, et qui ne furent interrompues que par les ténèbres du mois de janvier, nous procurèrent, grâce à l'abondance des bœufs musqués, des lièvres et des ptarmigans, le précieux secours de trois distributions de viande fraîche par quinzaine. Le 1ᵉʳ avril, nous avions même en avance plus d'un millier pesant de cette excellente venaison.

« Le 11 avril 1852, le temps me paraissait favorable; je résolus de mettre à exécution mon projet depuis longtemps arrêté de traverser sur la glace le détroit de Banks et de me rendre à Winter-Harbour, où j'espérais trouver soit un des bâtiments, soit un des détachements du capitaine Austin. Il devenait urgent d'arrêter avec ce chef d'escadre, ou avec un de ses officiers, les mesures que pourrait exiger le salut de l'équipage de *l'Investigateur*. Il nous restait à peine à bord un approvisionnement suffisant pour dix-huit mois, et si, durant l'été de 1852, les glaces ne s'ouvraient pas, j'allais me trouver dans l'obligation, pour ne pas courir le danger de périr par la famine, de réduire le nombre de mes hommes, en faisant partir à tout hasard un détachement pour l'Angleterre, dès le printemps de 1853.

« Le 28 avril, avec un traîneau de sept hommes, j'atteignis sur l'île Melville le lieu où l'expédition de Parry avait hiverné trente-trois ans auparavant. Mais, à côté de l'inscription commémorative de cet événement, je ne trouvai que le cairn dans lequel le lieutenant Mac-Clintock avait déposé, durant le printemps de 1851, une mention de son passage. Ma déception fut cruelle; les vaisseaux du capitaine Austin étant selon toute apparence retournés en Angleterre, je ne pouvais plus compter, pour le soin de notre avenir, que sur nos seules ressources et sur la protection de Celui dont il est écrit : « Confie-« toi à lui dans ton cœur; dans toutes tes actions « rends-lui témoignage, et il dirigera tes pas! »

« Avant de laisser l'île Melville à sa solitude, je crus devoir toutefois confier au cairn du lieutenant Mac-Clintock un récit succinct de nos deux campagnes et de notre situation : « Mon intention, « y disais-je, est, si cela se peut, de retourner en « Angleterre cet été en touchant à l'île Melville et « au port Léopold. Mais si l'on n'entendait plus « parler de nous, c'est que probablement nous au-« rions été entraînés dans les glaces du pôle, au « nord ou à l'ouest de l'île Melville; or, dans ces « deux hypothèses, toute tentative pour nous en-« voyer du secours ne ferait qu'accroître le mal, car

« tout vaisseau entre dans les glaces polaires doit
« être inévitablement broyé. Un dépôt de provisions
« ou un vaisseau placé à Winter-Harbour est le
« meilleur, ou plutôt le seul moyen auquel on doive
« recourir pour le salut de ce qui aura survécu de
« l'équipage de *l'Investigateur*. »

« Je terminais par ces mots : « Cet avis a été
« déposé en avril 1852, par une expédition com-
« posée du capitaine Mac-Clure, etc. (suivent les
« six autres noms). Quiconque le trouvera est prié
« de le faire parvenir au secrétaire de l'amirauté.
« Daté du navire de S. M. britannique *l'Inves-
« tigateur*, gelé dans la baie de Miséricorde, 12
« avril 1852... »

« A mon retour au havre de Merci, je pouvais
espérer que l'été ne tarderait pas à amener le dégel
et à permettre au vaisseau de remettre à la voile ;
mais cet espoir ne fut pas de longue durée : mai et
juin se passèrent sans qu'aucun signe annonçât la
fonte prochaine de l'épaisse couche de neige qui
recouvrait la terre comme au cœur de l'hiver. Nous
reconnûmes même avec effroi que durant la dernière moitié de juin la glace avait augmenté d'é-
paisseur. Les oiseaux voyageurs, à peine venus du
midi, reprenaient leur vol dans cette direction,
parce qu'ils ne trouvaient sur la terre de Banks

aucune trace de végétation, et, ce qui était plus grave, la santé de l'équipage commençait à s'altérer : seize cas de scorbut furent constatés par le rapport mensuel du chirurgien. Je fus obligé de faire suspendre tous les travaux pénibles, et nos chasseurs durent redoubler d'efforts pour nous procurer de la viande fraîche. Le 8 juillet, l'un deux, en poursuivant un renne, rencontra inopinément deux bœufs musqués, et parvint à les abattre l'un et l'autre. Il fit preuve en cette circonstance d'un remarquable sang-froid : il ne lui restait plus une seule balle lorsqu'il fut assailli par un de ces animaux blessé et furieux ; sans se troubler, il l'attendit à bout pourtant, et lui déchargea dans le cœur la baguette de son fusil. Nous recueillîmes aussi jusqu'à la fin d'août une quantité d'oseille suffisante pour en fournir une ration quotidienne aux scorbutiques, qui finirent par se rétablir.

« Le 20 août, la température tomba tout à coup à 15° au-dessous de glace : toute cette saison peut être appelée un long jour sans soleil ; car, depuis la fin de mai, c'est à peine si cet astre a été visible, et si son influence s'est fait sentir sur les masses de glaces qui bloquent le détroit complétement d'un bord à l'autre ; et je ne crois pas que la mer Polaire se soit brisée cette année, car nous n'avons pas vu une goutte d'eau dans cette direction.

« Le 8 septembre (1852), les circonstances critiques où nous nous trouvions exigeant une prompte détermination, j'assemblai les hommes de l'équipage, et je leur annonçai la nécessité où j'étais de renvoyer, dès le printemps suivant, la moitié d'entre eux en Angleterre, les uns par le port Léopold et la baie de Baffin, les autres par la voie du Mackenzie et des autres établissements de la baie d'Hudson. Je devais garder le reste avec moi, pour tenter au printemps de dégager le vaisseau, et de le ramener en Angleterre. Si je ne pouvais y parvenir, j'essaierais de gagner avec des traîneaux le port Léopold, l'état de nos provisions n'admettant pas un meilleur arrangement.

« Quoique réduits depuis un an à deux tiers de ration, nous devons, ajoutais-je, nous disposer à subir pendant dix-huit mois encore cette même privation, qui, si pénible et si contraire qu'elle soit à la santé de chacun, est commandée par le devoir; car le vaisseau étant aussi solide que le premier jour de notre navigation, il serait peu honorable de l'abandonner, tant que nous aurons l'espoir de franchir avec lui, l'été prochain, les détroits de Banks et de Melville. A notre retour en Angleterre, l'heureuse découverte du passage nord-ouest, si longtemps et si vainement cherché, nous vaudra un accueil qui nous dédommagera amplement des fatigues et des périls de notre pénible entreprise. »

« Cette communication fut bien reçue de tous mes hommes, et j'eus lieu d'espérer que je mènerais à bonne fin l'exécution de mon projet.

« ..... L'hiver 1852-1853 dépassa de beaucoup en rigueur les deux précédents. Par un bonheur inespéré, le gibier, cherchant des abris dans les vallons les plus bas et les plus voisins de la mer, ne cessa de se montrer; et, quoiqu'il fût devenu très-craintif, on réussit toujours à tuer un certain nombre de rennes, qui contribuèrent pour une bonne part à donner au festin de Noël une apparence d'abondance confortable.

« Comme c'était le dernier jour de Noël que nous devions passer ensemble, l'équipage résolut de le célébrer d'une manière mémorable. Chaque table fut gaiement illuminée et décorée par des peintures de nos artistes de l'entre-pont, qui représentaient toutes les périlleuses positions du navire dans la mer Polaire; mais l'ornement principal consistait en énormes *plum-puddings* pesant six livres, flanqués de quartiers de daims, de lièvres rôtis et d'onctueux salmis de ptarmigans. Jamais, je pense, un tel luxe avec une telle profusion ne brilla dans un entre-pont; un étranger qui aurait été témoin de cette scène, n'aurait jamais imaginé qu'il voyait là un équipage qui avait passé plus de deux ans dans ces régions abandonnées, entièrement livré à ses propres ressources, et cependant jouissant d'une excellente santé. Une réunion aussi joyeuse, en toutes circonstances, aurait épanoui le cœur de tout officier; mais dans cette situation abandonnée, je ne pus qu'être profondément touché en contemplant ce gai et consolant spectacle, et en pensant aux grandes miséricordes que nous accordait la Providence, à qui seule est due notre sincère reconnaissance pour tous les bienfaits qu'elle nous a prodigués, au milieu des situations les plus critiques que l'on puisse concevoir.

Dans les jours qui suivirent, le froid devint excessif; il y eut en janvier 45° au-dessous de zéro, 17° de plus que l'année précédente à pareille époque; un jour, le thermomètre tomba jusqu'à 54°, et il resta à 52° pendant vingt-quatre heures. J'aurais douté de l'exactitude du thermomètre si je ne l'avais éprouvé... mais, en outre, l'état de mon équipage attestait la rigueur de la température. Le froid avait amené beaucoup d'humidité dans l'entre-pont, et nous ne pouvions faire assez de feu pour la combattre. La liste des malades monta un moment jusqu'à dix-neuf : parmi eux il y avait des cas de scorbut et d'hydropisie.

« Le 15 mars 1853, je désignai les hommes qui devaient composer les détachements destinés pour la baie de Baffin et pour la côte d'Amérique. C'étaient ceux que leurs officiers, le chirurgien et moi, nous croyions les moins capables de supporter un quatrième hiver arctique. Je me flattais qu'ils parviendraient à trouver les moyens de revoir heureusement l'Angleterre ; mais, avant d'atteindre le premier dépôt de vivres ou le premier fort de la compagnie d'Hudson, ils avaient à tirer pendant deux mois leurs traîneaux sur la mer glacée ou sur la terre couverte de neige. Que de chances contre eux dans un si long trajet ! Le sort qui les attendait était plus qu'incertain, et une sombre tristesse, qui ne faisait que s'accroître à mesure qu'approchait le jour de la séparation, pesait sur l'esprit de ceux qui devaient partir et de ceux qui devaient rester.

« Tout était prêt pour le départ, et il était fixé au 15 avril. Le 6 du même mois, comme le lieutenant Creswell et moi nous nous promenions ensemble sur la glace marine, assez loin du vaisseau, nous vîmes subitement apparaître du côté du nord un point noir qui semblait rouler plutôt que courir sur la glace. Nous imaginant que c'était quelqu'un des nôtres poursuivi peut-être par un ours blanc, nous nous portâmes à sa rencontre; mais nous ne tardâmes pas à distinguer que la figure qui s'approchait avec tant de rapidité n'appartenait à personne du bord. Cet être, quel qu'il fût, se mit, à notre vue, à agiter les bras en l'air et à pousser des cris, que l'éloignement ou toute autre cause nous rendit inintelligibles. J'avoue qu'alors nous fûmes tentés de chercher si cette apparition, au teint de suie et aux gestes étranges, ne cachait pas les griffes et la queue du vieux Nick. Nous finîmes pourtant par nous joindre, et l'on peut juger de notre surprise, quand, à cette question naturelle de ma part : « Qui êtes-vous et d'où venez-vous, au nom du Ciel? » L'étranger répondit, d'une voix étranglée par l'émotion et la rapidité de sa course : « Pim, le lieutenant Pim, du *Herald*. » À la place du diable, c'était un ange de lumière que j'avais devant moi. On peut juger quelle poignée de main je donnai à mon vieux camarade, que j'avais laissé en 1850 dans le détroit de Behring?

« Il nous expliqua que le capitaine Kellet, avec deux vaisseaux, avait atteint l'île Melville pendant le dernier automne, et qu'ayant trouvé dans le cairn de Winter-Harbour la dépêche que j'y avais laissée, il s'était empressé, dès les premiers beaux jours, de diriger sur le havre de Merci un détachement commandé par son lieutenant Pim. Impatient de nous apporter la nouvelle de notre délivrance, ce brave officier avait devancé de beaucoup la troupe qu'il conduisait.

« La présence subite d'une troupe de compatriotes, lorsque aucun de nous n'imaginait qu'il pût en exister à mille lieues de distance, causa une émotion que je me sens incapable de décrire, et qu'il est impossible de se représenter, à moins de s'être trouvé dans une position semblable. Tous nos hommes sentirent revivre leur courage; l'abattement fit place à la joie la plus vive. Les malades, oubliant leurs souffrances et leur faiblesse, s'élancèrent de leurs hamacs, et vinrent se jeter dans le flot de créatures humaines qui débordait sur le pont par l'unique écoutille que la rigueur du froid permît de tenir ouverte. Chacun voulait être certain que ces apparitions surprenantes étaient des êtres de chair et d'os, et non des habitants de l'autre monde; car leurs visages, imprégnés de la fumée de la tente, étaient aussi noirs que ceux de *l'Érèbe*. Lorsqu'il fut bien avéré que ce n'était point un songe, mais une réalité, la parole fit défaut à mes pauvres compagnons, comme à moi-même, pour exprimer nos pensées. Nos cœurs étaient trop pleins. Jamais, j'en ai la confiance, les sentiments de gratitude qui ont élevé en ce moment ma pensée vers le souverain Dispensateur des choses ne s'affaibliront dans mon souvenir.

« Le lendemain, 7 avril, je me mis en marche avec le détachement du lieutenant Pim, pour aller rejoindre nos sauveurs. Il nous fallut douze jours pour franchir les cent soixante-dix milles qui nous séparaient d'eux; mais la réception qu'ils me firent compensa amplement toutes les privations et les fatigues que j'avais subies jusque-là.

« Pour cela et pour bien d'autres miséricordes qui nous ont été prodiguées pendant ce périlleux voyage, notre plus sincère reconnaissance est due à la généreuse Providence, dont le doigt protecteur a seul pu diriger nos pas dans une mer dont toute la science et toute l'industrie de l'homme n'auraient pu fendre la glace. Assurément, en contemplant ces puissants ouvrages de la nature, on ne peut s'empêcher de penser que le bras qui a soutenu la première arche faite du bois de la terre, alors qu'elle flottait sur les eaux d'un monde englouti, est le même qui a guidé aussi notre arche faite de chêne anglais, et que ses habitants retourneront jouir des bénédictions de leur patrie, ce qui sera un autre miracle de la bonté divine. Souvent je dis comme la femme de

Menoch : « Si Dieu avait eu le dessein de nous faire
« mourir, il ne nous aurait pas montré tant et de
« si grandes miséricordes. »

VOYAGE DU CAPITAINE MAC-CLINTOCK

À LA RECHERCHE DE SIR JOHN FRANKLIN ET DE SES COMPAGNONS

(1857-1859)

Départ d'Aberdeen. — Hivernage dans les glaces. — Tempête. — Retour dans le Groenland. — Entrée dans la baie de Melville. — Communication avec les indigènes du cap Warrander. — Arrivée à l'île Beechey. — Inscription à la mémoire de sir John Franklin et de ses compagnons. — Le détroit de Bellot. — Second hivernage. — Les premières recherches. — Communication avec les Esquimaux. — Village de neige. — Informations données par les Esquimaux. — Arrivée au cap Herschell. — Le lieutenant Hobson. — Il trouve des traces de l'expédition de Franklin. — Découverte d'un cairn contenant le rapport de l'expédition perdue. — Découverte d'un canot. — Arrivée à la Pointe-Victory. — Retour au vaisseau. — Séjour au Port-Kennedy. — Mort de l'ingénieur George Brands. — Les voyageurs parviennent à gagner la pointe de la Fury. — Arrivée à Godhaven. — Retour en Angleterre.

Le récit qui va suivre de la mission confiée par la noble veuve de sir John Franklin au capitaine Mac-Clintock, et si dignement remplie par lui, est la traduction fidèle de ses rapports à l'amirauté et à la Société royale de géographie de Londres.

« Partis d'Aberdeen le 1ᵉʳ juillet 1857, nous étions le 6 août suivant à Uppernavick, le plus septentrional des établissements danois dans le Groenland. Je m'y procurai trente-cinq chiens de trait et deux conducteurs esquimaux, auxiliaires indispensables de nos futures recherches. En effet, l'espace de terre et de mer laissé inexploré à l'ouest, et enfin celui qu'avaient exploré au sud Rae et Anderson, espace que j'avais le projet de sillonner en tout sens, ne pouvaient guère, comme la suite me le prouva, être parcourus qu'en traîneau.

« Le 18 août, nous nous trouvions à mi-chemin de la baie de Melville au détroit de Lancastre, quand tout à coup, cernés par une immense accumulation de glaces en dérive, nous nous vîmes condamnés à passer l'hiver au milieu du plus vaste champ de glaces flottantes dont j'aie entendu parler dans ma carrière de marin. Incapable de gagner un rivage quelconque ou d'établir un observatoire fixe sur la surface mobile de l'immense radeau qui nous entraînait, nous fûmes réduits à l'étude des vents et des courants dont nous étions les jouets. Contrairement à une théorie récente (celle du lieutenant Maury), nous reconnûmes que l'influence atmosphérique était plus forte que celle de la mer sur les mouvements des glaces, et nous ne pûmes saisir le moindre indice du contre-courant sous-marin qui devrait porter au nord. Au contraire, de hautes montagnes de glace qui, suivant cette théorie, auraient dû marcher en sens inverse du *Fox*, dérivèrent en lui tenant une compagnie plus fidèle que rassurante, depuis 75° 30′ jusqu'au cercle arctique.

« Pendant l'hiver, les forces élastiques des couches marines ouvrirent souvent de longues crevasses ou chenaux dans la voûte solidifiée qui les recouvrait, et ces solutions de continuité dans la glace se produisaient si violemment, que parfois de longues files de glaçons étaient projetées, comme par l'effet d'une mine, à plusieurs pieds en l'air, et formaient de véritables chaussées de chaque côté des crevasses d'où elles étaient sorties. Heureusement pour le *Fox* qu'il ne se trouva jamais dans l'axe même d'un de ces soulèvements, bien que quelques-uns d'entre eux eussent lieu à une cinquantaine de mètres de nous. Pendant notre hivernage, nous nous procurâmes, dans ces sortes de chenaux d'eau ouverte, environ soixante-dix phoques, qui nous fournirent de la nourriture pour nos chiens et de l'huile pour nos lampes.

« Nous ne retrouvâmes notre liberté que le 25 avril seulement, par 63° 30′ de latitude, au milieu de circonstances dont tous les hommes du bord garderont longtemps la mémoire. Une violente tempête s'éleva au sud-est : l'Océan, soulevé dans ses profondeurs, brisa sa croûte flottante, et, lançant dans un désordre semblable au chaos les masses désagrégées du champ de glace, menaça vingt fois de broyer le *Fox* dans quelque choc inévitable. Nous ne fûmes redevables de notre salut qu'à la Providence d'abord, puis à l'excellence de notre machine motrice et de la forme de notre étrave, taillée en coin.

« Redevenus maîtres de nos mouvements, nous n'eûmes rien de plus pressé que de revenir vers les établissements du Groenland, dans l'espoir de nous y procurer des provisions fraîches. Mais la pénurie qui règne à cette époque de l'année dans ces petites colonies, obligées de compter sur la mère patrie pour leur propre approvisionnement, ne nous permit pas d'en tirer de grandes ressources, malgré toute la bonne volonté et les prévenances des résidents danois.

« Après avoir visité successivement Hosteinbourg, Godhaven et Uppernavick, nous entrâmes dans la baie de Melville au commencement de juin, et nous doublâmes le cap York le 26; là nous nous mîmes en communication avec les indigènes. Ils reconnurent immédiatement M. Petersen, notre interprète, dont ils avaient fait la connaissance lors du passage de l'*Advance*, expédiée par M. Grinnel, sous les ordres du docteur Kane.

« En réponse à nos questions sur Hans (l'Esquimau conducteur de chiens dont parle la relation du docteur Kane, et qui déserta l'*Advance* en 1854), ils nous dirent qu'il résidait au Whale-Sound. S'il eût été là, je l'aurais embarqué avec grand plaisir, attendu que depuis fort longtemps, dit-on, son désir est de revenir dans le Groenland méridional.

« Le 12 juillet, je communiquai avec les indigènes du cap Warrander, près du cap Harsbugh; ils n'avaient vu aucun vaisseau depuis la visite du *Phœnix*, en 1854; aucun naufrage n'avait eu lieu sur leurs côtes.

« Nous ne pûmes arriver à l'entrée de Pond avant le 27 juillet, par suite de la quantité extraordinaire de glaces accumulées dans la partie nord de la baie de Baffin, et qui, depuis notre départ d'Holsteinbourg, gênait considérablement notre marche. Sans l'aide de la vapeur, nous n'aurions pu nous en dégager. Nous ne trouvâmes là qu'une vieille femme et un jeune garçon, qui nous servirent de pilotes jusqu'à leur village, situé à vingt-cinq milles dans l'intérieur du passage. Là, sur la mousse humide d'une profonde ravine entourée de tous côtés par des escarpements de rochers ou de glaciers à pic, s'élevait un groupe de ces tentes de peaux de phoques, qui forment les habitations d'été des Esquimaux.

« Pendant une semaine, nous fûmes continuellement en rapports amicaux avec la population hospitalière de ce point reculé du globe, qui porte le nom, peu euphonique pour une oreille européenne, de Kapawnoklulik, et qui n'est accessible que par la mer. Ce petit clan nomade n'avait aucune notion de l'expédition de Franklin, et gardait pourtant un souvenir distinct de trois vaisseaux naufragés à une époque bien antérieure : deux de ces bâtiments me paraissent devoir être la *Dexterity* et l'*Aurora*, qui se perdirent en août 1821, à environ soixante-dix à quatre-vingts milles de la passe de Pond. Le troisième vaisseau, maintenant complètement enseveli dans le sable, se trouve à quelques milles à l'est du cap Hay.

« Ces populations communiquent par terre chaque hiver avec les tribus de la péninsule Melville. Elles savaient toutes que les vaisseaux de Parry y avaient passé l'hiver de 1822-1823, et elles avaient entendu parler de la visite du docteur Rae à Repulse-Bay : elles faisaient la description de son bateau, semblable à notre baleinière, et de son équipage, qui, vivant sous des tentes ou dans des maisons de neige, fumant la pipe, chassant les rennes, etc., avait passé un hiver dans ces régions et n'avait perdu personne.

« Leurs parages, abondants en grands cétacés, sont fréquentés par les baleiniers, chaque fois que l'état de la glace le permet, et nous trouvâmes chez les indigènes une quantité considérable de côtes de baleines et de cornes de narvals, qu'ils étaient fort désireux d'échanger contre des couteaux, du fil, des scies, des carabines et de la laine. Ils nous tracèrent des cartes grossières de l'entrée de Pond, nous montrant qu'elle conduisait à un large détroit situé à l'ouest du passage du Prince-Régent.

« Nous ne pûmes que regretter qu'aucun de nos baleiniers, de qui nous avions récemment reçu tant de preuves d'amitié, ne se trouvât là pour profiter d'une occasion aussi favorable. Laissant Pond's-Inlet le 6 août, nous arrivâmes au mouillage de l'île Beechey le 11, et nous déposâmes à terre, tout auprès de la stèle funéraire élevée à la mémoire du noble Français Bellot par les soins de sir John Barrow, la belle table de marbre envoyée dans ce but par lady Franklin, et portant, à la mémoire des équipages de *l'Érèbe* et de *la Terreur*, une inscription que nous reproduisons textuellement :

A LA MÉMOIRE DE
FRANKLIN,
CROZIER, FITZJAMES,
ET DE TOUS LEURS VAILLANTS FRÈRES,
OFFICIERS ET FIDÈLES COMPAGNONS, QUI ONT SOUFFERT ET PÉRI
POUR LA CAUSE DE LA SCIENCE ET POUR LA GLOIRE DE LEUR PATRIE.
CETTE PIERRE
EST ÉRIGÉE PRÈS DU LIEU OÙ ILS ONT PASSÉ
LEUR PREMIER HIVER ARCTIQUE
ET D'OÙ ILS SONT PARTIS POUR TRIOMPHER DES OBSTACLES
OU POUR MOURIR.
ELLE CONSACRE LE SOUVENIR DE LEURS COMPATRIOTES ET AMIS
QUI LES ADMIRENT,
ET DE L'ANGOISSE, MAÎTRISÉE PAR LA FOI,
DE CELLE QUI A PERDU DANS LE CHEF DE L'EXPÉDITION
LE PLUS DÉVOUÉ ET LE PLUS AFFECTIONNÉ DES ÉPOUX.

C'EST AINSI QU'IL LES CONDUISIT
AU PORT SUPRÊME OÙ TOUS REPOSENT.
1855.

« Les provisions et les magasins laissés sur l'île par les expéditions précédentes nous semblèrent en bon état; seul un petit bateau, retourné et jeté à la côte par un orage, avait souffert quelques dégâts. Nous fîmes aux toits des maisons les réparations nécessaires; puis, après avoir embarqué du charbon et des provisions dont nous avions besoin, nous gagnâmes, le 17 août, et par une bonne traversée de vingt-cinq milles, le détroit de Peel; mais, le trouvant entièrement obstrué de glaces encore solides, je résolus de me diriger vers le détroit de Bellot. En chemin, j'examinai les provisions qui nous restaient au Port-Léopold, et j'y laissai un bateau baleinier que j'avais amené dans ce but au cap Hotham, pour aider à notre retraite, dans le cas où je serais plus tard dans la nécessité d'abandonner le *Fox*. Nous trouvâmes le canal du Prince-Régent sans aucune glace, et nous n'en aperçûmes que très-peu durant notre traversée pour nous rendre à la baie de Brentford, où nous arrivâmes le 20 août.

« Le détroit de Bellot, qui communique avec la mer de l'Ouest, a une largeur moyenne d'un mille, sur dix-sept à dix-huit de long. A cette époque, il était rempli de glaçons en dérive; mais à mesure que la saison avança, il devint plus navigable. En plusieurs endroits, ses rives sont bordées de rochers escarpés et de blocs de granit, et quelques-unes des montagnes voisines s'élèvent à la hauteur de seize cents pieds. Les marées y sont très-fortes en été, courant de six à sept nœuds à l'heure.

« Le 6 septembre, ayant franchi le détroit de Bellot sans encombrement, nous assurâmes le navire au milieu des glaces fixes. Là, et jusqu'au 27, jour où je crus nécessaire de gagner nos quartiers d'hiver, nous avons constamment observé les mouvements de la glace dans les eaux qui nous entouraient. Au milieu du détroit, elle flottait en fragments épars.

« Peu à peu l'eau augmenta, et il ne resta plus devant nous qu'une zone de glace de trois à quatre milles d'étendue seulement, mais qui, soutenue par les petits îlots, résista à l'action dissolvante des pluies et à la violence des vents d'automne. Attendre de jour en jour que le passage fût libre pour nous remettre à flot, et ne pouvoir y parvenir, bien que les vagues vinssent baigner le pied des rochers qui se trouvaient à quelques milles de nous, au midi, était un vrai supplice de Tantale.

« Pendant l'automne, et tant que la lumière du jour nous le permit, nous nous efforçâmes de transporter des dépôts de provisions du côté du pôle magnétique, dans le but de faciliter d'autant nos opérations projetées pour le printemps; mais nous ne pûmes réussir, par suite de la rupture des glaces dans cette direction. Le lieutenant Hobson et ses hommes revinrent en traîneau au mois de novembre, après avoir beaucoup souffert du mauvais temps et couru les plus grands dangers, car la glace sur laquelle ils étaient campés se détacha une fois du rivage, et les entraîna au large avec elle.

« Ainsi l'hiver nous surprit à l'entrée est du détroit de Bellot, dans un petit port abrité que j'ai nommé Port-Kennedy, en souvenir du digne officier anglais qui explora ces parages en 1851, en compagnie du lieutenant français. Il se trouve presque au point de jonction du calcaire des basses plages septentrionales de la baie Brentford avec les hautes chaînes granitiques qui forment la charpente intérieure, ainsi que les falaises escarpées des rivages occidentaux de Boothia et du North-Somerset.

« Quoique la végétation des bords du détroit soit relativement abondante, et que nos deux chasseurs esquimaux et plusieurs autres aient toujours été en quête ou sur le qui-vive, néanmoins les ressources que nous avons tirées du pays pendant onze mois et demi n'ont formé qu'un total de huit rennes, deux ours, dix-huit veaux marins et quelques poules d'eau, les fréquentes tempêtes qui balaient ces parages en écartant sans doute les êtres animés.

« L'hiver fut le plus froid et le plus rude que j'aie éprouvé dans ces régions. Pendant sa durée, nous fîmes nos préparatifs pour mettre à exécution notre plan de recherches. Je pensai qu'il était de mon devoir de visiter personnellement l'île Matty, et de compléter le circuit de l'île du Roi-Guillaume, pendant que le lieutenant Hobson se chargerait de faire des recherches sur les côtes extérieures de Boothia jusqu'au pôle magnétique, et à l'est, depuis l'île de

Gateshead jusqu'à celle de Wynniatt. Je confiai au capitaine Allen Young, excellent marin, le soin d'explorer les bords de la Terre du Prince-de-Galles ; en outre, il devait inspecter la côte du North-Somerset, depuis le nord du détroit de Bellot jusqu'aux dernières limites atteintes, en 1849, par sir James Ross.

« Nos premières recherches de printemps commencèrent le 17 février 1859. Le capitaine Young transporta son dépôt à travers la Terre du Prince-de-Galles, pendant que je me dirigeais au midi, vers le pôle magnétique, dans l'espoir de communiquer avec les Esquimaux, et d'en obtenir des informations propres à conduire à bonne fin nos recherches.

« J'étais accompagné par MM. Petersen, notre interprète, et Alexandre Thompson, notre quartier-maître. Nous avions avec nous deux traîneaux tirés par des chiens. Le 28 février, près du cap Victoria, nous eûmes le bonheur de rencontrer quelques indigènes, dont le nombre s'éleva bientôt à quarante-cinq individus.

« Pendant quatre jours, nous demeurâmes en relations avec ces bonnes gens. Nous en obtînmes plusieurs reliques et la certitude que, quelques années auparavant, un navire avait été pris par des glaces, au nord de l'île du Roi-Guillaume, mais que tout l'équipage, parvenu à terre sans danger, s'était dirigé vers la rivière du Grand-Poisson, où il avait péri jusqu'au dernier homme. Ces Esquimaux étaient bien fournis de bois, tiré, dirent-ils, d'un bateau abandonné par les hommes blancs sur la Grande-Rivière.

« Nous retournâmes à notre navire, après vingt-cinq jours d'absence, en bonne santé, mais exténués par les longues marches et par les rigueurs du froid auquel nous avons été exposés. Pendant les premiers jours de cette excursion, le mercure était resté constamment gelé.

« Le 2 avril, commencèrent nos recherches finales. Le lieutenant Hobson m'accompagna jusqu'au cap Victoria; nous avions chacun, outre un traîneau tiré par quatre hommes, un traîneau auxiliaire tiré par six chiens. C'était là toute la force que nous pouvions réunir.

« Avant de nous séparer, nous rencontrâmes deux familles d'Esquimaux, vivant sur la glace dans des cabanes faites de neige. Elles nous informèrent qu'un second navire avait été vu près de l'île du Roi-Guillaume, et que, dans le courant de la même année, il avait été jeté et brisé sur la côte. Ce navire avait été pour eux une mine féconde de bois et de fer.

« D'après le plan arrêté pendant l'hiver pour ces recherches, le lieutenant Hobson était chargé de relier, le long de la terre Victoria, les dernières découvertes de Collinson à celles de Winniatt ; mais par suite des renseignements obtenus des Esquimaux, je lui donnai l'ordre de faire des recherches sur le naufrage, et de suivre toutes les traces qu'il trouverait au nord et à l'ouest de l'île du Roi-Guillaume.

« Accompagné de ma petite troupe, je marchai le long des côtes est de cette même île, visitant les cabanes de neige abandonnées, mais sans rencontrer d'indigènes jusqu'au 8 mai, où, près du cap Norton, nous arrivâmes à un village de neige contenant trente habitants. Ils vinrent à nous sans la moindre apparence de crainte ou d'hésitation, quoique aucun d'eux n'eût vu des hommes blancs en vie auparavant.

« Ils mirent beaucoup d'empressement à nous communiquer tout leur savoir et à échanger leurs produits ; mais ils nous auraient dérobé tout ce que nous possédions, si nous n'y eussions pris garde. Nous avons obtenu d'eux beaucoup de reliques de nos compatriotes, et nous aurions pu en acheter beaucoup plus encore, si j'avais eu des moyens suffisants de transport. En indiquant le nord-nord-est, ils nous dirent qu'à cinq jours de marche dans cette direction, dont un sur la mer glacée, on arrivait au lieu du naufrage.

« Aucun d'eux n'y était allé depuis 1857-1858, époque à laquelle il n'y restait plus rien à récolter, dirent-ils, leurs compatriotes ayant emporté presque tout.

« La plupart de nos informations nous furent données par une vieille femme très-intelligente, qui n'hésita jamais devant les questions de Petersen, et dont tous les dires furent confirmés par un de ses compatriotes, témoin de ses interrogatoires. Elle nous dit que le bâtiment avait été jeté à la côte, et que plusieurs des hommes blancs avaient succombé sur la route de la Grande-Rivière; mais ce ne fut que pendant l'hiver suivant que leurs cadavres, découverts par les Esquimaux, instruisirent ceux-ci de la destinée des *Kablounas*.

« Ils nous assurèrent tous que nous trouverions des indigènes sur la rive méridionale de la Grande-Rivière, et peut-être aussi au lieu du naufrage; mais malheureusement il n'en fut pas ainsi : nous ne trouvâmes qu'une seule famille au-dessous de la Pointe-Booth, et personne à l'île Montréal ou en aucun des lieux visités plus tard.

« Nous parcourûmes successivement la Pointe-

Ogle, l'île Montréal et l'entrée de Barrow ; mais nous n'y trouvâmes rien, excepté quelques morceaux de cuivre et de fer dans une cachette des Esquimaux. Nous avions alors atteint les limites du champ des recherches exécutées en 1855 par MM. Anderson et Stewart, et, n'ayant pas l'espérance de rencontrer de nouveaux indigènes dans cette direction, nous repassâmes sur l'île du Roi-Guillaume, et nous avions continué d'explorer ses rives sud sans aucun succès, lorsque, le 24 mai, à environ dix milles à l'est du cap Herschell, nous découvrîmes un squelette blanchi, autour duquel étaient quelques fragments de vêtements européens.

« Après avoir avec soin écarté la neige, nous trouvâmes aussi un petit portefeuille contenant quelques lettres qui, bien que détériorées, peuvent encore néanmoins se déchiffrer. Nous avons jugé, par les restes de ses vêtements, que cet infortuné jeune homme était un garçon d'hôtel ou un domestique d'officier ; et sa position confirmait exactement le dire des Esquimaux, que les *kablounas* avaient succombé, l'un après l'autre, sur le chemin qu'ils avaient pris.

« Le jour suivant, nous arrivâmes au cap Herschell, et nous examinâmes le cairn élevé par Simpson (en 1839), ou plutôt ce qui en reste : car il n'a plus que quatre pieds de haut, et les pierres centrales ont été déplacées, comme si l'on eût mis quelque chose par-dessous. Mon opinion, formée dès le premier abord, est que les équipages y avaient déposé quelques objets, enlevés plus tard par les naturels.

« Je dois revenir maintenant au lieutenant Hobson, qui, après s'être séparé de moi au cap Victoria, le 28 avril, s'était dirigé sur le cap Félix. A une très-petite distance, il trouva des traces non douteuses de l'expédition Franklin : un très-large cairn de pierres, et tout près une petite tente, avec des couvertures, des habits et d'autres effets. Un morceau de papier blanc a été trouvé dans le cairn, ainsi que deux bouteilles cassées, qui gisaient au milieu des pierres, mais rien de plus; bien qu'on fouillât le cairn et la terre qui le portait, à plus de dix pieds de distance tout autour, le lieutenant n'y trouva aucun document écrit.

« A environ deux milles plus loin, au sud, étaient deux autres petits cairns, qui ne contenaient ni traces ni reliques, à l'exception d'une pioche cassée et d'une boîte à thé encore pleine.

« ... Il s'empressa de faire fouiller cet endroit, et, parmi les pierres du sommet, il trouva une boîte de fer-blanc contenant un court rapport, le rapport même de l'expédition perdue.

Découverte d'un cairn contenant le rapport de l'expédition de Franklin.

« Ce document, écrit sur parchemin, nous apprit que le 28 mai 1845 *tout allait bien* à bord de *l'Érèbe* et de *la Terreur*; que, dans le courant de la même année 1845 qui avait vu leur départ d'Angleterre, ces deux navires avaient remonté le chenal de Wellington jusqu'à la latitude de 77°, et qu'ils étaient revenus par l'ouest de l'île Cornwallis prendre leurs quartiers d'hiver à l'île Beechey. Le 12 septembre de l'année suivante (1846), ils étaient bloqués dans les glaces par 69° 5' de latitude et 98° 23' de longitude ouest de Greenwich, à environ quinze milles des rivages nord-ouest de l'île du Roi-Guillaume. Ce fut là le théâtre de leur second hivernage. Le lieutenant Gore et M. Desveaux, avec un parti de six hommes, vinrent déposer à terre ce précieux document, ainsi qu'un autre exactement semblable, qui fut trouvé sous un petit cairn, à une journée de marche plus au sud.

« Autour des marges du premier de ces parchemins, on remarque plusieurs observations additionnelles ajoutées onze mois plus tard (15 avril 1848). Les navires, n'ayant fait en vingt mois qu'une quinzaine de milles vers le sud, avaient été abandonnés trois jours auparavant. Sir John Franklin était mort le 11 juin 1847, et neuf officiers et quinze hommes l'avaient déjà précédé ou suivi.

« Les survivants de l'expédition, au nombre de cent cinq, avaient abordé sur ce point, sous le commandement du capitaine Crozier, et reconstruit sur l'emplacement du cairn de James Ross, détruit probablement par les Esquimaux, le cairn existant aujourd'hui. Leur intention était de partir le lendemain matin pour la Grande-Rivière de Back, et ce rapport était signé par Crozier, comme capitaine de *la Terreur* et principal officier de l'expédition, et par Fitzjames, capitaine de *l'Érèbe*. Il semble que trois jours de marche écoulés entre l'abandon des navires et la date de cet écrit avaient déjà épuisé les forces de ces malheureux, et il paraît qu'en se remettant en marche vers le sud ils abandonnèrent en cet endroit une grande quantité d'habits, d'effets et de provisions de toutes sortes, comme s'ils avaient eu l'intention de se débarrasser de tous les objets qui pouvaient ne leur être d'aucune utilité. Après dix ans écoulés, des pioches, des pelles, des ustensiles de cuisine, des cordages, du bois, de la toile, et même un sextant portant le nom gravé de Frédéric Hornby R. N., étaient encore épars sur le sol ou incrustés dans la glace.

« Le lieutenant Hobson continua ses recherches jusqu'à quelques jours de marche du cap Herschell, sans trouver aucune trace des naufragés ou des indigènes. Il laissa pour moi un rapport détaillé de ce qu'il avait découvert, de manière que, revenant par l'ouest de l'île du Roi-Guillaume, j'eus l'avantage d'être mis au courant de tout ce qu'on avait trouvé.

« Bientôt après avoir laissé le cap Herschell, les traces des indigènes devinrent moins nombreuses et moins récentes, et, plus à l'ouest, elles cessèrent complétement. Cette partie de la Terre du Roi-Guillaume est extrêmement basse, et dénuée de toute espèce de végétation. De nombreuses petites îles s'étendent en avant, et, au delà, le détroit de Victoria est couvert d'énormes et impénétrables monceaux de glace.

« Parvenus au 69° 9' latitude nord, et au 99° 27' de longitude, nous nous dirigeâmes vers un grand bateau que le lieutenant Hobson avait découvert quelques jours auparavant, ainsi qu'il m'en avait informé. Il paraît que ce bateau, destiné dans le principe par nos infortunés compatriotes à remonter la rivière du Grand-Poisson, avait dû être abandonné ensuite. Il mesurait vingt-huit pieds de long sur sept et demi de large. Sa construction était très-légère; mais le traîneau sur lequel il était placé était fait de chêne brut solide, et pesait autant que le bateau lui-même.

« Une grande quantité d'effets fut trouvée en

cet endroit; un squelette même était à l'arrière du bateau, desséché et tapi sous un monceau de vêtements; un autre, plus endommagé, probablement par les animaux, gisait non loin de l'embarcation. Cinq montres de poche, une quantité considérable de cuillers et de fourchettes en argent, et plusieurs livres de religion furent recueillis en cet endroit; mais nous n'y pûmes découvrir ni journaux de bord, ni portefeuilles, ni aucun effet portant le nom de son propriétaire.

« Deux fusils à deux coups, chargés et amorcés, étaient appuyés sur les côtes du bateau, probablement à la place même où les deux marins dont nous voyions les déplorables restes les avaient déposés onze ans auparavant. Il y avait aussi tout autour des munitions en abondance, trente à quarante livres de chocolat, du thé et du tabac.

« Beaucoup de reliques intéressantes ont été recueillies par le lieutenant Hobson, et quelques-unes par moi-même. Le 5 juin, j'arrivai à Pointe-Victory sans avoir découvert rien de plus. Nous fouillâmes de nouveau avec le plus grand soin les habits et les carnets, dans l'espoir d'obtenir d'autres renseignements, mais cela sans aucun succès.

« Il ne m'arriva rien autre chose de remarquable jusqu'à mon retour au vaisseau, que j'atteignis le

Découverte des restes de l'expédition de Franklin.

19 juin, cinq jours après le lieutenant Hobson. Nous nous sommes assurés que les côtes de la Terre du Roi-Guillaume, entre ses deux extrémités nord et sud et les caps Félix et Crozier, n'ont pas été visitées par les Esquimaux depuis l'abandon de l'Érèbe et de la Terreur, puisque les cabanes et les objets laissés n'ont pas été touchés.

« Si d'autres vestiges de ce grand naufrage sont encore visibles, il est probable qu'ils doivent se trouver auprès des petites îles, entre les caps Crozier et Herschell.

« Le 28 juin, le capitaine Young et ceux qui l'accompagnaient revinrent après avoir fait leur part de la tâche commune et s'être assurés que la Terre du Prince-de-Galles est une île séparée de la terre Victoria par un détroit, dont ils ont tracé les lignes de côtes entre les deux points extrêmes atteints en 1851 par les lieutenants Osborne et Brown. Ils ont aussi fait la géographie des côtes comprises entre le détroit de Bellot et la baie des Quatre-Rivières.

« Dans la crainte de n'avoir pas assez de provisions, le capitaine Young renvoya quatre de ses hommes; et pendant quarante jours il marcha à travers les brouillards et les tempêtes de neige, accompagné d'un seul homme et de ses chiens, et bâtissant chaque nuit une cabane de neige; mais il ne put supporter tant de privations et de fatigues sans que ses forces et sa santé fussent profondément altérées.

« Le lieutenant Hobson, à son retour à bord, était également dans un triste état. Dès le début du voyage, il était loin de se bien porter, et à la suite de ses fatigues il eut une violente attaque de scorbut. Néanmoins il accomplit courageusement et habilement sa tâche, et de tels faits prouvent de quel espoir nous étions animés dans les recherches particulières que chacun de nous eut à faire.

« Enfin nous nous retrouvâmes tous à bord. Comme plusieurs cas de scorbut s'étaient présentés, toutes nos précieuses provisions de jus de citron, d'ale Burton, etc., furent employées, et, grâce à ces conservatifs, il ne nous fallut qu'un court espace de temps pour nous remettre tous en parfaite santé.

« Pendant notre séjour à Port-Kennedy, nous avons été deux fois appelés à conduire un des nôtres dans la tombe. M. Georges Brands, ingénieur, mourut d'une attaque d'apoplexie, le 6 novembre 1858. Le matin de ce même jour il paraissait en bonne santé, et s'était livré pendant plusieurs heures à la chasse aux rennes. Le 14 juin 1859, Thomas

Blackwell, maître d'hôtel, mourut du scorbut. Cet homme avait servi dans deux précédentes campagnes arctiques.

« L'été ayant été très-chaud, la mer était parfaitement libre au nord; en conséquence, le 9 août nous étions prêts à reprendre le chemin de notre patrie; et quoique la mort du mécanicien, en 1857, et celle de l'ingénieur, en 1858, nous eussent laissés avec deux chauffeurs seulement, néanmoins, avec leur aide, je parvins à conduire le steamer à la pointe de la Fury.

« Nous restâmes là pendant quelques jours, jusqu'à ce que, le vent ayant changé et poussé les glaces, nous pûmes continuer notre voyage, sans aucune autre interruption, jusqu'à Godhaven, où nous arrivâmes le 27 août, et où nous fûmes reçus avec la plus grande cordialité par M. Olick, inspecteur du Groenland du nord, et par les autorités locales, qui eurent l'obligeance de nous faire fournir tout ce dont nous avions besoin.

« Là, nous congédiâmes nos deux Esquimaux conducteurs de chiens, et le 1ᵉʳ septembre nous reprîmes la mer pour revenir en Angleterre.

« Ce rapport serait incomplet si je ne parlais pas des obligations que j'ai contractées envers tous mes compagnons de voyage, officiers et marins, pour le zèle qu'ils ont déployé et l'aide efficace qu'ils m'ont constamment donnée.

« Un sentiment d'entier dévouement à la cause que lady Franklin a si noblement défendue, et une ferme détermination de faire tout ce qu'il est possible à l'homme, sont les seuls mobiles qui nous ont guidés et qui nous ont fait surmonter toutes les difficultés. Avec moins d'enthousiasme et d'obéissance dévouée au commandement, un si petit nombre d'hommes (vingt-trois en tout) n'aurait jamais suffi pour conduire à bonne fin une tâche aussi grande et aussi difficile. »

FIN

TABLE

Avant-Propos. 1
Introduction. 7

VOYAGE DU CAPITAINE BAUDIN DANS L'AUSTRALIE

(1800-1803)

Mission confiée au capitaine Baudin par le premier consul. — Itinéraire du Havre à la Nouvelle-Hollande et à l'Ile de France. — Mort de Baudin. — Retour de l'expédition. — La Nouvelle-Hollande. — Régions visitées par les navires le *Géographe* et le *Naturaliste*. — Terre de Nuyts et Port-du-Roi-Georges. — Climat et saisons. — Aspect des habitants. — Leur costume ; leur tatouage ; leurs armes. — Leur manière de vivre ; leurs mœurs. — Les *Mulgaradocks*. — Terre de Leuwin. — Terre d'Edel et Rivière des Cygnes. — Baie des Chiens-Marins. — Terres de Witt et d'Arnheim. 37

VOYAGE DU CAPITAINE DE FREYCINET DANS L'OCÉANIE

(1817-1820)

But du voyage. — Personnel de *l'Uranie*. — Une dame à bord. — De Toulon à Rio-de-Janeiro. — Le Brésil ; ses limites ; son étendue ; sa population. — Les bohémiens ou *Ciganos*. —

Aspect et monuments de Rio-de-Janeiro. — Les Indiens du Brésil : Tupinambas, Boticoudos, Mundrucus ou Paikicés. — Une vengeance de femme. — Richesses du Brésil. — De Rio-de-Janeiro à l'île de France. — Géologie, configuration et aspect de cette île. — Ses industries et son commerce. — Sa population ; le *patois créole*. — Une fable de la Fontaine. — Une relâche à Coupang (île de Timor). — Le rajah de Denka et ses fils. — Une visite à l'île Ombai. — Un tireur adroit. — Séance d'escamotage. — Combat singulier. — Les Ombaïens. — Retour à bord. — Le capitaine Guébé. — Des sauvages honnêtes. — Owhywhy (îles Sandwich). — Le capitaine de Freycinet, médiateur entre un roi sauvage et ses grands vassaux. — Une messe à bord. — Naufrage de *l'Uranie*, sauvetage. — Retour en France. 62

PREMIER VOYAGE DU CAPITAINE DUMONT D'URVILLE
DANS L'OCÉAN AUSTRAL
(1826-1829)

Notice biographique sur Dumont d'Urville. — Importance du premier voyage de *l'Astrolabe*. — Départ. — Début du voyage. — Dangers courus dans la *Passe des Français*. — Deux intrus à bord. — Rangui, fils de Tekoke. — Un singulier passe-port. — Un autre Rangui ; ses exploits, sa jactance. — Une scène de comédie dans une pirogue. — La Nouvelle-Zélande et ses habitants. — L'archipel des Amis. — Complot à bord. — Enlèvement de matelots français par les sauvages. — Siège d'un village. — Deux déserteurs. — La Nouvelle-Guinée. — Le havre Dorei. — Les naturels : Papous, Métis et Harfourous. — Industrie et mœurs de ces insulaires. — Découverte des restes du naufrage de la Pérouse. — Monument élevé dans l'île Vanikoro à la mémoire de la Pérouse et de ses compagnons. — Fin du voyage. — Retour. 101

TABLE.

SECOND VOYAGE DU CAPITAINE DUMONT D'URVILLE
DANS L'OCÉAN AUSTRAL
(1837-1840)

But du voyage de *l'Astrolabe* et de *la Zélée*. — Les glaces du pôle austral. — Découverte des terres *Louis-Philippe* et *Joinville*. — Les îles Gambier. — Efforts et succès des missionnaires catholiques. — Visite de l'évêque et du roi de Mangareva à bord de *l'Astrolabe*. — Une messe en plein air sur la côte. — Une ancienne connaissance. — Expédition contre Nakalassé, roi de Piva. — Visite du roi Tanoa. — L'anthropophagie aux îles Viti. — Une mauvaise année. — Retour au pôle sud. — Découverte de l'*Adélie* et de la *Côte Clarie*. — La colonie anglaise. — Découverte de nouvelles terres. — Les missionnaires anglicans à Karora-Réka. — Retour en France.   133

VOYAGE DE D. GIOVANNI MASTAI
AUJOURD'HUI S. S. LE PAPE PIE IX
DANS L'AMÉRIQUE DU SUD
(1823-1824)

Choix de D. Giovanni Muzi pour vicaire apostolique de la mission du Chili. — D. Giovanni-Maria Mastaï et l'abbé Giuseppe Sallusti, secrétaires. — Départ du port de Gênes. — Mouillage à Palma. — Captivité des missionnaires dans le lazaret de cette ville. — Ils sont délivrés par l'évêque de Palma et le consul de Sardaigne. — Nouveau départ. — Rencontre d'un navire négrier. — Arrivée à Buenos-Ayres. — Brillante réception faite aux missionnaires. — Départ de Buenos-Ayres. — Célébration de la messe à Lugan par le vicaire apostolique. — Description du logement de D. Giovanni Mastaï à San-Pedro. — La cité de Rosario. — *Desmochados*, ou les Mutilés. — Incursion des sauvages. — Célébration de la messe à la *Canada de Lucas*. — Aspect nouveau du paysage. — Cordoba. — Mendoza. — Santiago.   149

VOYAGE D'UNE COMMISSION ANGLAISE

AUX ILES ANDAMAN (OCÉAN INDIEN)

Expédition anglaise en 1857. — Combat avec les naturels. — Victoire des Anglais. — Retour à Calcutta. — Habitations, mœurs, coutumes et langage des Andamans. — Notions historiques. — Commerce d'oiseaux de paradis. 168

VOYAGE DE CIRCUMNAVIGATION
DU CAPITAINE WULLERSTORF URTAIR
(1857-1859)

But du voyage. — Départ de Trieste. — Relâche à Rio-de-Janeiro. — Saint-Paul. — Ceylan. — Les îles Nicobar. — Mœurs, fêtes et usages des Nicobariens. — Mouillage devant l'île de Poulo-Milou. — Le canal Saint-George. — Singapore. — Relâche à Batavia. — Le nègre Acouasie Bonchi. — Un artiste indigène. — La montagne dans les nuages. — Le Pondjak-Pangerango. — Fête donnée par le régent de la province de Tjanger. — Les îles Philippines. — Manille. — La lagune de Bay. — La *Laguna Encantada*. — Les Tagals. — Rentrée à Trieste. 181

PREMIER VOYAGE DU CAPITAINE JOHN ROSS
AU POLE ARCTIQUE
(1818)

Départ de *l'Isabelle* et de *l'Alexandre* pour la baie de Baffin. — L'interprète Sackouse. — Communication avec les Esquimaux. — Vie et mœurs de ce peuple. — Danger que court un musicien de *l'Isabelle*. — Rapports avec les indigènes. — Découverte des Highlands arctiques. — Entrée dans le détroit de Lancastre. — Découragement de John Ross. — Retour en Angleterre. 215

SECOND VOYAGE DU CAPITAINE JOHN ROSS
AU POLE ARCTIQUE
(1829-1833)

Départ. — Le navire *la Victoria*. — Direction vers le détroit du Prince-Régent. — Premier hivernage à Félix-Harbour. — Effet solaire. — Rencontre et rapports avec les Esquimaux. — La jambe de bois. — Vols commis par les indigènes. — Soulèvement des naturels contre les voyageurs. — John Ross parvient à les apaiser. — Chasse aux bœufs musqués. — Gloutonnerie des Esquimaux. — Second hivernage. — Découverte du pôle magnétique. — Troisième hiver. — John Ross et son équipage abandonnent leur navire. — Ils atteignent la pointe de la Fury. — Nouvelles déceptions. — Encore *l'Isabelle*. — Délivrance. — Retour en Angleterre. 231

VOYAGE DU CAPITAINE BACK A LA RECHERCHE DE JOHN ROSS
(1833-1835)

Départ de Back pour aller à la recherche du capitaine Ross. — Arrivée à Cumberland-House. — Privation d'eau. — Souffrances occasionnées par les moustiques. — Le lac de l'Esclave et le fort de la Résolution. — Remonte du Hoar-Frost. — Encore le supplice des moustiques. — Retour au lac de l'Esclave. — Le lac de l'Artillerie. — Destruction du canot de Back. — Paysage arctique. — Hivernage. — Affluence des Indiens ou Peaux-Rouges. — Le missionnaire. — Chant de mort. — Les souverains anthropophages. — Légendes sanglantes. — L'Indien cannibale. — Rigueurs de l'hiver. — Deux corbeaux, compagnons de la réclusion des voyageurs. — Nouvelle du retour de Ross. — Reprise du voyage vers le nord. — Trajet sur la glace. — Arrivée à la mer polaire. — Back prend possession de ces régions au nom de l'Angleterre. — Retour vers les établissements. 263

VOYAGES D'ÉDOUARD PARRY

(1819-1825)

Départ de *l'Hécla* et du *Griper* pour la baie de Baffin. — L'archipel de Parry. — Hivernage à l'île Melville. — Précautions contre la famine et les maladies. — Un incendie. — Effets du froid. — Le printemps polaire. — Vaines tentatives pour pénétrer à l'Ouest. — Retour dans la baie de Baffin. — Retour en Angleterre. — Second voyage. — Entrée dans la baie d'Hudson. — Blocus dans les glaces. — Ours monstrueux. — La baie de Repulse. — Hivernage à l'île Winter. — Relations avec les Esquimaux. — Leurs usages funéraires. — La *fumée du froid*. — Reprise de la navigation. — Chasse aux morses. — Second hivernage à l'île d'Igloulik. — La presqu'île Melville. — Retour en Angleterre. 294

PREMIER VOYAGE DE JOHN FRANKLIN

(1819-1822)

Le capitaine John Franklin. — Ses premiers débuts. — Départ pour la baie d'Hudson. — Le fort Chipewyan. — Le chef indien Akaïtcho. — Tradition indienne à propos de la rivière de la Coppermine. — Vaines tentatives de Franklin pour amener les Esquimaux et les Indiens à une conférence. — Tableau de l'antagonisme de ces deux races par Hearne. — Direction à l'orient de la Coppermine. — Le cap Turnagain. — Misères du retour. — Dévouement du docteur Richardson. — Horrible nourriture. — Le fort l'Entreprise. — Retour inattendu de Richardson. — L'hiver au fort l'Élan. — Fin du voyage à la factorerie d'York. 307

VOYAGES SIMULTANÉS DE FRANKLIN ET DE BEECHEY
(1825-1827)

Retour de Franklin au fort Chipewyan. — Descente vers la mer Polaire. — Retour au fort Franklin. — Séjour pendant l'hiver par delà le cercle polaire. — Retour de Franklin en Angleterre. — Le commandant Beechey. — L'île Chamisso. — Rapports avec les Esquimaux. — Retour de Beechey.   322

DERNIÈRE EXPÉDITION DE SIR JOHN FRANKLIN
ET RECHERCHES QUI ONT SUIVI
(1845-1852)

Départ de Franklin avec l'*Érèbe* et la *Terreur*. — Deux années sans nouvelles. — L'Angleterre se décide à envoyer des navires à la recherche de Franklin. — Départ du docteur Richardson. — Son rapport à l'amirauté. — Rapports du capitaine James Clerk Ross. — Le navire le *Prince-Albert*. — Le lieutenant Bellot. — Sa mort.   337

VOYAGE DU DOCTEUR EL.-K. KANE
DE LA MARINE DES ÉTATS-UNIS
ENVOYÉ A LA RECHERCHE DE SIR JOHN FRANKLIN
(1853-1855)

Départ de New-York du brick l'*Advance*. — Épreuves. — La rivière de Mary-Minturn. — La flore du Groënland. — Le grand glacier Humboldt. — L'*Advance* dans les glaces de Rensselaer. — Hivernage. — Diminution rapide de la lumière. — L'hygiène à bord. — Les maladies gagnent l'expédition. — Mort de Baker. — Visite des Esquimaux. — Intérieur d'une hutte d'Esquimaux. — Mœurs et coutumes de ces sauvages. — Singulière coutume de deuil. — Restes. — Second hiver. — Abandon de l'*Advance*. — Fatigues, dangers et famine. — Arrivée à Upernavik.   367

VOYAGE DU COMMANDANT MAC-CLURE
ENVOYÉ A LA RECHERCHE DE SIR JOHN FRANKLIN
(1850-1853)

L'Investigateur. — Découverte de l'île de Baring. — Découverte du détroit du Prince-de-Galles. — Hiver de 1850 à 1851. — Excursion et reconnaissance géographiques. — Second hivernage (1851-1852). — Troisième hiver (1852-1853). — Délivrance. 403

VOYAGE DU CAPITAINE MAC-CLINTOCK
A LA RECHERCHE DE SIR JOHN FRANKLIN ET DE SES COMPAGNONS
(1857-1859)

Départ d'Aberdeen. — Hivernage dans les glaces. — Tempête. — Retour dans le Groenland. — Entrée dans la baie de Melville. — Communication avec les indigènes du cap Wartander. — Arrivée à l'île Beechey. — Inscription à la mémoire de sir John Franklin et de ses compagnons. — Le détroit de Bellot. — Second hivernage. — Les premières recherches. — Communication avec les Esquimaux. — Village de neige. — Informations données par les Esquimaux. — Arrivée au cap Herschell. — Le lieutenant Hobson. — Il trouve des traces de l'expédition de Franklin. — Découverte d'un cairn contenant le rapport de l'expédition perdue. — Découverte d'un canot. — Arrivée à la Pointe-Victory. — Retour au vaisseau. — Séjour au Port-Kennedy. — Mort de l'ingénieur George Brands. — Les voyageurs parviennent à gagner la pointe de la Fury. — Arrivée à Godhaven. — Retour en Angleterre. 436

FIN DE LA TABLE.

Tours. — Impr. Mame.

www.ingramcontent.com/pod-product-compliance
Lightning Source LLC
Chambersburg PA
CBHW071618230426
43669CB00012B/1976